Mulheres no RH®
Carreira e Estratégia

Edição Poder de uma Mentoria

Copyright© 2024 by Editora Leader
Todos os direitos da primeira edição são reservados à Editora Leader.

CEO e Editora-chefe:	Andréia Roma
Revisão:	Editora Leader
Capa:	Editora Leader
Projeto gráfico e editoração:	Editora Leader
Suporte editorial:	Lais Assis
Livrarias e distribuidores:	Liliana Araújo
Artes e mídias:	Equipe Leader
Diretor financeiro:	Alessandro Roma

Dados Internacionais de Catalogação na Publicação (CIP)

M922 Mulheres no RH®: edição poder de uma mentoria, vol. 4: carreira e estratégia/
1. ed.   coordenadora convidada Lilia Vieira; idealizadora do livro Andréia Roma. –
1.ed. – São Paulo: Editora Leader, 2024.

448 p.; 15,5 x 23 cm. – (Série mulheres/coordenadora Andréia Roma)

Várias autoras
ISBN: 978-85-5474-234-8

1. Carreira profissional – Desenvolvimento. 3. Estratégia. 4. Inclusão social.
5. Mentoria. 6. Mulheres – Biografia. 7. Mulheres – Casos de sucesso.
8. Mulheres – Histórias de vidas. 9. Recursos humanos. I. Vieira, Lilia. II.
Roma, Andréia. III. Série.

09-2024/82   CDD 658.1

Índices para catálogo sistemático:
1. Mulheres: Carreira profissional: Recursos humanos: Administração   658.1

Bibliotecária responsável: Aline Graziele Benitez CRB-1/3129

2024
Editora Leader Ltda.
Rua João Aires, 149
Jardim Bandeirantes – São Paulo – SP
Contatos:
Tel.: (11) 95967-9456
contato@editoraleader.com.br | www.editoraleader.com.br

  A Editora Leader, pioneira na busca pela igualdade de gênero, vem traçando suas diretrizes em atendimento à Agenda 2030 – plano de Ação Global proposto pela ONU (Organização das Nações Unidas) –, que é composta por 17 Objetivos de Desenvolvimento Sustentável (ODS) e 169 metas que incentivam a adoção de ações para erradicação da pobreza, proteção ambiental e promoção da vida digna no planeta, garantindo que as pessoas, em todos os lugares, possam desfrutar de paz e prosperidade.

  A Série Mulheres, dirigida pela CEO da Editora Leader, Andréia Roma, tem como objetivo transformar histórias reais – de mulheres reais – em autobiografias inspiracionais, cases e aulas práticas. Os relatos das autoras, além de inspiradores, demonstram a possibilidade da participação plena e efetiva das mulheres no mercado. A ação está alinhada com o ODS 5, que trata da igualdade de gênero e empoderamento de todas as mulheres e meninas e sua comunicação fortalece a abertura de oportunidades para a liderança em todos os níveis de tomada de decisão na vida política, econômica e pública.

CONHEÇA O SELO EDITORIAL SÉRIE MULHERES®

Somos referência no Brasil em iniciativas Femininas no Mundo Editorial

A Série Mulheres é um projeto registrado em mais de 170 países!
A Série Mulheres apresenta mulheres inspiradoras, que assumiram seu protagonismo para o mundo e reconheceram o poder das suas histórias, cases e metodologias criados ao longo de suas trajetórias. Toda mulher tem uma história!
Toda mulher um dia já foi uma menina. Toda menina já se inspirou em uma mulher. Mãe, professora, babá, dançarina, médica, jornalista, cantora, astronauta, aeromoça, atleta, engenheira. E de sonho em sonho sua trajetória foi sendo construída. Acertos e erros, desafios, dilemas, receios, estratégias, conquistas e celebrações.

O que é o Selo Editorial Série Mulheres®?
A Série Mulheres é um Selo criado pela Editora Leader e está registrada em mais de 170 países, com a missão de destacar publicações de mulheres de várias áreas, tanto em livros autorais como coletivos. O projeto nasceu dez anos atrás, no coração da editora Andréia Roma, e já se destaca com vários lançamentos. Em 2015 lançamos o livro "Mulheres Inspiradoras", e a seguir vieram outros, por exemplo: "Mulheres do Marketing", "Mulheres Antes e Depois dos 50",

seguidos por "Mulheres do RH", "Mulheres no Seguro", "Mulheres no Varejo", "Mulheres no Direito", "Mulheres nas Finanças", obras que têm como foco transformar histórias reais em autobiografias inspiracionais, cases e metodologias de mulheres que se diferenciam em sua área de atuação. Além de ter abrangência nacional e internacional, trata-se de um trabalho pioneiro e exclusivo no Brasil e no mundo. Todos os títulos lançados através desta Série são de propriedade intelectual da Editora Leader, ou seja, não há no Brasil nenhum livro com título igual aos que lançamos nesta coleção. Além dos títulos, registramos todo conceito do projeto, protegendo a ideia criada e apresentada no mercado.

A Série tem como idealizadora Andréia Roma, CEO da Editora Leader, que vem criando iniciativas importantes como esta ao longo dos anos, e como coordenadora Tania Moura. No ano de 2020 Tania aceitou o convite não só para coordenar o livro "Mulheres do RH", mas também a Série Mulheres, trazendo com ela sua expertise no mundo corporativo e seu olhar humano para as relações. Tania é especialista em Gente & Gestão, palestrante e conselheira em várias empresas. A Série Mulheres também conta com a especialista em Direito dra. Adriana Nascimento, coordenadora jurídica dos direitos autorais da Série Mulheres, além de apoiadores como Sandra Martinelli – presidente executiva da ABA e embaixadora da Série Mulheres, e também Renato Fiocchi – CEO do Grupo Gestão RH. Contamos ainda com o apoio de Claudia Cohn, Geovana Donella, Dani Verdugo, Cristina Reis, Isabel Azevedo, Elaine Póvoas, Jandaraci Araujo, Louise Freire, Vânia Íris, Milena Danielski, Susana Jabra.

Série Mulheres, um Selo que representará a marca mais importante, que é você, Mulher!

Você, mulher, agora tem um espaço só seu para registrar sua voz e levar isso ao mundo, inspirando e encorajando mais e mais mulheres.

Acesse o QRCode e preencha a Ficha da Editora Leader. Este é o momento para você nos contar um pouco de sua história e área em que gostaria de publicar.

Qual o propósito do Selo Editorial Série Mulheres®?
É apresentar autobiografias, metodologias, *cases* e outros temas, de mulheres do mundo corporativo e outros segmentos, com o objetivo de inspirar outras mulheres e homens a buscarem a buscarem o sucesso em suas carreiras ou em suas áreas de atuação, além de mostrar como é possível atingir o equilíbrio entre a vida pessoal e profissional, registrando e marcando sua geração através do seu conhecimento em forma de livro.
A ideia geral é convidar mulheres de diversas áreas a assumirem o protagonismo de suas próprias histórias e levar isso ao mundo, inspirando e encorajando cada vez mais e mais mulheres a irem em busca de seus sonhos, porque todas são capazes de alcançá-los.

Programa Série Mulheres na tv
Um programa de mulher para mulher idealizado pela CEO da Editora Leader, Andréia Roma, que aborda diversos temas com inovação e qualidade, sendo estas as palavras-chave que norteiam os projetos da Editora Leader. Seguindo esse conceito, Andréia, apresentadora do Programa Série Mulheres, entrevista mulheres de várias áreas com foco na transformação e empreendedorismo feminino em diversos segmentos.
A TV Corporativa Gestão RH abraçou a ideia de ter em seus diversos quadros o Programa Série Mulheres. O CEO da Gestão RH, Renato Fiochi, acolheu o projeto com muito carinho.
A TV, que conta atualmente com 153 mil assinantes, é um canal de *streaming* com conteúdos diversos voltados à Gestão de Pessoas, Diversidade, Inclusão, Transformação Digital, Soluções, Universo RH, entre outros temas relacionados às organizações e a todo o mercado.
Além do programa gravado Série Mulheres na TV Corporativa Gestão RH, você ainda pode contar com um programa de *lives* com transmissão ao vivo da Série Mulheres, um espaço reservado todas as quintas-feiras a partir das 17 horas no canal do YouTube da Editora Leader, no qual você pode ver entrevistas ao vivo, com executivas de diversas áreas que participam dos livros da Série Mulheres.
Somos o único Selo Editorial registrado no Brasil e em mais de 170

países que premia mulheres por suas histórias e metodologias com certificado internacional e o troféu Série Mulheres – Por mais Mulheres na Literatura.

Assista a Entrega do Troféu Série Mulheres do livro **Mulheres nas Finanças®** – volume I Edição poder de uma mentoria.

Marque as pessoas ao seu redor com amor, seja exemplo de compaixão.

Da vida nada se leva, mas deixamos uma marca.

Que marca você quer deixar? Pense nisso!

Série Mulheres – Toda mulher tem uma história!

Assista a Entrega do Troféu Série Mulheres do livro **Mulheres no Conselho®** – volume I – Edição poder de uma história.

Próximos Títulos da Série Mulheres

Conheça alguns dos livros que estamos preparando para lançar: • Mulheres no Previdenciário • Mulheres no Direito de Família • Mulheres no Transporte • Mulheres na Aviação • Mulheres na Política • Mulheres na Comunicação e muito mais.

Se você tem um projeto com mulheres, apresente para nós.

Qualquer obra com verossimilhança, reproduzida como no Selo Editorial Série Mulheres®, pode ser considerada plágio e sua retirada do mercado. Escolha para sua ideia uma Editora séria. Evite manchar sua reputação com projetos não registrados semelhantes ao que fazemos. A seriedade e ética nos elevam ao sucesso.

**Alguns dos Títulos do Selo Editorial
Série Mulheres já publicados pela Editora Leader:**

Lembramos que todas as capas são criadas por artistas e designers.

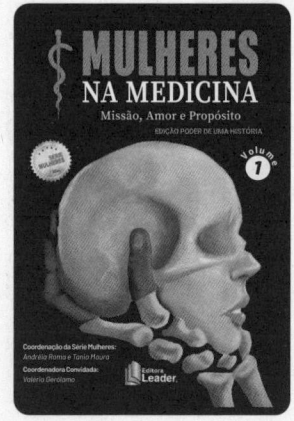

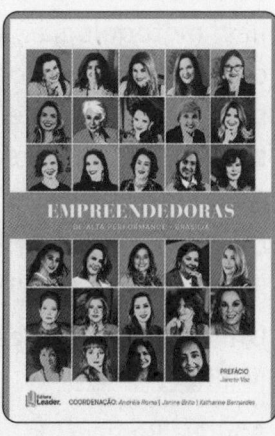

SOBRE A METODOLOGIA DA SÉRIE MULHERES®

A Série Mulheres trabalha com duas metodologias

"A primeira é a Série Mulheres – Poder de uma História: nesta metodologia orientamos mulheres a escreverem uma autobiografia inspiracional, valorizando suas histórias.

A segunda é a Série Mulheres Poder de uma Mentoria: com esta metodologia orientamos mulheres a produzirem uma aula prática sobre sua área e setor, destacando seu nicho e aprendizado.

Imagine se aos 20 anos de idade tivéssemos a oportunidade de ler livros como estes!

Como editora, meu propósito com a Série é apresentar autobiografias, metodologias, cases e outros temas, de mulheres do mundo corporativo e outros segmentos, com o objetivo de inspirar outras mulheres a buscarem ser suas melhores versões e realizarem seus sonhos, em suas áreas de atuação, além de mostrar como é possível atingir o equilíbrio entre a vida pessoal e profissional, registrando e marcando sua geração através do seu conhecimento em forma de livro. Serão imperdíveis os títulos publicados pela Série Mulheres!

Um Selo que representará a marca mais importante que é você, Mulher!"

Andréia Roma – CEO da Editora Leader

CÓDIGO DE ÉTICA DO SELO EDITORIAL
SÉRIE MULHERES®

Acesse o QRCode e confira

Nota da editora

Como editora, tenho o prazer de apresentar a quarta obra do Selo Editorial Série Mulheres®, o livro "Mulheres no RH® – Carreira e Estratégia", que oferece um olhar profundo sobre a evolução do campo de Recursos Humanos e o papel decisivo das mulheres nessa transformação. Desde suas origens até a contemporaneidade, a história do RH tem sido moldada pela dedicação e inovação de profissionais que não apenas aplicaram suas estratégias, mas também forjaram novos caminhos para o desenvolvimento de talentos.

Esta obra destaca a carreira e estratégia de mulheres excepcionais em RH, que compartilham suas experiências e orientações em cada capítulo. Revelamos um projeto completo que explora a carreira e estratégia de mulheres notáveis no RH, apresentando um passo a passo de ensinamentos, carreira e estratégias ao longo dos anos. Preparar sucessores nunca foi tão importante, e esta é a missão deste livro.

Agradeço profundamente à coordenadora Lilia Vieira e a todas as coautoras que aceitaram o desafio de deixar um legado de inovação e mudança de *mindset*. Convido você a mergulhar nestas estratégias e se abrir para grandes aprendizados a cada página.

Lembre-se, você pode estar conosco! Acesse nosso site em www.seriemulheres.com e faça sua inscrição. Avaliaremos sua participação para os próximos volumes. Seu conhecimento tem grande valor aqui na Série Mulheres®.

Andréia Roma
CEO da Editora Leader
Idealizadora e coordenadora do Selo Editorial Série Mulheres®

Introdução

Bem-vindos(as) a "Mulheres no RH® – Carreira e Estratégia", uma obra dedicada a explorar as jornadas de mulheres extraordinárias que moldaram a esfera dos Recursos Humanos com suas visões inovadoras e lideranças transformadoras. Este livro é uma aula prática em que cada líder de RH compartilha os segredos de sua ascensão profissional e as estratégias que empregou para criar caminhos significativos na formação de futuros sucessores.

A área de Recursos Humanos, historicamente vista como um mero suporte administrativo, tem evoluído para se tornar um epicentro de inovação estratégica dentro das organizações. As protagonistas deste livro foram escolhidas não apenas por suas realizações impressionantes, mas por sua capacidade de pensar além do convencional, desafiando e redefinindo o papel do RH em um ambiente corporativo em constante mudança.

Cada capítulo revela uma história única de determinação, *insights* e liderança, oferecendo uma janela para a experiência de cada mulher e como ela navegou, influenciou e prosperou em um campo dominado por desafios e oportunidades. Elas compartilham como cultivaram ambientes de trabalho inclusivos, promoveram o bem-estar dos colaboradores e lideraram com empatia e inteligência estratégica, demonstrando que a gestão de pessoas é tanto uma arte quanto uma ciência.

Nosso objetivo com este livro foi criar uma forma para que cada líder de RH pudesse transmitir não apenas conhecimento, mas também inspiração. As estratégias transformadoras discutidas aqui servem como um guia para os atuais e futuros profissionais de RH que aspiram a elevar suas carreiras e contribuir para a evolução de suas organizações. As lições compartilhadas prometem enriquecer os leitores com novas perspectivas e motivá-los a adotar abordagens inovadoras em seus próprios contextos profissionais.

Ao virar cada página, você encontrará a teoria por trás das práticas de RH bem-sucedidas, assim como o toque humano que cada uma dessas líderes traz para a mesa. "Mulheres no RH® – Carreira e Estratégia" é um testemunho do poder das mulheres no campo de Recursos Humanos e um manual para qualquer pessoa que busca influenciar e liderar com impacto, integridade e inovação.

Prepare-se para ser inspirado, educado e transformado.

Andréia Roma
CEO da Editora Leader
Idealizadora e coordenadora do Selo Editorial Série Mulheres®

Sumário

Uma jornada e tanto! 28
Lilia Vieira

Mudança de carreira, preparação e transição 38
Adriana Chaves

Carreira, planejamento e escolhas 50
Alessandra Silvestre

Do propósito à prática: uma jornada de estratégia e crescimento na carreira no RH 60
Ana Carolina Cavalcante Reis

Da multinacional às empresas nacionais: os "do's e don'ts" do RH estratégico 70
Andréa Meirelles Zeronian

Desvendando o poder da gestão: estratégias práticas para times de alto desempenho 80
    Carina Batista

Desenvolver pessoas é meu maior propósito profissional 92
    Carolina Florence Fiuza

RH – Relações Humanas 100
    Carolina Nascimento

Recalculando a rota: descobrindo novas possibilidades 112
    Christiane Berlinck

A mudança expande os horizontes 122
    Chryscia Cunha

Desafiando limites: uma história de sucesso no RH 134
    Claudia Ferro

Escolhas 148
    Claudia Gomes

Torne-se o seu próprio príncipe encantado 160
    Claudia Maia

Protagonismo e conexão com o negócio 172
    Daniela Sena Bettini

Carreira e estratégia: desafios para quem quer prosperar 184
    Débora Helena da Silva Pinto

O coração da liderança: como a Inteligência Emocional transforma e impulsiona o sucesso organizacional 196
    Débora Martins Mendonça Thompson

Coragem para mudar, crescer e transformar 208
    Déia Nunes

Carreira e Emprego – muito além do currículo 222
    Emanoelli Falcão

Transformando propósito em ação: o caminho para impactar vidas 236
    Fernanda Fechter

Cuide do seu jardim! 248
    Fernanda Mendes

Minha trajetória no RH – uma jornada de aprendizado e transformação 260
    Flávia Anjos

A atuação estratégica do RH como parceiro do negócio 272
    Juliana Arrais de Morais Moreira Minasi

A Importância do Treinamento e Desenvolvimento Humano Organizacional (DHO), tendo em vista a interseccionalidade de profissionais negras 284
    Luciana da Silva Almeida Santos

A ciência com a arte – navegando a carreira no RH 296
    Marcia Franciscato Drysdale

Desafios e aprendizados na transição de carreira: da Engenharia ao Recursos Humanos 308
    Mariana Mancini

Foco e conexão: como estar conectado com sua essência e seu talento contribui para o sucesso de sua carreira...320
    Marília Cordeiro Paiva Ganem Salomão

Além dos limites: uma jornada de determinação e fé no mundo da tecnologia e liderança 332
    Michele Coutinho

Minha Carreira, sua Inspiração 344
    Natália Biagi Lima

O RH sentado na cadeira estratégica das organizações – com o colaborador no centro de maneira genuína..356
    Roberta Serafim

Navegando por experiências & desenvolvimento – Um legado...368
    Rochelli Kaminski

Olhar sobre pessoas 380
    Roseli Motta

A difícil escolha de uma vida..392
    Samantha Politano

Superando desafios e construindo liderança **404**
　Selda Pessoa Klein

Construindo pontes: uma jornada de aprendizado e crescimento **416**
　Silene Rodrigues

O poder de uma MENTORIA **428**
　Andréia Roma

Uma jornada e tanto!

Lilia Vieira

LINKEDIN

Com 30 anos em gestão de recursos humanos, comunicação e responsabilidade social, implantou e reestruturou a área de recursos humanos em *startups* e grandes empresas, criou programas estratégicos de gestão de pessoas, alinhados ao plano de negócios e com foco nos desafios de crescimento de organizações como Hidrovias do Brasil, Saraiva, Vivo/Telefônica, Metrored, Mauri Brasil, Amil. É graduada em Psicologia pela PUC-SP, pós-graduada em Administração de Empresas pela FAAP e em Neurociência e Comportamento pela PUC-RS, além de cursos como Co-active Coaching pelo CTI (Coaches Training Institute) e HR Executive Suite Connection, pela Harvard Business School. Atualmente, é consultora em gestão estratégica de recursos humanos, *coach*, mentora e Partner da THE Projects, unidade de negócio do Grupo THE.

O desafio de começar

Após quase 40 anos de uma carreira desenvolvida na área de RH, penso no que me motivou a atuar nesta área. Não foi apenas um motivo, foram vários: uma vontade de trabalhar com pessoas e para as pessoas, compatibilizar os interesses das corporações com o cuidado com gente, entender a complexidade do universo do trabalho com a realização profissional e pessoal de cada um.

Concluí a graduação em Psicologia e decidi que iria buscar uma oportunidade de trabalho no mundo corporativo. Eu tinha alguma experiência em educação infantil, fui professora em uma escola nas turminhas de crianças até dois anos, então tive que buscar uma forma de ingressar em outro mercado. Por meio de contatos, consegui atuar sem vínculo formal em uma área de seleção de uma fábrica, o que me permitiu adquirir conhecimentos de processo seletivo e aprender muito em pouco tempo. A gerente da área, uma mulher, abriu as portas para mim.

Naquele tempo, a procura por um emprego dependia de anúncios publicados em jornal aos domingos. O caderno de empregos era uma fonte de esperanças e oportunidades. E foi desta forma que encontrei uma vaga para analista. Minha primeira empresa foi em um grande varejo, na área de seleção. Eu tive o privilégio de contar com uma mentora que me orientou e me formou como selecionadora, Maria Cristina Wendling, hoje uma querida amiga.

O ritmo de trabalho intenso e a diversidade de atividades me proporcionaram um rápido desenvolvimento e, em pouco tempo, eu defini novos objetivos para minha carreira.

Nas próximas empresas ampliei minha experiência atuando como generalista com responsabilidades similares ao papel de *business partner*.

We are all business partner

Ser *business partner* é uma missão em que o foco está nas pessoas e o objetivo é conseguir bons resultados com elas. Quando assumi este papel nas empresas, desenvolvi várias habilidades e competências, como negociação, solução de conflitos, gestão de crises, leitura de cenários, influência, entre outras. Estar conectada às metas do negócio e poder contribuir com as decisões que envolvem as equipes é extremamente gratificante.

A partir da minha primeira experiência em seleção, busquei uma atuação mais abrangente, em que eu tivesse mais autonomia e influência nos resultados do negócio. Trabalhei em empresa nacional, multinacional, centenária, *startups*, varejo, indústria, serviços e telecomunicações.

Uma pós-graduação em Administração de Empresas complementou minha formação e o conhecimento do mundo dos negócios.

O sucesso de grandes decisões nas empresas depende da capacidade dos *business partners* de comunicar, influenciar, orientar e dar suporte às equipes nos momentos mais críticos. As empresas estão em constante mudança, como tudo na vida, seja em um momento de reestruturação, de aquisição, fusão, início de uma operação, venda, redução de quadro, etc. Intermediar estes movimentos é o principal papel do *business partner* que, baseado em sua relação de confiança com os times, traduz para eles a estratégia e transmite para os executivos as expectativas das pessoas.

Nesta fase da minha carreira tive muitas oportunidades para aprimorar a sensibilidade para a gestão das pessoas, para identificar as mensagens que não são ditas, e para arriscar tomar decisões sem ter o cenário completo. A partir desta fase, sempre atuei como parceira do negócio.

Comunicar = ouvir e falar em um mundo globalizado

Essencial para qualquer executivo, a comunicação é sempre desafiadora. Transmitir uma mensagem, conhecer o público, garantir o entendimento, avaliar o impacto, tudo isto é uma arte. Deliciosa. Tive a oportunidade de gerir a área de comunicação interna e endomarketing por muitos anos, em várias empresas.

Engajar o público interno em uma campanha comercial, no lançamento de um produto, em um processo de fusão ou em uma pesquisa interna é um trabalho que exige muita criatividade, empatia e objetividade.

O momento mais abrangente e impactante que vivi foi no projeto de unificação da Vivo com a integração de oito operadoras, sete mil pessoas e mudança de marca. Viver este momento da empresa foi muito especial. Tivemos o envolvimento de todas as áreas, com equipes divididas em frentes de trabalho e o cronograma compartilhado e apertado. As mudanças em todas as operadoras foram enormes, estrutura, sistema, processos, políticas, etc. Cada empresa tinha uma história na sua região muito consolidada e as equipes tinham muito orgulho de pertencer. A partir do lançamento da marca Vivo, uma nova cultura foi criada, com múltiplas características, envolvendo equipes, fornecedores, clientes e outros *stakeholders*. A mudança da marca impactou a relação com os milhares de clientes em um mercado supercompetitivo. Com o objetivo de aproximar as lideranças dos pontos de atendimento, implementamos um programa que denominamos de "Vivo para o cliente", em que os executivos passavam um dia em loja, realizando visitas de vendas para empresas e atendendo as chamadas no centro de atenção aos clientes. O programa gerou mudanças internas de grande impacto nos processos, sistemas e na relação entre áreas, criando uma cultura forte e duradoura.

Atribuo os resultados que obtive neste período a dois fatores: primeiro, a minha motivação e alto nível de energia para fazer sempre melhor, e a Sandra Lima, a quem me reportei por 12 anos, e que foi para mim fonte de inspiração, parceria e profissionalismo.

Na carreira em RH, a comunicação é fundamental. Precisamos saber ouvir e falar, silenciar para entender o outro, exercer a empatia, ler cenários e antecipar comportamentos.

Como executiva de RH, muitas vezes, eu me vi em uma situação de precisar "traduzir" o que estava acontecendo para pessoas que estavam focadas na sua própria visão. Em uma das empresas que trabalhei, em um processo de aquisição de uma operação, tínhamos o objetivo de manter os profissionais, mas o executivo que liderava a equipe estava reticente em aceitar a proposta. O presidente da empresa me pediu para convencê-lo a aceitar. Em algumas conversas, eu entendi que ele não aceitaria, mas o motivo não estava relacionado à proposta financeira ou de carreira, mas porque não se identificava com a cultura da nossa empresa. Expliquei o cenário com a minha perspectiva para o presidente e começamos a trabalhar com a equipe que se reportava a ele, criando um vínculo e uma relação de confiança conosco e a permanência deles foi determinante para o sucesso no processo de integração das duas empresas.

Viver em um mundo globalizado traz uma complexidade importante na empatia com diferentes culturas e na comunicação. Comunicar-se em outros idiomas é fundamental para que a interação seja fluida e promissora. Na minha carreira, muitas oportunidades e portas se abriram com a comunicação em outros idiomas. Em algumas vezes, é explícito, por exemplo, quando uma vaga tem como prerrequisito a fluência em um idioma, mas outras vezes é sutil, no relacionamento, em reuniões, *calls*, eventos. Tive a oportunidade de fazer cursos em instituições estrangeiras e, muito além do aprendizado, interagir com executivos de diferentes nacionalidades conhecendo suas culturas e práticas foi enriquecedor.

A carreira na balança – conciliando família, saúde e trabalho

Administrar o tempo e compatibilizar a família com o trabalho passa a ser mais desafiador com a maternidade. Eu optei pelos dois ao mesmo tempo. Segui investindo em minha carreira e em meu desenvolvimento e tenho dois filhos, hoje adultos.

O tempo passa mais rápido, dá vontade de segurá-lo com as mãos, temos uma sensação de que estamos sempre devendo algo para todos ou para nós mesmos. Eu faria tudo de novo, com certeza me cobrando menos.

Sou feliz com o que construí para a minha família e para a minha carreira e tenho um sentimento de realização que se completa a cada dia.

O que foi essencial para conseguir fazer tudo simultaneamente? A rede de apoio.

Fazem parte dela meu marido, que divide as atividades comigo – divide, não ajuda, pois há uma diferença importante entre os dois. Minha mãe, que sempre apoiou no cuidado com as crianças. A escola, que escolhemos com uma boa estrutura para o desenvolvimento deles. E os amigos, com quem pudemos contar e ainda contamos em diversos momentos.

Um fator importante também foi ter consciência de que eu não poderia assumir tudo, o que poderia me tornar uma espécie de heroína, mas que me levaria à sobrecarga, exaustão e impactaria todos os aspectos da minha vida. Esse é um comportamento comum nas mulheres que, muitas vezes, acreditam que só elas sabem fazer bem e não dividem as responsabilidades, esta sensação de poder exacerbado não é sustentável e tem consequências negativas. Nós mulheres podemos e devemos tornar a nossa jornada mais leve, compartilhando ou delegando. Dessa forma, aumentaremos a nossa disponibilidade e diminuiremos a ansiedade.

E no trabalho, contar com uma equipe competente, com

pares que compartilham e com uma relação de confiança com o gestor. Essas relações são construídas e essenciais para um bom equilíbrio da vida como um todo. Impossível separar a vida familiar do trabalho. Mas é preciso dizer não, negociar prazos, gerir as demandas e planejar as entregas. Estamos conectadas o tempo todo. Está tudo misturado.

Cuidar da carreira e da família também implica autocuidado. Eu sempre dediquei uma atenção especial à minha saúde e à prática de exercícios. Nem sempre tive tempo suficiente para manter a rotina que gostaria, mas, ao longo dos anos, coloquei na minha lista de prioridades atividades físicas, uma boa alimentação e uma boa noite de sono. Esse equilíbrio me garantiu mais capacidade de planejar, melhores decisões e um convívio mais prazeroso com as pessoas. Vale ressaltar que uma boa noite de sono é um presente para quem convive com você.

Um olho nas pessoas... O mesmo olho nos negócios

A gestão da área de gente, de RH, de *people*, ou como quisermos chamar, está baseada em conectar as pessoas ao negócio e vice-versa. Geramos valor para a empresa quando alinhamos nosso plano de trabalho à estratégia do negócio.

Sim, é preciso ter um plano, é preciso definir objetivos e resultados esperados, com cronograma e orçamento a ser alocado. Cada empresa tem um processo para a aprovação ou liberação de orçamento e, independente disso, é fundamental compartilhar com os líderes das áreas e torná-los apoiadores e parceiros nos nossos desafios.

Se fosse preciso resumir uma única contribuição de RH para o negócio, poderia ser colocar as pessoas certas no lugar certo no momento certo e manter os talentos. Para que o resultado seja satisfatório, uma combinação de programas de carreira é essencial. Programas de entrada, que permitam integrar jovens profissionais à estrutura da organização e criar um ambiente em que o aprendizado seja estimulado e compartilhado, transparência na comunicação das oportunidades de carreira e nos critérios que são valorizados pelos executivos para a ascensão profissional são alguns exemplos das boas práticas que experienciei e tive a oportunidade de implantar. Com a maturidade da gestão, implantei planos de sucessão que apoiaram decisões de movimentação dos executivos e líderes com impactos significativos para os resultados da empresa.

As situações em que a organização passa por mudanças são turbulentas e incertas e são as que mais demandam dos profissionais da nossa área. Eu trabalhei em *startups* em acelerado processo de crescimento, em que a atração e contratação de talentos era o foco principal do meu plano de trabalho, ao mesmo tempo que a empresa começava a consolidar uma cultura organizacional e a estruturar processos. Em uma delas, o presidente da empresa e eu fazíamos reuniões semanais para comunicar a evolução do negócio e apresentar os novos integrantes do time.

Em outros momentos, liderei processos de mudanças de estrutura e redução de quadro, em que o processo de *offboarding* foi planejado e executado com muito cuidado tanto para os profissionais que estavam deixando a empresa quanto para os que ficaram.

A transparência e a consistência na comunicação são poderosas ferramentas para manter, em momentos incertos, o engajamento, a confiança e, consequentemente, os resultados.

Tão importante quanto ter um plano estratégico é fundamental a flexibilidade de adaptar o plano quando o contexto muda, desapegar, redirecionar, compartilhar e avaliar cada etapa do processo, sem perder o foco do objetivo.

Assumi como diretora em uma empresa que iria iniciar uma grande operação em poucos meses. Quando ingressei fui informada de que havia um plano de contratação e treinamento das equipes, mas logo identifiquei que o plano não era consistente. Redefinimos os recursos, buscamos parceiros para seleção, para estruturação de cargos e salários, alinhamos os programas de capacitação e definimos os parâmetros para a divulgação das vagas e da marca. O que não mudamos foi a data de contratação e o quadro definido para cada área, ou seja, o nosso objetivo foi mantido e realizado.

Mudando o rumo da carreira

O meu plano de carreira incluía uma atuação como consultora especialista, após um longo período como executiva.

Hoje atuo na área de desenvolvimento profissional e carreira, realizando projetos para empresas e profissionais. Continuo trabalhando com o que gosto, me realizando com a possibilidade de influenciar e apoiar, mas, acima de tudo, continuo aprendendo muito com as pessoas. Essa é a minha maior satisfação.

Mulheres que me inspiram e me influenciaram

Muitas mulheres foram inspiração para mim e se tornaram referência para o meu desenvolvimento profissional. Além da Cristina, que citei no início do capítulo, Sandra Raschini, Lais Passarelli e Sandra Lima, trago um pouco de cada uma delas comigo na profissional que me tornei.

Quando penso no contexto das empresas quando iniciei a carreira e agora, vejo que evoluímos muito como profissionais mulheres executivas, mas o desafio de conquista e igualdade ainda é grande. A evolução é significativa, mas ainda não é suficiente. Por este motivo, com muito orgulho, me tornei coordenadora da Série Mulheres no RH da Editora Leader. É uma missão.

Nas próximas páginas você conhecerá a carreira de mulheres incríveis, que influenciam e contribuem para o mundo dos negócios e que colocam a gestão de pessoas no plano estratégico das organizações. Participar deste livro tem um significado especial para cada uma delas e também contém a generosidade delas em compartilhar suas histórias e deixar o seu legado para as novas gerações.

Mudança de carreira, preparação e transição

Adriana Chaves

Sócia da **Cia de Talentos**, empresa que tem como propósito transformar carreiras para transformar vidas. Cofounder da **Aveso**, venture capital que atua no ecossistema de *startups* na área de Operações.

Graduada em Engenharia Elétrica com pós-graduação em Engenharia de Segurança pela Unicamp e MBA em Recursos Humanos pela FGV. Certificada Conselheira de Administração pelo IBGC.

Com mais de 30 anos de experiência, ingressou na Unilever como *trainee* e, após 15 anos, ocupava o cargo de diretora de RH. Foi também diretora de RH na Elektro e na Anhanguera Educacional. Em 2011 tornou-se sócia da Cia de Talentos, onde foi responsável pela Divisão de Desenvolvimento & Carreira. Atua como conselheira de Administração e membra de Comitê de Pessoas de empresas privadas e ONGs e professora de cursos de pós-graduação.

Eu já desconfiava de que a escolha acertada da profissão aos 17 anos era um jogo difícil de ganhar. E tive certeza disso no decorrer da minha vida profissional. Escolhi a Engenharia porque gostava de matemática. Tão batida essa escolha, não é? Acontece que a faculdade, no meio de infindáveis listas de exercícios, se mostrou algo extremamente teórico e sem muita conexão com o mundo real. Logo eu, uma pessoa tão prática, que gosta de ver a coisa concreta, tangível, enfrentar esse desafio! E para terminar logo esse martírio, adiantei em seis meses minha formatura e, no final de 4,5 anos me graduei em Engenharia Elétrica pela Unicamp.

Eram tempos difíceis para uma recém-formada conseguir emprego. E, para piorar a situação, resolvi começar um mestrado para não me sentir, de uma hora para outra, desempregada. Não preciso dizer que dois meses depois eu estava desesperada para largar o mestrado! Foi um erro começá-lo, e nestas voltas que a vida dá, eis que surge o programa de trainees da antiga Gessy Lever. Eu não tinha ideia do que seria isso e tampouco o que era trabalhar numa empresa de bens de consumo, já que, durante toda a faculdade, ouvi que o futuro da profissional de engenharia elétrica deveria ser em telecomunicações, que naquela época era o hit do momento. Mas, tentar esse programa de trainee era, certamente, um caminho para fugir do mestrado.

Após seis meses de processo seletivo fazendo dinâmicas de grupo e entrevistas, finalmente consegui meu primeiro emprego.

Neste processo seletivo conheci a Sofia Esteves. Jovem psicóloga, fundadora da Cia de Talentos, uma empresa recém-criada para apoiar a Gessy Lever no processo de seleção de trainees. E lá fui eu para a Gessy Lever, trainee da área industrial, trabalhando na fábrica de Valinhos. Por oito anos trabalhei como trainee, gerente de Engenharia de Projetos, Gerente de Segurança e Meio Ambiente. Sabe quando você acha que não está no lugar certo? Que aquela roupa não lhe serve mais? Que, aliás, nunca serviu? Bom, bem que passou na minha cabeça ser nutricionista ou fonoaudióloga antes de me decidir pela Engenharia. Mas meu pai que é dentista, me desencorajou a ser uma profissional liberal. Ele falava das incertezas, da necessidade de um planejamento financeiro muito complexo para poder tirar férias, da falta do FGTS e do 13º salário e assim por diante. Para ele, era muito perigoso depender do acaso e, assim, não me incentivou a seguir profissões como as que eu imaginara. De certa forma, essas profissões que cuidam de pessoas nunca me saíram da cabeça. E por isso achei que a Engenharia de Segurança me aproximaria mais desse lugar. Foi exercendo-a que observei que sofrer acidente no trabalho tem mais a ver com o comportamento de autocuidado e menos com equipamentos de segurança. Você pode ter à sua disposição todos os dispositivos e equipamentos de segurança. Mas, se não tiver o autocuidado, de nada vai adiantar. E, durante essa minha incursão na área de segurança, descobri que mudar comportamentos era algo extremamente difícil, mas possível. E, motivada por essa possibilidade de alterar comportamentos, comecei a olhar oportunidades para fazer a minha primeira transição de carreira. Nesta altura eu já era mãe da Isabela, minha primogênita. E esse lugar do cuidado ficou ainda mais latente em mim. Então, busquei uma formação na área de pessoas e me matriculei no MBA de Gestão de Pessoas da FGV.

PRIMEIRA TRANSIÇÃO: da Engenharia para RH

A Gessy Lever, que se tornara Unilever, sempre cultivou um ambiente com muita flexibilidade para a transição de carreira e, mirando a área de pessoas, comecei a fazer a busca de posições dentro da empresa. Estava disposta a mudar de cidade, ou até mesmo de país, para poder alcançar meu objetivo. Foi nesse momento que surgiu a vaga de gerente de RH da fábrica de Indaiatuba, também em São Paulo. Conversei com várias pessoas internamente para que soubessem que eu gostaria de assumir a posição e me candidatei oficialmente pelos canais de recrutamento interno da empresa. Eu estava com 32 anos àquela época e me sentia preparada para esse novo desafio. Depois de passar por algumas entrevistas e de ser mais do que questionada se eu realmente queria estar naquele cargo, fui aprovada! No início enfrentei alguns questionamentos severos da equipe que lá estava. E todos eles tinham a ver com o fato de eu vir de outra área, de não entender nada de RH e de não estar preparada para ter uma equipe tão sênior quanto aquela.

Lembro-me com clareza da conversa difícil com a Cláudia Guimarães, àquela época coordenadora de RH, que me questionou por que a Unilever tinha escolhido uma pessoa sem experiência na área para cuidar da maior fábrica de detergentes em pó da empresa, uma das mais importantes no cenário global. De repente me vi em um duplo desafio: entender de RH e conquistar a equipe. E, usando de bastante sinceridade, vulnerabilidade e muita vontade de aprender, me aproximei da equipe, disse que aprenderia com ela e que, juntas, construiríamos uma fábrica de excelência. Neste período tive grandes mentores: José Roberto Negrete, Eduardo Reis, Mauro Moreira, Fernando Sato, Marcelo Arantes e meu querido CHRO Marcelo Williams. Além de uma equipe maravilhosa: Heloísa Faria, Sinalia Andrade, Adriana Ferraz, Cláudia Truzzi, Carolina Maziero, Cláudia Guimarães e muitas outras pessoas que tornaram a minha vida profissional mais feliz e com mais significado. Juntos pudemos reconstruir a fábrica de Indaiatuba, fazer com que ela se transformasse na mais visitada da Unilever, pois tinha se tornado o *benchmarking* em segurança do trabalho, organização e limpeza e nos processos de TPM (*total productive maintenance*). Os meus aprendizados foram muitos e, sem dúvida, foi o momento mais feliz da minha carreira. E aqui vão algumas dicas para quem quer mudar de rumo na carreira:

1- Siga seu coração. É imprescindível que você se conecte de uma forma apaixonada pela sua nova carreira;

2- Se possível, faça a transição dentro da empresa em que você está trabalhando. Fazer a mudança, estando no mercado, será muito mais complexo.

3- Prepare-se para a mudança: converse com pessoas, faça cursos, experimente ser voluntária em algum lugar para poder testar as novas *skills*;

4- Seja humilde, você vai chegar numa outra área, numa nova profissão na qual as pessoas que lá estão sabem mais do que você;

5- Coloque objetivos de aprendizados e conte com as pessoas que sejam referência para você; aqui cabe assumir uma boa dose de vulnerabilidade para pedir ajuda a quem conhece mais;

6- Enfrente os seus medos e dê espaço para você errar. Nem tudo vai dar 100% certo, mas tudo vai servir para seu aprendizado;

7- Cerque-se de pessoas do bem, pois não faltarão torcidas contra e a favor.

Uma curiosidade sobre essa fase é que eu e mais quatro mulheres da minha equipe engravidamos ao mesmo tempo. Alguns colegas brincavam dizendo que, ao visitar a fábrica de Indaiatuba, seria prudente não tomarem água de lá, pois, certamente, a pessoa engravidaria na sequência. Então, o desafio que por si só já era gigante para mim ficou ainda maior com cinco gravidezes para lidar. E posso dizer que tiramos de letra! Fizemos um planejamento de coberturas entre idas e vindas das licenças e conseguimos equilibrar todos os pratinhos no ar. Lidamos com o caos de uma maneira organizada, conseguimos certificar a fábrica no TPM, fizemos um *layoff* dolorido para todas nós e ainda alcançamos ZERO acidentes com afastamentos. Tudo isso com bebês, leveza, alegria e muita conexão. Nosso líder, Negrete, foi o grande apoiador de tudo isso. E nós, até hoje, somos amigas, nos encontramos e temos boas histórias para nos lembrar. E o meu Rafael, o Lucca, o Júlio, o Enrico e o Gabriel fazem parte desta linda história que vivemos.

Depois dessa experiência em RH, posso dizer que fui abduzida pela área. Não quis mais sair dela e tive outros desafios dentro e fora da Unilever. Ainda lá, passei para a área de Talent Acquisition, Cultura e Performance, depois fui ser Business Partner de RH para América Latina e posteriormente para Américas. Nessas duas últimas posições, já tinha um cargo de diretora e, obviamente, muito segura de estar na área. Fora da Unilever fui diretora de RH da Elektro (Neoenergia) e da Anhanguera Educacional (Cogna Educação). Foram anos incríveis, com altos e baixos, construindo coisas maravilhosas e também enfrentando pessoas difíceis. Da Elektro também trago amizades para a vida: Elaine Ferreira, Juliana Sales, Cláudia Muller, Débora Ferreira.

Chegou uma hora, porém, que parecia tudo repetitivo. Mudava-me de empresa e era preciso recomeçar o que eu já havia feito nas outras. E isso começou a me incomodar. Eu queria continuar em RH, mas não fazendo a mesma coisa. Às vezes eu tinha a impressão de que estava naquele filme da Marmota. Que acordava e estava fazendo a mesma coisa. Foi então que eu precisei pensar numa próxima transição e é aí que entra novamente a Sofia Esteves, que tinha fundado a Cia de Talentos e me selecionado para ser *trainee* da Unilever.

Eu a procurei para falar de carreira e ela me convidou para experimentar atuar na consultoria. Confesso que desta vez não fui eu quem procurei a transição de carreira, mas ela me encontrou novamente!

SEGUNDA TRANSIÇÃO: de executiva para consultora/empresária

Para mim era uma época de muitas dores, porque tinha sido severamente impactada por um dos meus pares de trabalho, época de questionamentos sobre minha permanência em empresas e tudo começou com uma oferta da Sofia para eu experimentar a consultoria. Ela me falou assim: "Você vem experimentar um trabalho de consultora, e podem acontecer três coisas:

1- você gostar,

2- você não gostar e

3- você gostar e achar que não vale a pena por conta da remuneração.

De toda forma, você não vai perder nada em tentar". Achei que ela tinha razão e, na mesma semana, lá estava eu indo para o Chile conduzir uma final de programa de *trainees* da Unilever pela Cia de Talentos. Lembro-me até hoje da sensação com que saí deste processo: alívio. Eu entreguei *trainees* incríveis para a Unilever Chile cuidar e saí de cena. O alívio maior foi de que eu não teria que cuidar deles dentro da empresa e fazê-los dar certo, pois isso eu já tinha feito muitas vezes e, definitivamente, eu queria coisas novas.

Passada essa primeira experiência, eu falei SIM, quero ficar na consultoria, mas queria mais que ser consultora, queria abrir uma nova área na Cia de Talentos. Propus para a Sofia e as demais sócias criar uma nova área de Desenvolvimento de Lideranças. Elas toparam e eu comecei a desenhar uma proposta para um cliente superespecial! E o mais incrível! Esse cliente comprou a proposta. Então eu já tinha um caso para contar, um cliente para chamar de meu e um início desenhado. E foi um programa maravilhoso! Nesta época Andréa Cruz, que já tinha trabalhado comigo na Unilever, me ajudou no desenho e no início e me apresentou à Sirley Almeida, que foi minha grande companheira de começo de jornada na consultoria. Foram muitos desafios, muitos aprendizados, muitas histórias boas para contar. A Sandra Cabral me ensinou muito sobre o mundo da consultoria e minhas sócias Sofia, Maíra Habimorad, Lara Prado, Carla Esteves e Paula Esteves deram todo o suporte para que eu pudesse acertar e errar, mas não desistir desta nova etapa profissional da minha vida. Na Cia de Talentos encontrei pessoas colaborativas, pessoas do bem, pessoas torcendo por mim. Uma energia feminina intensa que nunca havia experimentado: poderosa e virtuosa.

E aqui valem outras dicas importantes para a mudança de carreira:

1- Abrace a mudança que surge para você, mesmo parecendo fora de seus planos. Às vezes parece totalmente desconectada dos seus planos originais, mas, se você não tentar, nunca saberá;

2- Permita-se viver outras formas de trabalho: ser CLT não é a única possibilidade de se empregar nem é a "segurança" que todos pregam;

3- Às vezes, não ter experiência em algo pode ser uma vantagem. Você se sente livre para fazer perguntas imbecis e que, muitas vezes, levam a respostas que não foram pensadas;

4- Acredite em você: a sua jornada tem valor e você pode usar seu aprendizado para apoiar outras pessoas e empresas.

Tudo muito bem, sócias incríveis, Cia de Talentos, um lugar quentinho que eu posso chamar de lar, clientes felizes e eis que surge um novo incômodo. Chegaram os 50, e com eles aquela vontade de contribuir com o mundo. Então comecei a buscar possibilidades e me deparei com o curso de Conselheiros do IBGC.

TERCEIRA TRANSIÇÃO DE CARREIRA: de consultora/empresária para Conselheira e Professora e Empreendedora e Voluntária...

Essa minha terceira transição de carreira talvez seja a mais divertida de todas. Até porque, não fiz a transição para uma única profissão e sim para várias. São tantas que até me perco quando tento descrever tudo que faço. E chamo-a de uma transição divertida porque essa é a que me dá mais liberdade de escolhas e me traz a definição exata de carreira multidirecional.

Comecei minha preparação intencional para essa mudança fazendo um curso de conselheira no IBGC. Esse curso me mostrou que sim, eu tinha o que contribuir para as empresas que estivessem montando suas instâncias de governança e logo fui chamada para uma posição de Conselho por um amigo de faculdade que faz gestão de um fundo internacional aqui no Brasil. Duas lições eu posso tirar dessa primeira experiência em conselho:

1- *networking* é fundamental para conseguir posições em Conselho;

2- uma profissional de RH só deve aceitar uma posição em Conselho se o CEO da empresa tiver interesse genuíno nas pessoas que trabalham lá, caso contrário, o efeito de seu papel na empresa e no Conselho será marginal.

Depois dessa experiência, consegui outras posições em Conselhos e também em Comitês de Pessoas (os comitês são órgãos que assessoram os Conselhos). Aceitei também algumas posições de Conselho em ONGs, de forma *pro bono*, pois entrei numa fase em que quero impactar mais o mundo em que vivo. E isso tem me impulsionado para a minha quarta transição de carreira. Mas essa eu vou contar num próximo capítulo da minha vida.

Como uma coisa puxa a outra, essa minha passagem para o

mundo da Governança abriu novos caminhos: coordenadora do IBGC no interior paulista, palestrante sobre Diversidade de Gênero em Conselhos no curso de formação de conselheiros, associação ao WCD (Women Corporate Directors) entre outras atividades que me incentivam a aprender, pesquisar e fazer *networking* em outras instâncias fora do mundo de RH. Tenho aprendido muito sobre empresas familiares e suas intrincadas relações e dado consultorias para as famílias empresárias, apoiando-as em transições de gerações e implementando processos de RH que sustentem as mudanças que precisam fazer.

Também, a convite de amigos queridos da Unilever, sou cofundadora de uma Venture Capital, a Aveso, e com isso veio o relacionamento com o mundo das *startups*. Um mundo novo que está requerendo novos aprendizados e uma dose de ousadia para apoiar os empreendedores a alavancarem seus negócios. Atualmente voltei para o banco da escola para aprender sobre Governança em *startups*. Hoje, aos 55 anos, me sinto uma aprendiz, cheia de sonhos e planos para o futuro. E todo esse percurso só foi possível porque tenho grandes incentivadores na minha vida: meu marido, Alexandre, e meus pais, Fuad e Oderlite.

Carreira, planejamento e escolhas

Alessandra Silvestre

LINKEDIN

Executiva de Recursos Humanos com 22 anos de experiência, apaixonada por pessoas, culturas e desenvolvimento humano. Sua carreira atravessa setores como tecnologia, telecomunicações, construção civil, cosméticos e energia elétrica, destacando-se pela habilidade de integrar diferentes realidades culturais e regionais na América Latina. Graduada em Psicologia, pós-graduada em Pedagogia da Cooperação e certificada como *coach* de Liderança, Carreira e Desenvolvimento Humano pela Escola de Coaches Eco Social. Com uma trajetória marcada pela conexão genuína com pessoas, construiu estratégias de RH que valorizam o potencial humano e impulsionam resultados. Com vivências internacionais e sensibilidade cultural, liderou programas de integração de expatriados, desenvolvimento de lideranças e projetos que alinham estratégia empresarial às necessidades locais. Reconhecida por sua capacidade de adaptação, resiliência e compromisso com resultados, acredita no poder da aprendizagem contínua através das relações e na importância de se manter flexível diante dos desafios. Sua jornada é inspirada por uma atitude positiva, inovação e um profundo compromisso com o crescimento coletivo e o bem-estar das pessoas.

Eu sou Alessandra Silvestre. Filha da Maria Helena e do Luiz. Sou grata a eles por todos os ensinamentos e amor dedicado. Eles me deram os maiores presentes da minha vida, os meus irmãos, Robson, Dani e Luiz Roberto. E tenho dois sobrinhos que são demais, o Rafael e o Pedro, com quem tenho aprendido muito. Como acredito que a aprendizagem se dá nas relações, eles e tantas outras pessoas com que cruzei na jornada da vida fazem de mim quem eu sou hoje.

Ah, esqueci de compartilhar outra crença que eu tenho que é a seguinte: "Não Somos e sim Estamos". Poderia até citar um trecho de uma música do Raul Seixas:

"Eu prefiro ser essa metamorfose ambulante, do que ter aquela velha opinião formada sobre tudo".

Concluí o ensino médio sem saber qual faculdade cursar. Após uma viagem para San Diego, na Califórnia, voltei para o Brasil. Naquela época, meu pai enfrentava uma crise financeira, e decidi trabalhar enquanto pensava sobre qual faculdade seguir. Comecei em uma loja de produtos indianos, onde tive a oportunidade de participar de um curso de metodologia de gestão e vendas oferecido pelo grupo Friedman. Esse curso, voltado para o desenvolvimento de profissionais de todos os níveis hierárquicos no mercado de varejo e consumo, me ajudou a descobrir que queria cursar Psicologia, para atuar na área de Recursos Humanos.

Quando entrei na faculdade, em uma turma de 50 alunos, apenas eu e mais uma colega tínhamos o interesse de trabalhar em Recursos Humanos. Constantemente nos questionavam: "Por que vocês não migram para o curso de Administração?", ao que eu respondia: "Primeiro quero aprender sobre o comportamento humano e, depois, sobre as técnicas de administração". Essa resposta reflete um pouco de quem estou e, talvez, o valor que mais me acompanha na vida: primeiro quem, depois o quê.

Ainda na faculdade, construí meu primeiro plano de vida durante uma aula sobre velhice, sem ter plena consciência da sua importância na época, mas que continuo atualizando até hoje e se tornou o meu *waze*. Afinal, como já dizia Lewis Carroll: "Se você não sabe para onde quer ir, então qualquer caminho serve".Durante a minha vida, mesmo antes da faculdade, tive a oportunidade de investir no meu autoconhecimento, seja participando de programas de orientação profissional ou terapia.

Tive a minha primeira oportunidade no mundo corporativo em uma empresa de *software* de alto gestão, com uma líder que me desenvolvia na mesma medida que me desafiava.

Ao longo da minha carreira fui submetida inúmeras vezes aos testes comportamentais, me empoderando para fazer escolhas conscientes com base no autoconhecimento.

A primeira escolha nasceu descoberta da conexão do trabalho com interesses pessoais de conhecer outras culturas e aceitei uma proposta de trabalho no Rio de Janeiro. Trabalhar na StarMedia, empresa de internet que tinha adquirido o site do Cadê?, estruturar a área de RH e acompanhar a 1ª transformação cultural da minha vida profissional, explorar como o autoconhecimento influencia decisões de carreira, ajudando a alinhar trabalho e propósito.

A StarMedia Network foi uma das primeiras grandes empresas de internet focadas no mercado latino-americano, foi vista como um símbolo do *boom* da internet na América Latina, com uma estratégia agressiva de expansão por meio de aquisições. No entanto, seu caso também serve como um exemplo de como a falta de integração cultural pode afetar os resultados de M&As. Havia também uma diferença marcante nos estilos de gestão e expectativas dos colaboradores em diferentes países, o que causava dificuldades na comunicação e na execução de estratégias.

Lições Aprendidas

- **Importância da Integração Cultural:** a história da StarMedia mostra que o sucesso de uma M&A vai além das sinergias financeiras ou tecnológicas; ele depende fortemente da capacidade de integrar culturas organizacionais de forma eficaz.

- **Gestão de Diversidade Cultural:** as diferenças culturais entre a sede em Nova York e as operações latino-americanas precisavam de um plano de integração mais cuidadoso, que respeitasse e valorizasse as culturas locais.

- **Comunicação e Liderança:** a falta de uma comunicação clara e de uma liderança que promovesse a integração foi um fator-chave para o fracasso na construção de uma cultura unificada, levando a desentendimentos e à fragmentação interna.

Esse caso ressalta como a gestão de diferenças culturais é vital para o sucesso das fusões e aquisições, especialmente em mercados com grande diversidade como a América Latina.

Essa vivência e a passagem pelo IG internet, sistema de cogestão de presidentes, ampliou meu repertório e me credenciou para atuar na Vivo, uma *joint venture* entre a Portugal Telecom (PT) e a Telefonica, duas gigantes europeias das telecomunicações. A Vivo nasceu da consolidação de sete operadoras que atuavam em regiões distintas do Brasil.

Durante esse processo acompanhei a transferência de muitos

executivos de diversas regiões do Brasil para assumirem posições em São Paulo, onde ficava a nossa sede. E tem um aprendizado que guardo para a vida, sobre uma discussão de *design* de estrutura. Nesses momentos de fusão as pessoas ficam inseguras devido às incertezas, mas buscar a imparcialidade e fazer um bom trabalho, mesmo que isso impacte em ter que buscar uma recolocação, é fundamental para a carreira de um profissional e decisivo na escolha de quem fica na organização.

Existia um impasse sobre uma estrutura em que havia sobreposição e um dos executivos apresentou uma proposta que preservava o *status quo,* o outro apresentou a otimização necessária e inclusive disse que, independentemente de ficar ou não na empresa, essa era a adequação necessária para o momento.

Na Vivo, com uma colega de trabalho aprendi um pouco sobre a antroposofia, que é uma filosofia espiritual e um sistema de conhecimento desenvolvido por Rudolf Steiner no início do século XX. O termo "antroposofia" deriva do grego, com "anthropos" significando ser humano e "sophia" representando sabedoria.

E li um livro chamado "Tomar a vida nas próprias mãos", autor Gudrun Burkhard, que trabalha na própria biografia o conhecimento das leis gerais do desenvolvimento humano. E naquele ano foi diferente, porque revisitei o meu plano de vida considerando os meus septênios.

Decidi fazer um meio ano sabático na Austrália, que estava escrito no meu projeto de vida, após participação da expansão da Vivo no Recife, Rio Grande do Norte e Paraíba. E fui premiada com uma licença não remunerada de seis meses, condicionada à permanência de dois anos da data de volta ao Brasil.

Depois de cumprir o meu compromisso com a Vivo, assumi um desafio em uma construtora de obras de infraestrutura, a OAS, na Bolívia, com o desafio de implementar a cultura da empresa brasileira e desenvolver mão de obra local.

Tive o desafio de aprender outro idioma, conhecer a cultura e entregar os resultados.

Através de parcerias desenvolvemos e formamos mão de obra local.

Depois tive a oportunidade de trabalhar na Natura e vivenciar e implementar programas de desenvolvimento que consideram o ser humano de maneira integral. Lá mais uma vez me transformei e impactei a vida de outras pessoas através das relações.

Hoje estou atuando com desenvolvimento de pessoas, atração e cultura no grupo Equatorial. E recentemente recebi uma mensagem de um ex-cliente da Natura dizendo: "Eu sou grato a você pela participação em meu processo seletivo e feliz por fazer parte desta empresa. Você fez e sempre fará parte da minha história".*Feedbacks* como esse nos retroalimentam ao longo da carreira. Facilitamos o desenvolvimento do outro e nos desenvolvemos.

Ao longo da minha carreira profissional conectei o meu propósito, planejei, fiz escolhas, acertei, aprendi com os erros.

Impactei a vida de muita gente e fui impactada. Sou fruto de cada uma das minhas experiências.

Tenho muitos mentores a quem sou grata, fiz muitas alianças com clientes, colegas de trabalho e gestores que fazem parte da minha vida. Alguns se tornaram amigos.

Durante a minha formação de Coaching pelo Eco Social tinha uma frase que nos guiava como princípio do desenvolvimento humano.

> "Nada posso lhe oferecer que não exista em você mesmo. Nada posso abrir-lhe outro mundo além daquele que há em sua própria alma. Nada posso lhe dar, a não ser a oportunidade, o impulso, a chave. Eu ajudarei a tornar visível seu próprio mundo e isso é tudo." Hermann Hesse

Alguns *insights* que tenho ao olhar para a minha trajetória, que são comuns à de outros profissionais que obtiveram sucesso:

O sucesso na carreira depende da combinação de vários fatores, mas existe uma forte correlação entre planejamento e escolhas. Além disso habilidades técnicas, inteligência emocional, rede de contatos, adaptabilidade, proatividade, liderança e equilíbrio entre vida profissional e pessoal. Manter-se atualizado com as tendências do mercado e investir no desenvolvimento contínuo são passos essenciais para alcançar e sustentar o sucesso.

Escolher trabalhar em empresas que ofereçam oportunidades de crescimento, bom ambiente de trabalho e valores alinhados aos seus pode influenciar positivamente a trajetória de carreira.

Decidir quando e onde mudar de emprego ou assumir novos desafios pode impactar significativamente o crescimento profissional.

Obter conselhos de mentores e profissionais experientes pode fornecer *insights* valiosos e ajudar na tomada de decisões críticas.

O sucesso na carreira é frequentemente resultado de um planejamento estratégico e escolhas bem pensadas. Estabelecer metas claras, investir em educação contínua, avaliar oportunidades e buscar orientação são componentes essenciais de uma trajetória de carreira bem-sucedida. A capacidade de ajustar planos e tomar decisões informadas ao longo do caminho pode ajudar a alcançar objetivos profissionais e garantir crescimento a longo prazo.

Alcançar cargos de alta gestão como mulher envolve uma combinação de habilidades, estratégias e enfrentamento de desafios específicos:

- Investir em desenvolvimento pessoal e profissional, como cursos de liderança e gestão, é fundamental.

- Obter certificações e participar de *workshops* pode também proporcionar habilidades essenciais e visibilidade.

- Procurar mentores, preferencialmente mulheres que já estejam em cargos de liderança, pode oferecer orientação valiosa e apoio.

- Ampliar a rede de contatos através de eventos e organizações profissionais é crucial para abrir portas e criar oportunidades de carreira.

A pressão para equilibrar responsabilidades familiares com as demandas de cargos de alta gestão é um desafio significativo.

Cada jornada é única, mas, com as estratégias certas, o caminho para a liderança pode se tornar mais acessível para mais mulheres.

Na minha trajetória eu não consigo me lembrar de um desafio por ser mulher, sou mulher branca, heterossexual, cisgênero e isso pode certamente influenciar a maneira como eu percebo e enfrento desafios no ambiente de trabalho. Vários fatores relacionados à identidade, como raça, gênero, orientação sexual e classe social, podem impactar significativamente as experiências individuais no trabalho.

E por fim: invista no seu **autoconhecimento** como **base para escolhas; respeite** os seus **ciclos de vida** e **momentos de transição; assuma o protagonismo** e **responsabilidade da sua vida,** aproveite a **transformação pessoal como ferramenta de crescimento** e exercite a **flexibilidade** e **adaptação.**

Trabalhar na própria biografia é uma jornada de autotransformação. Da mesma forma, na carreira, as escolhas não se limitam a empregos ou cargos; são oportunidades de crescimento pessoal que ampliam habilidades, resiliência e visão de mundo.

Nossas escolhas de carreira impactam não só nossa vida, mas também as pessoas ao nosso redor. Enfatize como alinhar as escolhas profissionais aos valores pessoais pode levar a contribuições significativas no mundo, criando um impacto que vai além do sucesso individual.

Lembre-se que o planejamento é o seu *waze*, ajuste a rota sempre que necessário.

Do propósito à prática: uma jornada de estratégia e crescimento na carreira no RH

Ana Carolina Cavalcante Reis

LINKEDIN

Superintendente de Gente e Gestão no Grupo Equatorial.

Graduada em Psicologia pela Universidade Federal do Maranhão (UFMA) e em Administração pela Universidade Estadual do Maranhão (UEMA), com MBA em Gestão de Pessoas pela FGV.

Executiva sênior de RH com mais de 16 anos de experiência na área de Recursos Humanos e Qualidade da Gestão, tendo atuado na gestão e estratégia das operações de RH e Qualidade para mais de 15 empresas do Grupo Equatorial, nos ramos de geração, transmissão e distribuição de energia, além dos ramos de saneamento, telecomunicações, engenharia e serviços.

Parceira de negócio para apoiar no gerenciamento do modelo de gestão para pessoas e resultados, com experiência na construção de novas empresas, além de M&A, garantindo a integração cultural.

Toda história tem um porquê

Iniciar este capítulo é revisitar minha trajetória até alcançar uma posição de destaque em Recursos Humanos em um dos maiores grupos empresariais de *multi-utilities* do Brasil. Ao fazer isso, é impossível não lembrar quando, ainda criança, analisei minhas paixões e habilidades, imaginando como poderiam se aliar a um propósito profissional.

Espero que os leitores que aqui estão, ao final deste capítulo, possam ter entendido que, se nos observarmos como indivíduos e observarmos atentamente o contexto no qual estamos inseridos, conseguimos captar vários *insights* que nos ajudam a estabelecer um planejamento para atingir não somente os sonhos que almejamos, mas, com dedicação e muito trabalho, alcançar também patamares muito maiores do que imaginamos.

É impossível falar sobre minha carreira e estratégia para chegar aonde cheguei sem falar em planejamento e leitura de cenários. Quando criança, por ser considerada uma boa aluna na escola, rapidamente começaram os primeiros comentários sobre a possibilidade de eu escolher cursar Medicina na universidade. Aos poucos, esse desejo, que inicialmente era externo a mim, começou a ser internalizado.

Ao refletir sobre minha escolha de carreira durante o ensino médio, questionei a ideia de estudar Medicina, considerando minhas aptidões em matemática, português, filosofia e outras disciplinas. Decidi fazer vestibular para Psicologia e Administração, buscando unir minhas habilidades com pessoas e números. Na minha cabeça, se eu conseguisse me formar nessas duas faculdades, ao mesmo tempo, entraria no mercado de trabalho com um diferencial competitivo interessante na época: uma psicóloga que gosta de números e uma administradora que gosta de gente.

Meu objetivo, desde o início, era conseguir sair das duas universidades tendo adquirido conhecimento e prática para colocar o que aprendi nas duas faculdades em ação, numa mesma atividade, num mesmo trabalho. Foi ali que percebi que existia um grande campo de atuação para que isso acontecesse: trabalhar na área de recursos humanos de empresas.

Ao cursar ambas as faculdades simultaneamente, mantive o foco em adquirir conhecimento prático para aplicar em Recursos Humanos. Consciente de que direcionar meus estudos para RH abriria portas, comecei a observar as oportunidades de estágio que iam aparecendo e apliquei para concorrer a uma vaga no Grupo Equatorial, que, na época, tinha apenas uma empresa no seu portfólio: a distribuidora de energia do estado do Maranhão, a CEMAR.

Analisando o contexto novamente: dessa vez, no mundo corporativo

Ao iniciar minha carreira no Grupo Equatorial, comecei como estagiária de Psicologia, com recrutamento e seleção. Seria realmente o mais óbvio, já que meu curso estava no fim e eu já vinha de uma experiência anterior atuando como estagiária numa consultoria de recrutamento e seleção. Eu me vi imersa em um ambiente novo, moderno e vibrante, refletindo os primeiros passos de uma cultura participativa que a empresa estava construindo. Nos primeiros dias, acompanhei minha gestora pelos corredores, conhecendo colegas e clientes internos, e logo identifiquei oportunidades de melhoria no processo de seleção. Isso me mostrou que qualquer contexto corporativo apresenta desafios, e resolver problemas é essencial para se destacar.

Essa primeira oportunidade de resolver problemas dentro de uma organização me fez perceber algumas necessidades existentes em qualquer contexto corporativo e que ajudam muito qualquer profissional a ser enxergado dentro da organização: analise e identifique dentro do seu contexto de trabalho quais as oportunidades para resolver (ou ajudar na solução) de problemas críticos. Ao melhorar o processo de seleção, ganhei reconhecimento e pude buscar novas oportunidades de desenvolvimento. Mudar para a área de remuneração foi uma decisão que ampliou meus horizontes, permitindo-me explorar minha afinidade com números. Durante esse período, não apenas aprendi sobre estrutura organizacional e orçamento de pessoal, mas também desenvolvi habilidades cruciais, como comunicação assertiva e trabalho em equipe.

Ao atuar nesses novos processos, tive a oportunidade de interagir com mais clientes internos e de consolidar meu estágio atuando em um projeto que começava a dar os seus primeiros passos na empresa. E poder participar da construção de processos, sendo uma das referências dele dentro da organização, é também uma das melhores formas de se tornar relevante no contexto organizacional. E foi assim que, após dez meses de estágio, surgia uma oportunidade de efetivação numa vaga de colaborador.

Os dois anos seguintes foram uma verdadeira transformação para mim. Trabalhar com profissionais que admirava, aprender sobre diferentes aspectos do RH não somente sobre remuneração, mas sobre estrutura organizacional, orçamento de pessoal, construção de padrões de trabalho, fluxos, desenhos, entre outros aspectos, como desenvolver *soft skills*, e, acima de tudo, descobrir meu propósito dentro da área – ajudar pessoas e organizações a alcançarem seu potencial máximo – foi uma jornada enriquecedora. Essa experiência solidificou meu engajamento e me fez perceber a importância de um ambiente de trabalho que promova resultados e um clima organizacional positivo.

Antes de ajudar os outros, precisamos ajudar a nós mesmos

Participar da elaboração, do zero, de processos, práticas, enfim, da construção de pilares da cultura de uma empresa é extremamente prazeroso e engajador. Mas, talvez, por fazer parte da geração *millenial*, eu estava sempre em busca de oportunidades, mais e mais aprendizado e crescimento não somente profissional, mas pessoal.

Após investir tempo e esforço em diversos processos seletivos de programas de *trainee*, fui confrontada com uma das primeiras grandes decepções da minha carreira: não ser escolhida para uma vaga de *trainee* dentro da CEMAR, que eu tinha certeza de que seria minha. A sensação de frustração foi avassaladora, deixando-me questionar meus próprios talentos e capacidades. Somente depois de um tempo, após enxergar a situação de forma macro, foi que eu pude entender claramente alguns aspectos que fizeram a empresa tomar aquela decisão. Eu tinha duas opções dali em diante: voltar às minhas atividades, continuar fazendo o meu trabalho normalmente, e quem sabe me tornar o tipo de colaborador que vez ou outra põe, na empresa, a responsabilidade por um sonho individual não ter ido adiante, ou, como eu fiz, pegar toda aquela situação, exercitar minha resiliência e entender no que eu poderia ter desempenhado melhor, identificar novas oportunidades e continuar trabalhando com afinco para, por meio de outro trajeto, conseguir chegar no grau de visibilidade que eu precisava ter dentro da empresa para um dia ocupar posições maiores. Conforme o tempo passou, percebi que essa experiência não era o fim, mas sim o início de uma jornada de autodescoberta e crescimento.

Ao refletir sobre toda a situação, compreendi que precisava priorizar meu próprio desenvolvimento antes de ajudar os outros. Essa mudança de perspectiva me levou a aceitar uma nova posição na área de qualidade da gestão, ainda dentro da empresa em que eu trabalhava, que, apesar de não estar nos meus planos originais, revelou-se como uma oportunidade valiosa para meu crescimento profissional.

Essa reviravolta me ensinou a importância da resiliência e da adaptabilidade diante das adversidades. Resiliência é uma característica daqueles que vencem. Percebi que, muitas vezes, o caminho para o sucesso não é linear e que as derrotas podem ser transformadas em oportunidades de aprendizado e crescimento. Desde então, tenho abraçado cada desafio como uma chance de me reinventar e progredir em direção aos meus objetivos, com humildade e determinação.

Desafios: o nosso pão de cada dia

Na área de qualidade da gestão, dei de cara com o desafio do Prêmio Nacional da Qualidade (PNQ), uma meta nunca alcançada pela empresa. Isso significava não apenas apoiar a elevação do nosso *status* no *ranking* de distribuidoras de energia, mas também fortalecer a visão da empresa. Ali eu tive a plena convicção de que, se eu conseguisse ajudar a melhoria do resultado do PNQ, estaria auxiliando diretamente a organização como um todo a atingir um melhor resultado.

Isso me gerou uma força e resiliência extra para lidar com as consequências daquele desafio que me fora dado: horas a mais de trabalho diário, necessidade de treinar e desenvolver ainda mais minhas habilidades para lidar com pessoas de diferentes áreas, com diferentes pensamentos (e prioridades) dentro da organização, enfim, causar uma verdadeira revolução dentro da companhia, levando a todos o entendimento do que efetivamente era esse prêmio e quais as vantagens e benefícios causados por um bom resultado. Ali, aprendi pela primeira vez o quão desafiador é fazer as pessoas enxergarem valor num processo, entenderem o propósito e, por fim, gerar engajamento coletivo.

Um ano se passou desde que eu tinha sido reprovada no processo interno de *trainee*, mas, em contrapartida, foi o ano em que apoiei a companhia a ser visitada pela primeira vez no PNQ, e tive oportunidade de liderar também mais um processo, que foi a primeira certificação ISO 10002, que trata de satisfação do cliente. Nesse processo, pude também vivenciar e aprender as principais práticas da empresa que eram pilares da nossa cultura: o nosso modelo de gestão voltado para resultados. Foi um ano repleto de aprendizados que transcenderam qualquer MBA ou programa de desenvolvimento, pois pude participar ativamente da construção da cultura organizacional da empresa. Essa experiência solidificou meu lugar na empresa, assim como me mostrou o poder de transformar desafios em oportunidades de crescimento pessoal e profissional.

Minha jornada como líder no RH

Após um ano de muitos resultados expressivos para a companhia, eu estava pronta para voltar ao RH, agora na minha primeira posição de liderança: a de coordenação que atuaria nos processos de organização e remuneração. Era uma área em que eu tinha conforto em atuar, considerando que os primeiros dois anos de trabalho como colaboradora na empresa foram apoiando a construção dessa área.

Com o dinamismo da empresa, porém, que em 2012 começou sua expansão, rapidamente essa posição acrescentou novos desafios, como atuar em processos de benefícios, folha de pagamento, relações trabalhistas e sindicais, além do desafio extra de ter uma equipe com profissionais com idade muito superior à minha, pessoas que já atuavam naqueles processos há anos. Ali também aprendi algo que aproxima muito a liderança dos liderados: a humildade de reconhecer que você não é o detentor de todo o conhecimento e verdade. A humildade para admitir que você não tem todas as respostas e que a sua equipe é tão responsável quanto você na busca de solução para os problemas existentes.

Essa forma de conduzir as coisas, aliada à busca por empatia, gentileza, *feedbacks* constantes, comunicação clara e assertiva, me ajudaram a rapidamente conquistar os resultados esperados pela empresa. Ainda em 2012 o Grupo Equatorial comprava o seu segundo ativo de distribuição de energia e eu pude nos dois anos seguintes vivenciar a construção de uma estrutura corporativa, que se formalizou em 2014. Ali eu já não podia pensar como uma distribuidora do Maranhão, eu precisava pensar como Grupo Equatorial.

Naquele ano de 2014, junto com diversos talentosos profissionais, iniciamos a formatação das políticas e práticas corporativas, formalizamos os pilares da cultura do Grupo e começamos a disseminação deles. Os anos seguintes não foram fáceis. Quanto mais o grupo se expandia, com aquisição de outros negócios, não somente no ramo de distribuição de energia, mas em outros setores, mais oportunidades de crescimento profissional surgiam. Eu era coordenadora em 2014 e em 2016 já era gerente corporativa. O que eram duas empresas em 2014 já eram quatro em 2016. O que era um desafio para 1.000 pessoas em 2014 se transformava em desafios para quase 5 mil pessoas em 2016. Tudo passava a ter uma magnitude muito maior e mais relevante a cada ano. Em 2024, o meu desafio já como superintendente de Gente e Gestão contempla 15 negócios, com mais de 10 mil colaboradores e mais de 100 dedicados à área de Gente e Gestão.

Talvez esse seja o principal motivo para eu ter me mantido engajada, com brilho nos olhos durante os mais de 15 anos em que trabalho num mesmo grupo: as mudanças constantes de cenário, as frequentes aquisições de novos negócios, a necessidade de me reinventar. Dia após dia está sob minha responsabilidade a incumbência de garantir que a cultura do Grupo Equatorial seja implantada, disseminada e entendida pelos profissionais que passam a fazer parte do Grupo. Definitivamente, não são 15 anos iguais.

Ao contrário, foram 15 diferentes anos vividos intensamente, morando em diversas regiões do Brasil, aprendendo que uma cultura organizacional forte não é estática, ela não só impacta as pessoas, mas também é impactada por quem entra nela. O respeito pela cultura local, pelas pessoas que fazem parte daquele ativo que está sendo adquirido, assim como o respeito aos profissionais que fazem parte do nosso time direto e que são os grandes responsáveis por resultados tão expressivos experienciados diariamente, nos ajudam a ter o RH, ou área de gente (e gestão), como é chamada no Grupo Equatorial, como um parceiro estratégico no atingimento da visão do Grupo.

Nos últimos anos, com a aquisição de tantos novos negócios pelo Grupo e a necessidade de fazer constantes *turnarounds*, pude perceber que muitas vezes essa jornada em busca de uma carreira de sucesso não acontece apenas com pessoas que estão iniciando na vida profissional. Ela pode acontecer inclusive com profissionais que já estão consolidados numa determinada empresa ou ramo.

Basta o negócio onde você atua ser vendido para que esteja num contexto que precisará, assim como num começo de carreira, passar por diversas situações para provar seu valor como profissional. Ao longo do tempo, pude vivenciar inúmeras situações em que profissionais se reinventaram. Estas pessoas aproveitaram cada oportunidade que tiveram para evidenciar proatividade, engajamento, busca de melhoria em processos, entendimento da cultura organizacional e, principalmente, atingir o seu propósito profissional.

O que posso desejar a você, caro leitor, é coragem. Coragem como uma virtude para enfrentar o mundo corporativo. Coragem para somente após a passagem por algumas situações você perceber o quanto fez algo arriscado, mas que era condizente com seu propósito. Que a coragem o leve a se acostumar com o mal-estar adaptativo que o medo nos causa diante de situações novas, e que todo esse cenário o leve a encontrar formas de manejar esse medo, utilizando, para isso, razão, emoção, esforço, apoio das pessoas e confiança naquilo que você já realizou. Espero que este capítulo tenha feito sentido para você.

Da multinacional às empresas nacionais: os "do's e don'ts" do RH estratégico

Andréa Meirelles Zeronian

LINKEDIN

Com mais de 25 anos de experiência em RH corporativo e consultoria, atuou em todos os subsistemas de DHO durante transformação do negócio como M&A, Due Dilligence, IPO, ESG. Sua base profissional foi na Siemens de estagiária a *head* de DHO Latam, atuou como consultora em empresas líderes de mercado e retornou ao mundo corporativo como *head* de Cultura Organizacional e Pessoas, se especializando em empresas nacionais como Votorantim, Cacau Show, Grupo Petrópolis e Pif Paf. Possui MBA em Desenvolvimento e Gestão de Pessoas (FGV), pós-graduação em Administração de RH (Faap) e em Gestão Emocional nas Organizações CEB (Instituto Einstein). Certificações em Comitê de Pessoas Cultura e Governança (IBGC), Cultura Organizacional (Barret Value Centre), Balanced Scorecard (Symnetics), OKR (Prime), EVA (FIA), Critérios de Excelência de Gestão (FPNQ) e diversas ferramentas de avaliação e gestão que complementam sua experiência, destacando a capacidade de alinhar estratégias de RH com a realidade do negócio.

O Início

A área de Recursos Humanos tornou-se minha opção de carreira pelo sabor que experimentei ao vivenciá-la. Mas vale um parêntese: sempre gostei de matemática sim, o lado racional e consistente das coisas, e em 1989 iniciei graduação em Ciência da Computação, com 17 anos. No decorrer dos estudos percebi como a tecnologia e programação eram engessadas, previsíveis e não queria passar minha vida programando, trabalhando eu e a máquina apenas. Decidi encarar meu pai, militar, e comunicar que mudaria de curso. Vivi o primeiro conflito entre nós, que nos dávamos muito bem, pois sempre o admirei, respeitei e até hoje é minha maior referência! Dado o erro ao escolher a graduação e a dúvida de carreira, decidi trabalhar em Recursos Humanos, iniciando como estagiária na Siemens. Naquela época recebíamos por hora, chegava a trabalhar 12 horas ao dia e estudava à noite. Mas nunca encarei como um fardo, estava realizada no ambiente de trabalho, entusiasmada com os aprendizados e a autonomia que conquistei. Aprendi que o início da experiência profissional deve acontecer numa organização referência em valores e cultura pela ética e história que embasarão toda a sua jornada, assim como para o conhecimento especialista. Ainda não existiam iniciativas de igualdade de gênero, mas numa organização de cultura alemã já entendíamos a importância da diversidade no desenvolvimento das soluções, a visão feminina que somava em qualidade, criatividade, agilidade e excelência ao resultado da organização. Conscientes desse valor, nos anos 90 o "percentual de mulheres em cargos-chave" já fazia parte dos nossos indicadores estratégicos de RH. A demanda de Treinamento&Desenvolvimento da época já era planejada com referência no *gap* gerado pela Avaliação de Competências Comportamentais, as *soft skills* de hoje.

RH Estratégico na Prática

Dessa maneira, a experiência me mostrou que a área de **Desenvolvimento Humano Organizacional** exerce maior influência no futuro do negócio com seus processos de atração e seleção, desenvolvimento de talentos e liderança, avaliação de desempenho, educação corporativa, DEI, enfim, todas as práticas que definem a cultura organizacional. A **visão de futuro** e **potencial humano** estão diretamente conectados e são elementos-chave nesse contexto. Quando executamos tarefas que dependem da construção de cenários, a exemplo do planejamento estratégico, colocamos em prática o potencial humano e tomamos decisões com base na nossa experiência e recursos próprios. Nesse momento estamos exercitando nossa capacidade analítica, de julgamento, de escolher e sermos assertivos ao projetar o futuro. Esse é o conceito Work Levels para potencial humano do autor Elliot Jacques. Na minha jornada exponencial, em 1995 tive que renunciar ao meu trabalho para ganhar mais como assessora executiva numa multinacional e ajudar nas despesas de casa, pois descobrimos que minha mãe tinha um câncer metastático. Foi difícil deixar a Siemens, mas, logo após seu falecimento, em 1996 recebo proposta para retornar. Retomei o trabalho com tamanho entusiasmo, numa cultura retumbante aos meus valores e propósito de vida, que às vezes me cobrava por não estar em luto enquanto meus familiares perdiam-se na tristeza. O tempo que passamos trabalhando equivale a uma vida e deve ser prazeroso, caso contrário, algo está muito errado.

Nesse período de 1996 até 2010 na Siemens tive a

oportunidade de liderar a área corporativa de Desenvolvimento&Desempenho, consolidando os resultados Mercosul, reportando à matriz na Alemanha e posteriormente Latam aos EUA. Aprendi o que é um RH Estratégico, que influencia o negócio porque define com o C-Level a estratégia no curto, médio e longo prazos. Se você recebe a estratégia de negócios pronta para definir a do RH, você não é um RH estratégico e certamente muitos conflitos poderão surgir na implementação das ações, projetos, mesmo que envolva as partes interessadas e comunique assertivamente.

Até chegar nessa posição vivi um *job rotation* intenso mergulhado na rotina do negócio. Até tive receio de estar perdendo o foco e não conseguir retornar. Mas essa oportunidade de conhecer em detalhes o negócio foi chave para implementar ações transformadoras em RH. Além de passar pela área de Finanças, TI, viver M&A Nokia Siemens, participar do projeto de implementação da estrutura de SSLA, dentre outras experiências, atuei na área de BE – Business Excelence para institucionalizar o processo de gestão do Planejamento Estratégico na Siemens Mercosul. Como Consultora Interna, durante a implementação da ferramenta *BSC Balanced Scorecard* do Kaplan e Norton para monitorar a execução da estratégia, vivi maior exposição e interação junto ao C-Level. Numa jornada de trabalho e aprendizado intensos, fez toda diferença ter clareza das minhas responsabilidades e estar alinhada com meu gestor sobre minhas competências e oportunidades de desenvolvimento. Durante o projeto conduzi os *workshops* de elaboração dos mapas estratégicos do RH Brasil e alinhamento Mercosul, até a validação com o C-Level. Em diversas situações precisei desafiar o *status quo*. Frio na barriga? Claro que sim! Mas o conhecimento sobre o negócio, sobre a área de RH, a visão de futuro estabelecida para ambos, da organização e das áreas de apoio, possibilitaram que eu tivesse um desempenho satisfatório.

Sabemos que a liderança é chave no desenvolvimento humano e desempenho organizacional. Destaco um dos processos que liderei e possibilitou à Siemens ter seus *ex-trainees* e estagiários ocupando as posições C-Level de hoje. É um somatório de iniciativas para consolidação do SMR Siemens Management Review, o mapa com o planejamento sucessório de todas as posições chave de liderança e de consultores. Assim como os resultados da avaliação de desempenho PMP – Performance Management Processes, outros instrumentos eram considerados para reunião de calibração do 9Box. Além do Assessment Individual feito por consultoria externa, considerávamos o resultado do Empowering Myself, uma ferramenta de avaliação 360º da liderança, presencial, que foi prêmio **Top ADVB RH** nos anos 90. Um método consistente praticado até hoje. O desenvolvimento humano é um processo longo, requer investimento do tempo da liderança e apoio do C-Level para os projetos transformacionais. As reuniões com pautas dedicadas às pessoas eram estruturadas com regras e critérios claros, possibilitando discussões menos subjetivas e mais produtivas. No projeto de **Princípios e Valores Organizacionais**, quando nem se falava em propósito, ficou clara a vantagem de retermos colaboradores que conheciam a cultura da organização. Dessa maneira, a tal "curva forçada" do 9Box criticada pelo mercado nunca teve como objetivo demitir os colaboradores com baixo desempenho, mas compreender os motivos e definir um Plano de Desenvolvimento Individual. Aqueles identificados com alto desempenho, chamados Top Talents, opinavam sobre seu plano de carreira e naquela época já existiam profissionais que não queriam seguir a carreira de líder de equipe e optavam pela liderança especialista. Hoje ficamos surpresos com esses posicionamentos, porque não executamos os processos de DHO com a qualidade e nível de detalhe necessários. A McKinsey divulgou recentemente os três pontos relevantes que definem 2024 e os próximos anos: a **inteligência artificial,** que veio para ficar, a constante **instabilidade do mercado e ambiente** (VUCA, BANI e o que mais vier) e o ativo **pessoas**.

Hoje somos estimulados a postar nas redes sociais nossos pensamentos, práticas, premiações, para valorizar a marca, ampliar *networking* e ter o reconhecimento dos *stakeholders* sobre a relevância de RH e ocuparmos uma posição estratégica. São tantas ações operacionais que esquecemos que o maior valor e risco de uma organização é a razão do nosso trabalho: **pessoas**. Temos conferido os maiores índices de *turnover*, escassez de talentos, casos de *burnout*, infelicidade no trabalho, dúvidas sobre o modelo de trabalho (híbrido, presencial, virtual), conflito entre gerações, enfim. Faça o básico muito bem feito, processos simples e efetivos facilitando a rotina nas organizações, o que inclui o C-Level, participe das reuniões do negócio e surpreenda. Recursos Humanos tem o papel de ser um *solution provider* e não um *problem solving*. O valor está na agilidade e relevância das ações transformadoras. Observe que as organizações centenárias, bicentenárias, inovadoras, *trend setter* no seu segmento, não exageram nas publicações nas redes sociais, tampouco seus colaboradores. Em 2004 minha jornada foi completada com a maternidade. Os dois seres humanos mais importantes na minha existência. Para quem não tinha planos de ter filhos, me tornei mãe de gêmeos. Apesar dos desafios, essa é uma das oportunidades de evolução que nos leva a enxergar o mundo por outra janela. A gestação de risco foi desafiadora, paralelamente estava cursando MBA presencial, não tinha EAD naquela época. Contudo, nunca pensei em deixar o trabalho para me dedicar aos meus filhos e marido. Apesar das inúmeras noites sem dormir, eu me realizava no trabalho. Até descobrir que um dos meus filhos, que teve várias internações devido a problemas respiratórios, tinha TDAH. Todos os profissionais que cuidavam dele orientavam que precisava mais da minha presença. Precisei deixar meu trabalho, morar no interior para melhorar os problemas respiratórios e ter qualidade de presença com ele. Foi uma decisão muito difícil! Chorei muito no meu último dia.

E no dia 1º de maio de 2010, Dia do Trabalho, eu estava desempregada, uma sensação esquisita. Os fornecedores que me atendiam ao saberem da minha movimentação de carreira propuseram parceria para consultoria. Atuei em empresas de diversos segmentos de mercado, muitas líderes em seu segmento. Trabalhava com os processos e subsistemas de DHO, principalmente avaliação de perfil, potencial humano, competências, o conhecido **Assessment Individual**. Num cliente do segmento financeiro, entreguei dois projetos como associada de consultorias diferentes. Primeiro foi o Assessment Individual da Liderança com foco no desenvolvimento e, depois, conduzi *workshops* de clima organizacional onde elaborávamos em grupos de 30 colaboradores as ações de melhoria da organização. Durante o *workshop* um colaborador se pronunciou, questionando se eu me lembrava dele, porque tinha realizado seu Assessment e comentou que seu parceiro foi demitido e o gestor utilizou o laudo do Assessment como argumento para a demissão. Uma situação muito desagradável, primeiramente pelo posicionamento desse líder que desliga seu colaborador apoiando-se num resultado de Assessment que teve como objetivo desenvolver os colaboradores. E, por outro lado, contornar essa situação como parceira do RH e da organização, manter todos engajados no *workshop*, contribuir para retenção dos colaboradores, enfim, várias situações que passam na sua cabeça em segundos e a reação deve ser rápida e assertiva. Por fim, mesmo que eu tomasse todo cuidado com as palavras ao redigir os laudos, investindo mais de seis horas para cada relatório, registrando as evidências, enfatizando o objetivo de desenvolver e não promover ou desligar colaboradores, não poderia atuar sobre desdobramentos como esse. Na verdade, esse é o papel do RH depois que as consultorias entregam seus trabalhos. Essas experiências com RH de algumas organizações, em que visivelmente estavam pressionados e não tinham influência sobre a estratégia da organização, me fizeram refletir sobre minha âncora de carreira e decidi retornar ao mundo corporativo.

Renúncias e Superações

Antes de compartilhar essa experiência, minha jornada exponencial de mãe permanecia, os cuidados com meu filho com TDAH no neurologista, psicopedagoga, neuropsicólogo etc. Adicionalmente passei a ser arrimo de família, tive um câncer de tireoide e uma ruptura familiar com meus irmãos, na qual apoiei integralmente meu pai que estava coberto de razão. A vida foi ficando mais exigente comigo, mas hoje tenho consciência de que foram consequências das minhas escolhas. **A cada escolha, uma renúncia!**

Com muito entusiasmo para essa retomada, escolhi atuar em organizações nacionais para que pudéssemos construir juntos, com agilidade tomarmos decisões pautadas na necessidade do negócio interagindo com o dono, CEO, fundador, enfim, o primeiro nível de autoridade e autonomia da organização. E o que renunciar numa organização nacional? Diferentemente de tudo que experienciei, o conhecimento nesse contexto não foi o diferencial. Em algumas situações mencionar métodos, processos e práticas referência de mercado parecia arrogante aos demais. A curva de aprendizado foi alta, pois experimentei meu nível máximo de compreensão para algumas situações, e resiliência foi o maior deles. É essencial conhecer a mentalidade do dono, fundador, que muitas vezes é o próprio CEO. Demorei para perceber a oportunidade que eu tinha pela falta de políticas claras, que poderia acessar o CEO, fundador e sensibilizá-los diretamente. Foi uma jornada de mão na massa, carga horária de trabalho elevada, mas com aceleração no desenvolvimento, promoção da força de trabalho e da minha equipe, porque o dono está sempre atento ao desempenho e espera por nossa atitude empreendedora.Num dos projetos de Cultura Organizacional na empresa nacional, o CEO fundador era muito presente no negócio, além de ser uma mente inquieta. Mas experimentei a maior curva de aprendizado e viveria tudo novamente. Fomos desafiados a encontrar formas criativas para aprovar os projetos transformacionais de RH. Para sensibilizar o CEO fundador, viver a experiência de conhecer o Vale do Silício e beber na fonte da inovação com suas práticas e organizações fez uma grande diferença. Outro valor era a permanência no trabalho, a presença nos diversos eventos, nos chamados símbolos e rituais da cultura. Quando nos sentimos felizes no trabalho, experimentamos o estado de *flow*, caracterizado por uma sensação de energia, prazer e foco total no que estamos fazendo, até perdemos o sentido de tempo e espaço. E os processos de DHO são os mesmos, mas nas empresas nacionais pude interagir com o cliente final, escutar na fonte como percebem nossos produtos e serviços. Minha equipe também tinha acesso às informações relevantes para realização do seu trabalho. A hierarquia era por vezes secundária e quem conhecia a operação do negócio, seus detalhes, tinha voz ativa. Outra experiência interessante numa empresa nacional foi o "Pé na Loja", em que os colaboradores do administrativo trabalhavam nas lojas durante as principais campanhas. Houve muita crítica em torno dessa iniciativa, mas é inegável o aprendizado ao vivenciar a operação, na qual a estratégia, os processos, as ideias se materializam e podemos conferir com nossos olhos, sem intermediários.

Reflexões e Perspectivas Futuras

Paralelamente, na minha jornada exponencial de filha, desde a ruptura familiar meu pai residiu conosco. Infelizmente, foi diagnosticado com Parkinson, mas estar com ele esses anos e cuidar dele no final da vida foi essencial para o meu bem-estar e jamais confiaria essa tarefa a outra pessoa. Após seu falecimento, em 2023, resolvi retomar os estudos, estava com saudades das trocas na sala de aula. Depois da formação no IBGC em Comitê de Pessoas, Cultura e Governança, iniciei no Instituto Einstein a pós-graduação em Gestão Emocional nas Organizações. Refleti sobre minha trajetória, as experiências na pandemia, nas empresas nacionais e tive certeza de que a "Emoção" é o outro fator crítico dos temas de Desenvolvimento Humano Organizacional. Veja, a palavra "Empatia" tem sido comentada em todos os contextos da sociedade, principalmente nas organizações, porém, seu significado é bem mais complexo, sensível e desconhecemos o conceito da "Fadiga Empática", "Liderança Compassiva", dentre outros. Nós, do RH, referenciamos esse comportamento em quase todas as práticas da área e massificamos essa característica nas redes sociais. Assim como a palavra "propósito", que é utilizada em todas as narrativas de hoje. Precisamos entender, entregar profundidade e significado. O conhecimento liberta!

Mas esse assunto fica para o próximo livro. Se você ficou curioso, indignado, ou teve qualquer outra reação que estimule aprofundar o tema, será um prazer! Fica a dica para nosso bate-papo em outra conexão, *Against Empathy,* autor Paul Bloom: Why I'm against empathy | Paul Bloom (youtube.com)

Paz e Luz sempre!

Desvendando o poder da gestão: estratégias práticas para times de alto desempenho

Carina Batista

LINKEDIN

É graduada em Administração de Empresas, com pós-graduação em Gestão Organizacional e MBA em Liderança & Gestão. Possui experiências em multinacionais de grande porte, no Brasil, Escócia e Suíça, chegando a cargos de liderança sênior, tanto com escopos regionais América Latina, como globais. Desenvolveu sua carreira nesses mais de 20 anos em Recursos Humanos, passando por vários projetos de desenvolvimento de competência, gestão e empresarial, trabalhando em conjunto com demais líderes seniores na preparação e execução das estratégias organizacionais.

Um gestor da empresa pede uma reunião rápida com a área de Recursos Humanos, especificamente, você, profissional de Treinamento & Desenvolvimento. O assunto já sugere: curso para o *"fulano de tal"*, colaborador cujo histórico de comportamentos e atitudes, infelizmente, já é conhecido dentre os diálogos informais da área como caso problema. Na reunião, após um breve contexto sobre a situação, o gestor solta a tão temida pergunta: "Qual curso você indica para a resolução desse tema?"

Pois bem, caso você, profissional de Recursos Humanos, estranhamente ainda não tenha passado por essa situação, tenha em mente que certamente ocorrerá um dia.

Mas, agora, vamos dar uma pausa aqui para um breve contexto deste capítulo, calma que já voltamos ao caso do "funcionário complicado" e a solução mágica esperada pelo gestor. Nesta sessão vamos abordar de maneira prática **Como Gerenciar Times Efetivos e de Alto Desempenho**.

Julgo ter sido fundamental para o meu desenvolvimento e crescimento profissional ter um propósito e visão muito claros do meu papel em RH, fazendo-me sempre esta pergunta chave: "Como contribuir para que a organização onde estou alcance seus objetivos, com pessoas engajadas na mesma direção?" Afinal, o que é uma organização, senão uma estrutura de pessoas organizadas? Parece óbvio e até mesmo redundante. No entanto, lamentavelmente muitas empresas estão significativamente aquém de atingirem o seu potencial máximo de resultado e o alcance de seus objetivos, devido a não estarem trabalhando de maneira engrenada. Afinal, o que poderia ser pior para uma organização ser composta de indivíduos preocupados e empenhados prioritariamente com seus objetivos pessoais ou, no mais coloquial, cada um olhando para seu próprio umbigo?

"Mas, Carina, essas não deveriam ser preocupações somente do líder principal da empresa? O que o departamento de RH tem a ver com isso? RH não deveria apenas se preocupar com os serviços diários e suas rotinas? O que tudo isso tem a ver com o exemplo do gestor desesperado e seu caso problema?"

Muito bacana você, que potencialmente está iniciando sua carreira na área de RH ou já é um profissional experiente, porém passando por desafios semelhantes, possivelmente me fazendo essas perguntas. Já deixo aqui uma dica de ouro! Sempre encontre as perguntas certas, pois elas lhe farão refletir e trilhar o caminho da descoberta e conhecimento.

Voltando ao tema deste capítulo, estamos abordando um assunto amplo e desafiador, cuja solução pode passar por várias possibilidades. Convido você a percorrer comigo essa leitura objetiva, para onde trago uma proposta com abordagem direta e prática, a qual pude trilhar e comprovar resultados gratificantes na gestão de times efetivos e de alto desempenho:

Vamos caminhar comigo pelo conceito OEACR, para juntos melhor assessorar esse gestor a sair da solução mágica e alcançar um time de alto desempenho?

1. Onde a empresa e/ou a área específica deseja chegar: **O**bjetivos.

2. A estrutura, papéis e responsabilidades atribuídas sustentam os objetivos: **E**strutura.

3. As pessoas estão posicionadas nos lugares corretos: **A**tribuições.

4. As pessoas sabem o que, quando e como entregar: **C**onhecimento.

5. Há compensação pelas entregas e realizações: **R**econhecimento.

1. Objetivos

Outra dica de ouro! Muito importante entender, em cada caso de necessidade de desenvolvimento individual ou de equipe, para onde aquela área e empresa querem caminhar e chegar. Ou seja, qual o objetivo principal com que, o alcançando, essa organização poderá se autodenominar bem-sucedida e exitosa.

É imprescindível ter em mente que as ações e estratégias a serem utilizadas ao longo do caminho devem depender exclusivamente desse objetivo principal. Como exemplo, uma empresa com uma estratégia de crescimento acelerado e de curto prazo demandará competências, ações, programas e iniciativas, cujas características convirjam nesse sentido. Ao passo que uma organização que visa passar por reestruturações e mudanças significativas certamente demandará outras competências. Abordaremos isso com mais detalhes no tema **A**tribuições.

Lembrando que estamos sempre falando de um organismo vivo. A empresa passa por ciclos de objetivos e ações. Diria que é crucial estarmos alinhados e conscientes dessas metas organizacionais de curto, médio e longo prazo, bem como os seus ciclos de mudanças e adaptações, que são também vulneráveis, tais como situações pandêmicas, mercado, micro e macroeconomia.

Voltando para o nosso caso problema, muitas vezes a resolução da equação não está em um ponto isolado, ou seja, simplesmente em um treinamento específico. Muitas vezes necessitamos entender o contexto e o que precisa ser ajustado no todo, caso contrário, serão apenas recurso e tempo desperdiçados.

Recordo-me de inúmeras situações parecidas, nas quais ao

realizar perguntas do tipo: "Qual objetivo principal seu departamento necessita alcançar? Você poderia compartilhar quais os principais desafios da área onde esse profissional está inserido? Quais as principais dificuldades que estão atrapalhando o alcance de uma meta departamental?", pasmem, vários gestores, inclusive seniores, não conseguiram responder à maioria dessas questões. E cabe a um Recursos Humanos que anda em alinhamento com os objetivos organizacionais, ajudar esses gestores a buscar essas respostas, para então conseguir desenvolver o seu time nessa direção. Concorda?

Faço um parêntese agora. Entenda que sim, às vezes, podemos ter casos que demandem atenção pontual e isolada, e que, nesses casos, uma decisão rápida e/ou rigorosa se faz necessária. Porém, neste capitulo a minha abordagem é convidar você a trilhar uma jornada de visão holística, trazendo o contexto geral e os impactos nos indivíduos. Percebe que estamos trazendo uma perspectiva mais ampla e de impacto na estratégia? Afinal, este livro é sobre Mulheres no RH – Carreira e Estratégia.

2. Estrutura

Já entendemos o objetivo da área do nosso caso complicado. Muito bem, esse é um excelente início e já avançamos com o pé direito.

Brincadeiras à parte, convido vocês a considerarem o segundo passo, para chegarmos à melhor solução do nosso caso: Estrutura.

A estrutura estabelecida em uma área, divisão e consequentemente organização, é matéria chave para suportar o alcance dos objetivos.

Imagine uma situação em que as responsabilidades e papéis atribuídos não estejam claros. Em outras palavras, os profissionais nesse contexto não sabem ao certo quem faz o que, ou até mesmo para quem reportar. Parece absurdo, mas isso é mais comum do que imaginamos, inclusive em empresas de grande porte, cujas estruturas parecem estar estabelecidas no macro e organograma desenhado, mas infelizmente na prática pode não ser bem assim, principalmente em estruturas matriciais[1].

Retornando ao nosso caso complicado, sugiro novamente as perguntas chaves para melhor entender se a origem do problema não está na dimensão **E**strutura. "Gestor, quem faz o que para que os objetivos principais da sua área sejam alcançados? Independentemente do organograma, na prática, quem realmente está cascateando e comunicando os objetivos? Melhor dizendo, como você garante que esse profissional (caso problema) sabe o que é sua atribuição e como devem ser entregues as suas atividades?"

Espantosamente, já ouvi em vários casos semelhantes o seguinte: "É obvio que os meus empregados sabem o que fazer, '*ué*', vender e pronto".

Em minha experiência, constatei em diversos casos que quanto mais clareza do contexto, do que necessita ser entregue e como é esperada a entrega, muito mais efetividade se obterá no final.

3. **A**tribuições

Muito bem, estou muito orgulhosa de você e por seu avanço até aqui! A essa altura o gestor do nosso caso problema já percebeu alguns aspectos chaves para a solução do seu caso.

Mas ainda faltam outros elementos que certamente o ajudarão de maneira completa. Avançamos agora para o tema **A**tribuições.

---

[1] Tipo de estrutura organizacional onde os funcionários são agrupados por duas dimensões de equipe ao mesmo tempo: Gestão e Função, com respectivas e paralelas linhas de reportes. Geralmente, estão presentes em empresas multinacionais, nas quais as áreas funcionais estão na matriz e a gestão geral no país onde o profissional está localizado.

E já começo com uma pergunta a você, estimado(a) leitor(a). Você tem clareza das SUAS atividades chaves? Não estou me referindo às atividades do seu dia a dia, que estou segura que você domina e teria condições de me dizer aqui facilmente. Minha pergunta a você é referente às suas atribuições que realmente podem contribuir para uma área de Recursos Humanos bem-sucedida e exitosa. Sabe aquele tão falado, mas às vezes não percebido, Recursos Humanos estratégico?

Permita-me arriscar. Penso que nesse momento você está refletindo um pouco mais sobre o que realmente agrega valor em relação àquilo a que você se dedica em média 40 horas por semana.

Chegar à resposta para essa pergunta ajudará a gerar consciência do propósito do seu trabalho, com isso, o sentimento de estar contribuindo para algo maior e significativo, gerando, consequentemente, sentimento de pertencimento, orgulho, engajamento e compromisso.

Voltando ao nosso caso problema, imagine se esse profissional tivesse essa consciência a respeito do seu trabalho? Logo, queremos gerar esse nível de entendimento no gestor do nosso caso e levá-lo a identificar o que falta para esse colaborador ter claro o seu papel, responsabilidades e escopo dentro do contexto onde está inserido. Assim, terá também de maneira muito mais clara o que está faltando para que seu desempenho seja mais efetivo.

4. Conhecimento

Outro aspecto muito importante para influenciarmos times efetivos e de alto desempenho é ter Conhecimento do como. Isso mesmo, a forma, maneira ou jeito de como as atividades devem ser entregues. Necessita comunicar? Trabalhar em equipe? Gerir um conflito? Desenvolver um conceito? Chamamos isso no mundo corporativo de competências. Ou seja, conjunto de conhecimentos, habilidades e atitudes. Acredito que, até aqui, não haja nenhuma novidade para você. Contudo, o ponto chave é saber identificar tudo isso dentro do contexto único da área e também individualmente do profissional em questão.

Em minhas vivências, vi muitos casos nos quais o profissional não tinha clareza do COMO. A atividade era atribuída sem o direcionamento, mentoria ou guia do gestor, desconsiderando o nível de conhecimento e habilidades que o profissional possuía para executar as atividades.

Um ponto importante aqui. Para que o gestor realmente tenha sucesso na gestão do time, é imprescindível que ele entenda o nível de senioridade de cada profissional, não somente no que se refere a sua carreira como um todo, tempo de experiência ou diplomas já adquiridos. Há profissionais que, por mais experientes que sejam, ao serem apresentados a um novo desafio, requerem atenção e direcionamentos específicos e claros.

Nesse caso fictício, poderíamos perguntar ao gestor: "Em quais momentos você tornou claro O QUE e COMO para que esse profissional possa ser mais efetivo na entrega das suas atividades? Quais planos de ação/desenvolvimento foram estabelecidos?"

Lembre-se: planos de desenvolvimento não necessariamente consistem em treinamentos formais apenas. Há uma metodologia, que eu acredito ser bastante eficaz para desenvolvimento de adultos: o *"Learning Model"*, desenvolvida por Morgan McCall, Robert Eichinger e Michael Lombardo na década de 1990.

Em resumo, essa metodologia apresenta, por meio de uma escala, como deveriam ser atribuídas as ações de aprendizagem para adultos, como apresentado na tabela a seguir:

```
        70%
           Aprender fazendo

        20%
           Aprender com os outros

        10%
           Cursos e treinamentos formais
```

Escala de impacto em desenvolvimento

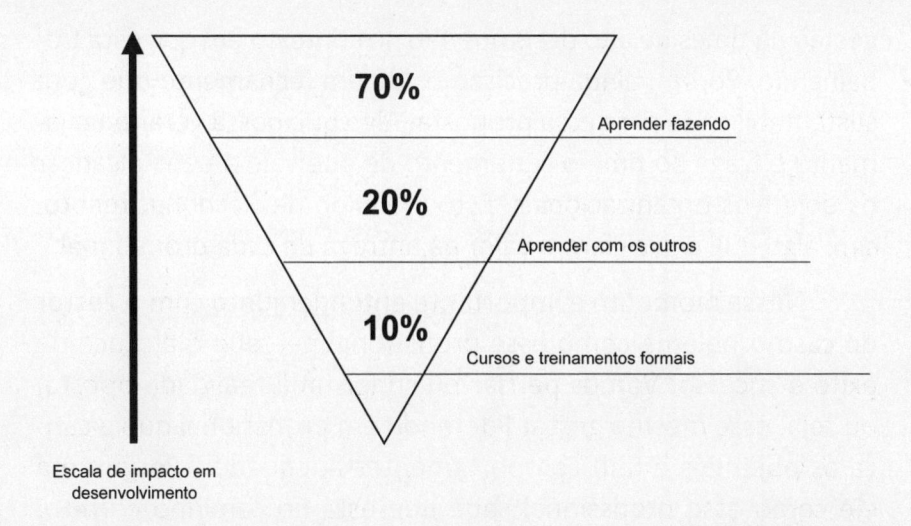

Percebem que ações mais formais, como treinamentos, são aquelas que, embora importantes, menos impactam o desenvolvimento geral de um profissional? Curiosamente, são as mais procuradas pelos gestores. Ao passo que aprender fazendo, ou seja, fazer algo novo e com isso ganhar conhecimento e aprendizagem, se revela como o item que mais impacta o desenvolvimento de um adulto. Algo para você, profissional de Recursos Humanos estratégico, se atentar e ser ainda mais assertivo em suas propostas.

Até aqui, estou certa que você já se percebeu que eu realmente acredito que perguntas certas nos levam a respostas assertivas. O contrário nem sempre é verdadeiro, chegar a uma resposta pronta, de um outro contexto, pode não beneficiar a realidade que necessitamos.

5. Reconhecimento

Que trilha mais robusta e de impacto estratégico você tem construído até o momento, juntamente com o gestor!! Parabéns! Estou muito confiante de que, seguindo esses passos práticos até aqui, você já está colaborando ativamente para a gestão de times de alto desempenho no contexto em que está trabalhando. Porém, ainda precisamos de um fechamento que gere sustentabilidade para essa proposta. Algo que possa gerar engajamento e traga ao time o sentimento de que vale a pena alcançar os objetivos organizacionais. Estou falando de Reconhecimento, sim, algo que deixe claro o valor da entrega de cada profissional.

Nesse momento é importante entender junto com o gestor do caso problema como esse profissional percebe o alcance de êxito e sucesso. Vamos pensar ou supor uma realidade oposta, ou seja, esse mesmo gestor liderando um profissional que alcança os objetivos e tem comportamentos adequados. Pergunte a ele como esse profissional sabe que está no caminho correto. Como ele é reconhecido? Como as habilidades e entregas são realmente valorizadas?

Em minhas experiências e também comprovado com inúmeros estudos, reconhecer o êxito, pontos positivos, entregas, enfim, saber reforçar o valor de cada profissional, tem o poder de não somente manter o nível de qualidade da entrega, como atuar como um combustível do engajamento.

Porém, infelizmente, também sei que essa, na maioria das vezes, não é uma prática constante entre os lideres organizacionais. Caso esse seja o seu contexto, deixo aqui uma dica bem prática. O gestor pode adotar uma espécie de rotina de reconhecimento. No início pode até parecer mecânico, mas muitas vezes é extremamente eficaz para ajudar os gestores a criarem um novo habito. Minha recomendação é que isso seja levado a sério, como um compromisso de agenda do tipo "tarefa de reconhecimento diária", em que o líder se compromete, obrigatoriamente, a reconhecer, elogiar, destacar pequenas ações do dia a dia. Estou falando de reconhecimentos simples, como um e-mail, um elogio durante um diálogo sobre uma atividade específica, num almoço falando sobre um tema geral, etc. Eu garanto que o ambiente e a percepção dos profissionais sob essa liderança ganharão outra atmosfera e contentamento no ambiente de trabalho.

Nesse momento, faço uma pausa e resumo de um tema que é imprescindível estar adequado no cenário onde você se encontra, que é Cargo & Salário. Esse é um tema muito relevante e, ainda que não gere motivação, é um fator superimportante para impedir desmotivação e falta de engajamento com os objetivos organizacionais. Não vamos entrar nesse detalhe aqui, pois demandaria vários outros capítulos para nos aprofundar. No entanto, vale a reflexão e tratar o assunto, caso você tenha essa problemática em sua realidade, do contrário, as demais ações podem não gerar o impacto esperado por esse ponto bastante relevante.

Que jornada maravilhosa você me deu a oportunidade de caminhar contigo. Estou certa de que, trilhando esses passos, juntamente com a sua experiência, conhecimentos e habilidades, você já contribui muito significativamente para um Recursos Humanos que, com o mais importante de uma organização, PESSOAS, você diferencialmente atinge a estratégia organizacional no seu maior êxito e alcance. Sucesso sempre!!

Desenvolver pessoas é meu maior propósito profissional

Carolina Florence Fiuza

LINKEDIN

Possui 20 anos de experiência nas indústrias de TI/Telecom, Serviços e Startups, e atualmente com mais de três anos de experiência como CHRO na i4pro, dedica-se a alinhar os resultados dos planos estratégicos da empresa com sua missão e valores. Sua expertise em liderar processos de mudança e transformação tem resultado no engajamento efetivo dos colaboradores e na consolidação da cultura organizacional. Na i4pro, é responsável por garantir excelência em todos os subsistemas de Recursos Humanos, Processos Corporativos, Governança e Comunicação Interna e Externa, com um olhar especial para a performance e gestão de equipes. Trabalha em busca da qualidade e dos altos padrões de desempenho, o que reflete na entrega de soluções inovadoras e na sustentação estratégica do negócio.

Carioca, moro em São Paulo há 18 anos, sou casada e tenho duas filhas, Cecília (13 anos) e Alice (11 anos). Formada em Serviço Social pela UFRJ, percebi que mudar o mundo era uma ambição gigantesca, daí resolvi seguir outra perspectiva.

Inspirada por uma professora que lecionava na cadeira de Consultoria Interna de RH e trabalhava em uma grande multinacional, percebi que poderia mudar o curso das coisas de outras formas. Assim, decidi migrar minha atuação da área social para o mundo corporativo e impactar as pessoas positivamente de diferentes maneiras e em diversos ambientes. Foi então que fiz faculdade de Gestão de Recursos Humanos e uma especialização em Gestão Estratégica de RH pela Business School de São Paulo.

Meu primeiro emprego na área foi na Confederação Nacional das Seguradoras (CNSeg), em 2005. Eu não imaginava que 15 anos depois eu seria a diretora para Desenvolvimento Humano, Comunicação e Gestão Organizacional em uma empresa de tecnologia para seguradoras, que é a i4pro. Antes dela, passei pela NET, Claro, Mutant, Indra e Gympass.

Em todas as empresas onde atuei, meu olhar nunca é apenas para o indivíduo, eu olho o contexto. Quando prestamos atenção ao ambiente, conseguimos definir as melhores estratégias para cada situação. Por isso, em toda a minha trajetória sempre defendi que o RH é estratégico para os negócios e, embora seja um dos pilares mais importantes dentro de uma organização, muitos gestores ainda não exploram todo o potencial de ganho e benefícios que podem ser gerados quando essa área está alinhada às estratégias mais relevantes de uma corporação.

Mas, para isso, existem alguns caminhos que precisam ser percorridos, começando em nós mesmos.

A primeira coisa é definir a sua meta: o que você quer ser, aonde quer chegar profissionalmente? Você pode ser a pessoa que contrata e demite colaboradores ou pode ser a pessoa de RH que fala de negócios, de indicadores, que identifica os melhores profissionais, que cria culturas organizacionais e que define estratégias fundamentais para uma empresa. Qual a sua opção?

Eu escolhi ser a segunda e realizar um trabalho baseado em dados, análises e avaliação de cenários, sempre considerando pessoas e resultados.

Em seguida, vem a parte de nos prepararmos para isso. É importante destacar que a empresa é responsável por 30% do seu aprendizado, o restante é com você, correndo atrás do conhecimento técnico, aprimorando, buscando o insumo necessário para o seu objetivo e, principalmente, criar credibilidade e adquirir a confiança dos envolvidos.

Além disso, acompanhe o que está acontecendo no mundo, principalmente em relação a negócios, e não só na sua área. RH que só fala de RH está fadado ao fracasso.

Com essas etapas iniciais, vamos às demais, que são efetivamente a estruturação da área de RH.

Afinal, quando se tem as áreas bem definidas, o RH atua de forma a planejar e sustentar o desenvolvimento tanto do colaborador quanto da empresa, ajudando os líderes a identificarem o perfil das pessoas e suas necessidades motivadoras e, a partir disso, colocá-las em funções adequadas, nas quais poderão desempenhar bem suas atividades, com produtividade e eficiência, reduzindo custos e aprimorando os processos.

Além disso, elas precisam estar felizes, mas isso só acontecerá se estiverem motivadas e fazendo o que gostam, em uma cultura de que elas se sintam parte. Para isso, o RH estratégico trabalha com indicadores que visam ganhar agilidade na avaliação de cenários, considerando colaboradores e negócios. A área também deve apoiar as decisões e atuar de forma consultiva a partir da estratégia dos setores e dos gestores, trabalhando com diagnósticos e sugestões de planos, que são conduzidos por essas lideranças.

Portanto, uma liderança forte é necessária, pois assim a tomada de decisão tende a ser mais assertiva e direcionada para a resolução de problemas, podendo, também, garantir *insights* que ofereçam melhorias às equipes internas.

O RH estratégico entende do negócio e trabalha para ele. Não existe uma receita para seguir, porque cada empresa tem suas características e dores, mas o principal é ter processos claros e transparentes para públicos internos e externos.

A comunicação institucional deve acontecer primeiro internamente, e, depois, externamente, independentemente do tamanho da empresa. A comunicação existe, tendo uma área específica na empresa ou não. Ou seja, se você não fizer, ela vai acontecer de maneira informal. A questão toda é de que maneira ela acontece: como, quem, o que comunica e a forma com que vai chegar. Minha dica é: comunicação clara e eficiente com os colaboradores.

E, para a construção de uma base sólida, a primeira coisa a se fazer é um diagnóstico completo do que a empresa precisa e em que nível ela está, para depois desenhar e fortalecer essa estrutura. Para isso, devem-se levar em consideração três fatores: frentes estratégica, tática e operacional, dividindo e priorizando todos os assuntos.

RH é construção de cultura, assim, é preciso ter valores sólidos e transmitir isso aos colaboradores, para, a partir de então, construir os programas adequados, entendendo as nuances e singularidades de cada empresa.

Quando chegamos numa empresa é importante identificar quais processos precisam ser mantidos e quais mudados. Na i4pro, reestruturamos a área de RH e a chamamos de CDHO (Comunicação, Desenvolvimento Humano e Gestão Operacional), para garantir que ela tivesse uma atuação estratégica de fato. Implementamos esse modelo justamente porque acreditamos que a comunicação deve estar alinhada com nossos valores organizacionais.

A i4pro era uma empresa familiar, que tem 18 anos de existência e que, em 2019, passou por um processo de aquisição por um fundo de investimento. A partir daí, veio a necessidade de fazer essa profissionalização com viés de governança e boas práticas. Independentemente do tamanho, se é familiar ou empresa de capital aberto, a companhia precisa ter processos profissionais. E foi aí que a i4pro me convidou para assumir o RH.

Todo o processo de desenvolvimento da estratégia de gestão organizacional na i4pro foi baseada num modelo de desenvolvimento que montei junto com os executivos – e que pode ser trabalhado em qualquer outra empresa – com o olhar para seis pilares: **atração, desenvolvimento, processos** e **governança, gestão de talentos e performance, reconhecimento e bem-estar**.

Primeiro, converse com os executivos para saber o que a empresa espera do seu trabalho. Depois, faça a leitura do ambiente e do momento da companhia. Determine propósitos e metas iguais para todos – tenha um olhar global da organização e do colaborador, não só ações pontuais. Reúna todas as suas experiências, boas e ruins, e adapte para o que for mais adequado naquele momento, naquela empresa, porque cada uma tem sua particularidade. Conheça as necessidades motivadoras dos seus colaboradores, desenvolvam a habilidade de perguntar e ouvir, e, o mais importante, **dê e receba *feedbacks***.

Aqui vou dar dois exemplos, um sobre *feedback* e o outro sobre conhecer as necessidades do colaborador. O *feedback* é importante para qualquer pessoa e também para o gestor. Certa vez, uma pessoa da minha equipe me chamou e disse: "Por favor, não pegue no meu *mouse*. Cada vez que você vem até minha mesa, pega no *mouse* e faz, eu me sinto burra. Me explique e eu faço". Eu tinha essa mania de pegar e já ir fazendo como se estivesse ajudando, mas não estava. Ela teve coragem de me falar, mas quantas outras pessoas não falaram? Será que eu perdi esse colaborador para outra empresa por fazer isso? Isso me ajudou muito com outros integrantes da minha equipe.

O inverso também já aconteceu. Estava há alguns anos em uma empresa e havia acabado de voltar da licença-maternidade. Por conta de uma reestruturação de gerência, passei a ocupar outra posição e desempenhar outras atividades, o que me deixou frustrada e me levou a cogitar pedir demissão.

A partir disso, conversei com meu diretor da época, expondo o que havia me deixado insatisfeita, e foi nesse momento que recebi o *feedback* mais importante da minha vida: ele me informou que tinha ciência de todas as atividades que eu exercia, e, então, de forma certeira e cuidadosa, pontuou todas as atribuições em que eu tinha um ótimo aproveitamento, as que eu poderia melhorar e as que eu não entregava tão bem. Com base nisso, ele avaliou essa nova posição para mim, levando em consideração onde eu poderia desenvolver um melhor desempenho. O resultado? Fui promovida e recebi 90% de aumento.

Outro exemplo é sobre conhecer as necessidades motivadoras dos colaboradores. Precisamos encontrar **um ponto que agrade ao profissional da área de atuação da organização. No caso da i4pro, um deles foi seguir em teletrabalho, mesmo com o final da pandemia. Hoje, 95% dos nossos profissionais trabalham em formato *home office* e funciona superbem. Essa é uma das estratégias que nós utilizamos para sobreviver nesse mercado de tecnologia, que é muito acirrado. Além disso, temos acesso aos melhores profissionais, que estão espalhados por todo o país e nosso *turnover* é de apenas 7% ao ano, bem diferente da média de mercado, que gira em torno de 51%, de acordo com dados do Caged (Cadastro Geral de Empregados e Desempregados).** Então, lembre-se: priorize as necessidades da empresa e desenvolva os processos para elas.

Meu grande acerto na i4pro foi ouvir as pessoas, entender o que era importante para elas, falar o que era relevante para os investidores e para o negócio. Sempre, em qualquer lugar, precisamos ter uma comunicação transparente e construir o caminho junto com as lideranças – formais ou informais –, para que todos se sintam pertencentes àquela cultura.

Posso dizer que esse é o objetivo do meu legado: desenvolver pessoas para que elas possam um dia também ser exemplo!

Já no que diz respeito a minha carreira profissional, hoje faço uma análise em que consigo identificar pontos que são relevantes e que me levaram até a fase em que estou. Entre eles, destaco os momentos de virada de chave e de escolhas, por exemplo, em relação à família, em que me vi entre decidir focar no que almejava profissionalmente naquele momento ou acompanhar o crescimento das minhas filhas. Ou mesmo quando decidi sair de uma empresa em que gostava muito de trabalhar para dar suporte a minha família.

Nesse sentido, penso que lidar com momentos de virada é saber o que é mais importante para você naquele momento, o quão duras estão sendo as abdicações e colocar na balança o que isso vai construir ao longo do tempo.

Não podemos nos esquecer, também, de ter um plano de vida claro, sabendo quais são os momentos de aceleração profissional e quando irá precisar desacelerar um pouco para se dedicar aos seus projetos pessoais. Escolher é uma sabedoria de autoconhecimento e saber aonde você quer chegar na sua vida pessoal também é, fazendo escolhas que sejam racionais e claras, mesmo que sejam difíceis.

Voltando lá no início, quando eu disse que queria mudar o mundo e impactar as pessoas, eu consegui e me orgulho muito disso, porque, quando penso em sucesso na área de RH, penso nisso, não num indicador de SLA de treinamento; penso quanto as pessoas acreditam naquela cultura que eu implantei. Isso para mim é resultado.

RH – Relações Humanas

Carolina Nascimento

LINKEDIN

Formada em Psicologia com MBA pela FGV em Desenvolvimento Humano de Gestores, além de formação em Personal e Executive Coach e Business Partner. Atua há mais de 14 anos na área de Recursos Humanos em diferentes segmentos como serviços, varejo, consultorias de Recrutamento e Seleção e há sete anos atua em indústrias do Agronegócio.

Em sua maioria em atuação generalista, tem expertise em construção de processos e estruturação da área de Recursos Humanos, vivenciando transformações culturais intensas em processo de aquisição/fusão.

Apaixonada pela área de RH, é movida pelo desenvolvimento de pessoas dentro das organizações.

O RH foi um sonho desde os meus 12 anos de idade. Por um motivo que revelarei adiante, escolhi essa profissão enquanto muito jovem. Estudei Psicologia e iniciei minha trajetória durante a faculdade e há mais de 14 anos estou transitando em RH, sigla que gosto de traduzir como "Relações Humanas".

Sempre gostei de relações e de liderar. Fui organizadora da formatura de oitava série e presidente da comissão da faculdade. A veia relacional tem uma origem familiar, visto que vim de uma família na qual quase todos atuavam na área comercial. Com a vivência em RH descobri que eu gosto de ajudar pessoas a encontrarem seu caminho profissional e é isso que me move.

Em minha trajetória, tive passagem pelo varejo e indústria e me consolidei por mais de sete anos em um dos negócios mais relevantes do país: o Agronegócio. Nesta área vivenciei grandes casos de construção e reestruturação da cultura organizacional de empresas e participei de processos de aquisições, necessitando, assim, enfrentar vários desafios em seu extenso processo de transformação cultural. A Superbac fez parte de um capítulo muito relevante da minha história profissional e pessoal, lá aprendi sobre todos os subsistemas de RH, ao que pude dar continuidade.

Tornei-me líder em RH oficialmente em 2018, com um grande desafio: mudar para uma grande cidade e fazer gestão à distância. Foi um aprendizado singular e, a partir de então, meu trajeto na liderança continuou, o que acontece até os dias atuais.

As diferentes gerações: gente que muda

Como em todas as áreas, no RH se manter atualizado é fundamental. Acompanhar essas atualizações e inovações se faz obrigatório para que consigamos nos relacionar assertivamente com cada colaborador, bem como entender seus potenciais e dificuldades.

Para ilustrar a presença da inovação e mudança dentro da área de atuação cito o processo seletivo. Tive a oportunidade de vivenciar o "antigo" método de divulgação e candidatura às vagas de emprego: com o envio de currículos físicos e triagem a caneta, com anúncios em carro de som e jornais.

A plataforma LinkedIn foi lançada em 2003 e chegou ao Brasil em 2010, revolucionado o mundo do recrutamento. A rede, em 2021, ultrapassou a marca de 800 milhões de usuários, o que significa que atualmente temos uma ferramenta que nos dá acesso a todos esses perfis virtualmente. Além do LinkedIn, outras ferramentas originadas nos últimos anos inovaram o mercado de Recrutamento e Seleção, como as plataformas de cadastro de vagas com testes, pré-seleção e uma série de novidades.

Esse é apenas um exemplo que temos da evolução de processos, e, quando paro para pensar, me dou conta que existem profissionais que já nasceram nesse momento tecnológico e conectado. Profissionais que nunca souberam como é procurar emprego preenchendo currículos e imprimindo-os para entregar em diferentes empresas.

E, assim, precisamos, junto com a inovações, inovar. Aprender a usar essas novas ferramentas a nosso favor e reconhecer que tais modernizações facilitam consideravelmente nossa área. Além disso, é necessário estudar para entender como essas tendências de mercado influenciam no time que temos "dentro de casa". As empresas estão cada vez mais mistas, com diferentes gerações e, para ser RH (sempre lembrando: relações humanas), precisamos acompanhar todo esse contexto e as diferentes realidades.

Desafios do início da carreira

Minha primeira oportunidade em RH foi em uma empresa com uma área consolidada, em uma rede de concessionárias de veículos. Lá, iniciei como estagiária e tive a oportunidade de ser efetivada após três meses de trabalho. Ali começava a "Carol do RH", isto é, a chance de viver na prática o sonho de atuar nessa área.

Dessa experiência eu levo uma história muito bonita, que eu adoro compartilhar, sobre o Samuel (deixo meu agradecimento a ele, que também tem essa história no coração). Ele foi jogador de handebol profissional, mas deixou a carreira e estava buscando um novo começo. Simpático, proativo e com uma ótima comunicação, o entrevistei, mas a única vaga que estava disponível na época era de lavador.

O Samuel tinha chances de prosperar em qualquer vaga, mas ele possuía um dom comercial notável. Acreditava que como lavador ele não permaneceria por muito tempo, talvez até por encontrar uma nova oportunidade. Após discutirmos, fizemos um colegiado entre as áreas e resolvemos arriscar. Ouso dizer que, enquanto estive lá, foi uma das pessoas mais animadas que vi trabalhar, ele sempre exibia um sorriso e fazia seu trabalho de forma inquestionável.

Alguns meses mais tarde, surgiu uma vaga na área de peças, e Samuel foi aprovado no processo de recrutamento interno. E tudo ocorreu perfeitamente, de novo! Ele começou a ter mais contato com atendimento e mostrou resultados muito positivos, mantendo a mesma dedicação e comprometimento de antes. Nessa época, a política da empresa era que as promoções tivessem ao menos um ano de intervalo, para que o colaborador pudesse ser avaliado em um ciclo antes de ser promovido novamente. No entanto, após poucos meses de sua mudança de cargo, uma vaga de vendedor de veículos seminovos surgiu e o nome do Samuel prontamente apareceu.

Eu me vi em uma encruzilhada. Por um lado, Samuel era ideal para a posição, e o gerente estava animado em tê-lo no time. Em contrapartida, a política da empresa era clara. Samuel estava há menos de um ano lá e já havia passado por dois cargos, a Diretoria não autorizaria outra promoção. Como RH da regional, refleti minuciosamente sobre a situação e, por fim, decidimos que valia a pena. Lembro-me da ligação que fiz para a gestora de RH para defender a exceção. Depois de muito argumentar, ela disse: "Carol, sua conta e risco, se quiser o promova, mas o desenvolvimento dele está sob sua responsabilidade". Era minha primeira experiência em RH, tinha apenas 21 anos e me colocaria em risco com uma decisão como esta?

Sim, eu arrisquei. Quando informei o Samuel, ele me prometeu ser o melhor vendedor do grupo. E adivinhem? Ele cumpriu sua promessa. Samuel se tornou o melhor vendedor de seminovos, foi premiado e hoje tem uma loja de carros, sendo dono do próprio negócio. Todos os anos ele me contata no Natal agradecendo a oportunidade e por ter mudado a sua vida!

Parece até mesmo uma história de livro! Mas, naquele momento, mesmo jovem e ainda sem bagagem na área, o fato de estar envolvida no negócio e com segurança do contexto, eu pude arriscar. Isso me ensinou sobre compreender o contexto, as pessoas e estar o mais próximo possível da gestão e do desenvolvimento dos times. Como disse, eu adoro contar esse episódio e fico feliz em citá-lo aqui e homenagear merecidamente o Samuel.

Para se relacionar é preciso "levantar da cadeira"

Entendo a comunicação como habilidade de vida. Sobretudo na área de RH, pois lidamos com todos os níveis hierárquicos em diversas situações, desde a admissão ao desligamento, da advertência à carta de promoção. Meu lema para todos os times com que atuei era o mesmo: "levante da cadeira e fale pessoalmente".

Apesar de atualmente termos algumas realidades que impossibilitem a ação literal, como é o caso de trabalhos remotos, é sempre possível promover uma conversa mais próxima do que uma simples mensagem virtual ou e-mail. Como dito, eu acredito em um RH de relações, então vejo toda oportunidade de interação como positiva para criar vínculos e aproximar áreas e pessoas. Por isso, gosto de aproveitar situações que necessitam de conversas para me aproximar e entender as necessidades das áreas e de cada um.

Minha paixão pelo RH reside nas relações. Acredito que, através da comunicação e estabelecendo vínculos fortes, nos antecipamos aos problemas e somos mais assertivos nas resoluções de conflito, porque temos o contexto de forma mais clara. Fazer-se presente, buscar entender o máximo de todos, faz com que possamos ser mais empáticos e atuar para ajudar desde os colaboradores até os gestores e a empresa a engajar e reter talentos, contribuindo para o negócio como um todo.

Para desenvolver essas habilidades, sempre busco me conectar às pessoas e entender a área em que estou atuando. Gosto de ir a campo, de entender na prática a atuação da empresa e, com isso, surge a oportunidade de se conectar com o "mundo do outro" – que faz com que a prática de empatia seja facilitada.

RH: o time feminino buscando espaço na linha executiva

As questões de gênero estão se tornando cada vez mais um foco para as grandes empresas, mas é fato que ainda é um desafio ser mulher em cargo de gestão e entre executivos.

No Agronegócio é ainda menos comum a presença feminina, apesar de vermos grandes multinacionais com iniciativas para aumentar a participação de mulheres nessas posições. Vivenciei diversas situações em que eu era a única mulher em reuniões de comitês diretivos ou times de gerentes. Além disso, presenciei reuniões com times de gestão que aglomeravam mais de 20 pessoas e havia somente o RH com uma representante feminina.

Há mais de sete anos no Agro, me acostumei com essas situações, mas fico feliz em ver que, a cada dia, mais mulheres entram nessa área. Em toda minha trajetória, apesar de ser tratada com muito respeito pelo time, sinto que foi um desafio manter a postura e a segurança em minhas palavras e decisões, uma vez que não era incomum me sentir desafiada e desacreditada em alguns momentos. Entendo que essas experiências contribuíram enormemente com meu crescimento e amadurecimento profissional, além de conquistar, pouco a pouco, uma maior autoconfiança.

O espaço para as mulheres nos ambientes corporativos existe e resiste. O fato de observar mais e mais mulheres se preparando para a alta liderança me dá a esperança de que teremos, em um futuro próximo, um "mundo executivo" com maior presença e relevância feminina. Uma realidade em que não será mais necessário "contar nos dedos" quantas mulheres em posição de poder existem em uma empresa, muito menos encontrar chefes e executivos, sejam eles homens ou mulheres, que hesitem na contratação de profissionais femininas por duvidar de suas habilidades e capacidades e por se basearem em estereótipos de gênero.

Um só objetivo: a carreira executiva

Meu objetivo sempre foi traçado visando me tornar uma diretora de RH. Cada passo era voltado a aprender e me desenvolver para atingir essa meta.

Após um período de intercâmbio no exterior, encontrei uma oportunidade em uma Consultoria de Recrutamento e Seleção que me conectaria a grandes empresas na cidade. A escolha foi assertiva: em menos de dois anos tive uma oportunidade em uma empresa que tinha sido recém-comprada e estava se estruturando. Eles necessitavam de grandes projetos de recrutamento e minha experiência correspondia exatamente ao que eles buscavam. Inesperadamente, eu me deparei com problemas: ficava a 70 quilômetros da minha casa, eu não tinha carro e a empresa não oferecia transporte.

Aceitei a proposta, analisei os gastos do trajeto e, de início, peguei emprestado um carro até que me estruturasse para comprar um veículo. Enquanto isso, fui trabalhar até mesmo de carona compartilhada, mas consegui! Nessa empresa, fiquei por mais de cinco anos, onde entrei como analista, sendo promovida algumas vezes até a gerência. Morei em São Paulo, vivi grandes projetos e mudei meu *status* de carreira, chegando mais perto do meu objetivo. Lá também tive a oportunidade de fazer cursos e formações e, assim, realizei outro grande sonho que me faria me aproximar do meu objetivo: um MBA na FGV. Apaixonei-me pela empresa e por tudo que vivenciei nesse período, até partir para um novo desafio, influenciada por um momento pessoal especial: a chegada do meu filho Gael. Lembro-me que, quando fui comunicar a saída para o time da Fábrica, estávamos em um evento e com a voz embargada fiz um discurso rápido e passei o restante da noite recebendo carinho e abraços: a missão foi cumprida.

Depois dessa experiência, segui um trabalho no mesmo caminho, o de construção de processos e um RH estratégico. Para a tomada de todas as minhas decisões, primeiramente paro para pensar nas consequências que podem ocorrer a médio e a longo prazo e me faço as mesmas perguntas – as quais aconselho serem utilizadas em diferentes carreiras e tomadas de decisões necessárias:

– Isso me deixa mais perto do meu objetivo?

– O que me falta aprender dentro do que atuo para ter essa oportunidade?

– Quais são os ganhos e perdas desse caminho?

– A cultura da empresa está alinhada com meus valores?

Acredito que escolher é importante. Eu costumo brincar com a ideia de que processo seletivo não é unilateral e, sim, como um casamento: duas pessoas escolhem viver essa relação. Portanto, estudar a empresa, entender seus valores e avaliar o alinhamento das práticas da companhia com o que acredita é fundamental para o desempenho pessoal e para que cada um continue na caminhada em busca do seu objetivo principal.

Liderança: um caminho de vida

Comentei aqui que a liderança sempre esteve presente na minha vida e quando comecei o trabalho em RH logo tive vontade de experimentar a gestão.

Algo que marcou meu trajeto foi a atuação com liderança distante na maioria das empresas em que trabalhei. Isso fez com que desde o começo eu aprendesse a resolver problemas "sozinha", ou a encontrar todas as soluções possíveis para apenas levar ao gestor as opções. O contexto era eu quem precisava ter, já que era necessário pensar sempre a visão macro junto com o problema.

Minha primeira gestão aconteceu quando atuava como analista e foi formalizada com a posição da coordenação. Fui parabenizada por funcionários e diretores pela posição e percebi que aquilo significava que eu estava fazendo um trabalho de gestão e acompanhamento dos times tão bem quanto outros funcionários que estavam em cargos de coordenação.

Os desafios existem. Gerir pessoas, expectativas, gerações é uma grande responsabilidade, mas eu acredito que tudo começa pela paixão em fazer. Gostar de gente. Gostar do que se faz.

Reflexões finais

Que prazer para mim é falar sobre pessoas e relações. Deixei aqui um pouco da minha paixão por essa área através da construção de uma carreira da qual me orgulho e que, a partir desse projeto, inicia mais um capítulo – literalmente – dela.

Gosto de afirmar que o que marca minha atuação em RH é puramente a paixão por fazer e ver pessoas se desenvolvendo. Espero ter contribuído de alguma forma e ter inspirado novas colegas para esse time que sempre foi tão fundamental dentro das empresas, mas hoje, mais do que nunca, temos um espaço estratégico de atuação. Isso é algo que me agrada muito, pois, cada vez mais, presencio o protagonismo de mulheres no poder e vejo que nos tornamos mais atuantes em todo tipo e tamanho de empresa e em diversos segmentos.

Viver de RH e RH é isso: ter paixão por pessoas e relações. "Levantar da cadeira e falar pessoalmente", viver o negócio e buscar os contextos, SE ENVOLVER.

Recalculando a rota: descobrindo novas possibilidades

Christiane Berlinck

LINKEDIN

É uma líder experiente com mais de 20 anos de trajetória profissional multidisciplinar, liderando organizações em finanças, negócios e recursos humanos. Atualmente, ela é CHRO do Grupo OLX, empresa digital com 1.500 colaboradores. Em sua função atual, impulsiona resultados de negócio através de estratégias de talento e transformação organizacional e cultural.

Anteriormente, na IBM, atuou como vice-presidente de Recursos Humanos para a América Latina e Brasil. Lá, ela transformou a cultura de uma organização com 35.000 funcionários, liderou projetos inovadores tanto globais quanto regionais e promoveu iniciativas significativas de inclusão e diversidade. Sua trajetória é marcada por um compromisso com a excelência e a inovação no campo de recursos humanos.

Minha transição para recursos humanos revelou-se uma descoberta de um mundo fascinante de liderança, neurociência, cultura e comunicação. Sou engenheira de produção de formação e nunca havia pensado em liderar uma organização de recursos humanos e apenas, depois de dez anos de carreira, navegando entre áreas de finanças, operações e negócios, é que a área de pessoas e gestão passou a fazer parte da minha vida. Hoje já são mais de 14 anos em que escolho todos os dias estar nessa área!

Descobri que a cultura organizacional, os comportamentos individual e coletivo são cruciais para o sucesso de qualquer negócio. Não há modelo de negócio exitoso sem uma cultura que o sustente. Aprender a ler o que não é dito, entender melhor os contextos e as motivações de cada indivíduo me pareceu ser o grande diferencial nas organizações de sucesso. Fiquei absolutamente fascinada por tanta novidade e informação que não vinha mais de um mundo cartesiano, matemático e financeiro. Percebi que tinha achado meu propósito quando entendi que minha missão era propiciar que cada profissional trouxesse todo seu potencial na sua melhor versão para o fértil palco da organização.

E a curiosidade sempre existe sobre se recalcular a rota de carreira foi um movimento planejado ou se foi o destino. Não acredito em uma receita única, mas conto a minha história.

Após me formar em 2000, iniciei minha carreira na IBM como analista financeira. Três anos depois, uma oportunidade internacional no México marcou um ponto de virada na minha vida profissional e pessoal. Com apenas três meses de namoro, Luiz Eduardo, meu futuro marido, decidiu embarcar nessa aventura comigo. Planejada inicialmente para seis meses, nossa estadia se estendeu por três anos enriquecedores, período em que liderei a área de crédito, formei equipes e tive que lidar com desafios complexos em um país estrangeiro. Foi um dos maiores desafios profissionais, mas seguramente uma das experiências mais valiosas da minha carreira, porque aprendi mais do que imaginei sobre cultura, formação de equipes e liderança, mesmo liderando um time de analistas de crédito. Aprendi sobre a dificuldade de uma mulher se posicionar e ser ouvida em um ambiente extremamente machista. Apesar de estar liderando uma área de finanças aprendi sobre fundamentos de cultura, organização e diversidade.

Muitos me perguntam: "Como você conseguiu com 25 anos ter sucesso nessa posição em um contexto tão complexo?" Credito isso a uma soma de competências que hoje considero importantes para qualquer função que eu exerça, não importa a área de especialidade:

1. Capacidade de aprender, não apenas o técnico, mas o contexto e a cultura.

2. Coerência e consistência entre o que você fala, faz e entrega.

3. Coragem - acredite em você.

Ao retornar ao Brasil, transitei para operações de negócios, ampliando minha visão sistêmica e enriquecendo meu repertório. Conheci diversas facetas de uma organização complexa, liderando por vezes equipes enxutas e outras enormes, times locais e alguns regionais. Em paralelo ao amadurecimento na nossa vida profissional, Luiz e eu decidimos que era o momento certo para ter um filho. No entanto, a vida me surpreendeu: durante o processo seletivo para uma das minhas cadeiras mais desejadas na IBM Brasil, engravidei de Ana Laura. A maternidade trouxe novas perspectivas, não apenas sob a ótica familiar, mas também profissional. Se, por um lado, a licença-maternidade me fez perder a oportunidade de conquistar uma das minhas cadeiras mais sonhadas em uma área de operações, por outro, me abriu portas inesperadas na área de recursos humanos. Não foi planejado, mas eu estava preparada para a oportunidade!

Aconteceu através do convite de uma liderança que, ao entender as competências que eu havia desenvolvido nos meus dez anos de carreira em outras especialidades, ampliou a minha visão e me fez considerar o movimento de transição de carreira. E não é que deu certo? Simplesmente um "match" perfeito.

Após 22 anos na IBM, e em busca de novos horizontes, ingressei no Grupo OLX. A experiência em uma empresa digital e da nova economia foi revigorante. Adaptei-me a uma nova cultura de trabalho, estilos de liderança diferentes e a uma dinâmica de negócio mais ágil. Hoje, meu desafio é estabelecer uma cultura de alto desempenho no Grupo OLX, integrando aspectos humanos e tecnológicos para continuarmos nossa jornada de crescimento.

E por que me conectei e escolhi o Grupo OLX? Sou uma grande defensora da economia circular, um modelo que promove a reutilização e a sustentabilidade. No Brasil, essa mentalidade ainda está se desenvolvendo, mas acredito que é uma solução essencial para enfrentar os desafios ambientais atuais. A OLX facilita esse processo, evitando o descarte desnecessário de itens e promovendo a compra de produtos usados de qualidade. Em um momento em que a preservação ambiental se torna cada vez mais necessária, é importante repensarmos o que e como consumimos. Como mãe, penso constantemente no tipo de mundo que deixaremos para as próximas gerações. Quero que minha filha, Ana Laura, cresça em um mundo onde os recursos são utilizados de maneira sustentável e o respeito pelo meio ambiente seja uma das prioridades.

Conecto-me também porque precisei e a vida ensina. Minha família enfrentou um grande desafio na época em que começava a minha formação na UFRJ: meu pai sofreu um AVC e ficou em coma por pelo menos seis meses. Ele sobreviveu com inúmeras sequelas. Esse evento fortaleceu nossa união familiar e me ensinou lições valiosas sobre resiliência, sobre dar importância ao que realmente é importante na nossa vida e também sobre a força da economia circular. Vendemos praticamente todos os itens em casa para superar as dificuldades financeiras que surgiram da doença de meu pai, pois não tínhamos reserva financeira de emergência, imóvel ou carro. Foi um período de muito crescimento pessoal. Com meu pai impossibilitado de trabalhar, precisei assumir responsabilidades emocionais e financeiras da família. Entendi que a vida é cheia de surpresas e que devemos estar preparados para adaptar nossos planos e expectativas conforme as circunstâncias mudam. Aprendi que temos mais força e mais criatividade do que imaginamos. Nessa fase fiz de tudo um pouco. Lembro que até mesmo ganhei o prêmio de melhor vendedora de cosméticos da empresa que eu representava, algo inimaginável para uma pessoa tímida como eu, mas, fazendo uma reflexão hoje, sei que desenvolvi importantes habilidades, tendo coragem de aprender competências novas em carreiras não formais.

Muitas vezes achamos que apenas a formação formal ou um treinamento caro é a forma de desenvolver certas competências na nossa jornada profissional. É claro que podem ajudar, mas todas as experiências que temos em nossa vida e a forma como pensamos em solucionar os problemas do dia a dia nos ajudam a ganhar musculatura, resiliência, competências e habilidades para aplicarmos no mundo do trabalho.

Principais aprendizados na minha vida:

Acredito no poder do *networking* ativo. Conectar-se com pessoas engajadas pode fazer toda a diferença no crescimento profissional. Encorajo todos a nutrirem suas redes de contatos desde cedo, pois esses laços são valiosos ao longo da vida. Seja na comunidade em que está inserido ou na organização em que trabalha, identifique aqueles que possam ajudá-lo a expandir horizontes. Você não precisa estar em posições de poder para fazer essas conexões. "Quem caminha sozinho pode até chegar mais rápido, mas aquele que vai acompanhado com certeza vai mais longe."

Minha família sempre foi um pilar fundamental na minha vida. Luiz Eduardo, meu marido, e Ana Laura, nossa filha, são minhas maiores inspirações e fontes de força. Nossa jornada juntos tem sido marcada por apoio mútuo, compreensão e amor incondicional. A maternidade trouxe uma nova dimensão à minha vida. Aprendi a priorizar melhor as escolhas que faço todos os dias para, ao mesmo tempo que não abro mão das minhas ambições profissionais, estar atenta às necessidades de minha família. A jornada de ser mãe e profissional me ensinou lições valiosas sobre paciência, resiliência e a capacidade de priorizar o que realmente importa. Sei que não é fácil, mas, se tiver intencionalidade nas escolhas que faz todos os dias, você pode dar conta dos inúmeros papéis que tem! Como já citei, a Ana Laura nasceu durante um dos momentos mais desafiadores da minha carreira, quando eu estava prestes a assumir uma posição dos sonhos na IBM Brasil, mas a notícia da gravidez mudou tudo. Essa mudança de rumo profissional não foi planejada, mas foi um dos maiores presentes que eu ganhei, porque encontrei em recursos humanos uma carreira que se conecta com o que eu acredito. Essa é uma das lições mais importantes que aprendi ao longo da minha carreira: a importância de estar aberta a novas oportunidades e de nunca parar de aprender. Minha jornada não foi linear;

foi cheia de curvas e desvios inesperados. Aliás, transitei em diversas áreas e cada nova oportunidade trouxe novos desafios e aprendizados, que eu me esforcei para abraçar com entusiasmo e determinação. Dediquei-me, porque acredito que não trabalhamos para a empresa e sim para nós mesmos, para nos desenvolver, para sermos as melhores versões de nós mesmos, para servirmos ao mundo em que vivemos. As horas investidas, os projetos conquistados, as aprendizagens, as ideias que deram certo e as que não deram, os dias em que sorri e os dias em que chorei, todas as noites em que não dormi, todos esses momentos são meus e formam a base do repertório de negócios e liderança que tenho hoje.

Quanto menos repertório você tem, mais limitado você fica. Fique aberta, aprenda, tenha coragem, invista tempo em você. Se ainda não lhe contaram, eu lhe conto: nada vem de graça e sem investimento de tempo em você!

Lembro-me de um momento particularmente complicado na minha carreira, quando enfrentei um fracasso significativo. Havia sido indicada para uma posição de liderança e, apesar de todos os meus esforços, não consegui atingir os resultados esperados. Foi um momento de grande frustração e dúvida, mas, ao invés de me deixar abater, usei essa experiência como uma oportunidade de crescimento, refletindo sobre o que poderia ter feito diferente, busquei *feedback* e me dediquei a melhorar minhas habilidades. Esse fracasso acabou sendo uma das experiências mais dolorosas na carreira, porém muito valiosa. Compreender e separar o que é sobre nós e temos poder de atuação do que é sobre o contexto, que não temos poder de mudança, pode realmente fazer com que a gente invista tempo e a nossa energia pessoal no que muda o ponteiro. Ao invés de ser vítima, seja protagonista da sua história e não deixe que um momento ruim ou uma entrega ruim defina você. Aprenda e siga adiante!

Outro aspecto fundamental da minha trajetória foi o apoio que recebi de mentores e líderes ao longo do caminho. Desde o início da minha carreira, tive a sorte de trabalhar com pessoas que me inspiraram e me guiaram. Esses mentores não apenas me ensinaram habilidades técnicas, mas também me ajudaram a desenvolver minhas habilidades de liderança e a compreender a importância da empatia e da comunicação. Acredito firmemente no valor do *mentoring* e tento retribuir esse apoio, sendo mentora de jovens profissionais e ajudando-os a alcançar seu potencial e a acharem seus caminhos.

Uma outra mentora na minha vida foi a minha mãe, que sempre destacava a importância de buscar independência financeira, intelectual e emocional. "Estude, trabalhe e busque o equilíbrio emocional para ter sucesso na vida", ela dizia! E ela era esse exemplo também! Durante minha infância e adolescência, sempre observei minha mãe como uma fonte de equilíbrio - de trabalho duro e de busca incansável pelo conhecimento. Lembro-me de muitas noites em que ela ficava acordada até tarde, corrigindo provas e preparando aulas para seus alunos na universidade ou estudando para conclusão do doutorado. Esse exemplo foi uma das grandes influências na minha carreira e nas minhas escolhas. Reflito o quanto somos farol para nossos filhos e para nossos times. Ter essa consistência e coerência entre o que acreditamos, falamos e fazemos sempre foi algo que eu valorizei e que acreditei ser uma das forças mais importantes de qualquer liderança nas organizações.

Acredito que todos nós temos potencial de fazer a diferença e conquistar melhores versões de nós mesmos. A vida é cheia de desafios, surpresas e o futuro está cheio de possibilidades. A grande sacada é seguir sua vida com coragem e entender que todas as decisões do hoje, por menores que elas sejam, impactam o seu futuro e em quem você será amanhã. Tenha orgulho da sua história e de suas decisões!

A mudança expande os horizontes

Chryscia Cunha

LINKEDIN

Formação acadêmica em Administração de Empresas e Relações Internacionais pela Universidade Mackenzie e PUC-SP, respectivamente. MBA pela FIA-SP em Negócios Internacionais, Mestranda em Administração pela FGV-SP, especialização em Estratégia de RH no INSEAD, e cursos executivos na área de Administração na Universidade de Oxford e Yale University.

Em mais de 20 anos de carreira, ocupou posições executivas e de liderança em grandes organizações, como Electrolux, Pepsico, Camargo Corrêa e Sun Microsystems, atuando diretamente com as áreas de negócio e desenvolvimento de equipes de alto potencial e transformação organizacional.

Voluntária na área de inserção de refugiados na sociedade brasileira, mentora de programas para mulheres em situação de vulnerabilidade, e ativista pela equidade de gênero na sociedade.

Em 2023, foi reconhecida entre os TOP 10 executivos de destaque em RH pela People & Health Executive Summit.

Nas horas vagas, leitora ávida, escritora de contos e esgrimista.

"Por favor, ajude os outros a crescer. A grandeza não vem de uma posição, mas de ajudar a construir o futuro. Temos a obrigação de puxar os outros." Indra Nooyi

Caminhos que percorri

Meus caminhos foram guiados muito mais pelo meu propósito do que por cargos ou nome de áreas dentro das empresas.

Sou a filha mais velha de uma família de três irmãos. Morei numa fazenda até os 14 anos de idade. Desde essa época cultivo meu hábito de leitura. Aprendi sobre planejamento. Afinal, não havia um supermercado ou loja de conveniência perto de casa. Planeje-se ou ficará sem. Aprendi com a natureza a valorizar o essencial. Na dúvida, observe como a natureza movimenta-se. Terá grandes lições.

Aos 15 anos, mudei-me para São Paulo com minha mãe e irmãos para estudar. Assim como muitos jovens daquela época, começar uma carreira no mercado financeiro era meu sonho. No meu primeiro vestibular, não entrei na universidade em que desejava passar. Era muito nova, e fui estudar um ano nos Estados Unidos. Com 17 anos, estava morando em Nova Iorque. Um ano divisor de águas em muitos aspectos. Morava numa cidade multicultural e tive a oportunidade de estudar com mais de 30 nacionalidades. A vida cultural da cidade me fascinava. A convivência com meus novos amigos mostrou-me muitas formas de carreira e caminhos.

Voltei para o Brasil. Entrei no curso de Administração com ênfase em Comércio Exterior e em Relações Internacionais. Conciliar as duas faculdades por si só era um desafio. Minhas habilidades de planejamento e execução foram logo colocados à prova de fogo. Lembro-me de sempre me perguntarem o que eu iria fazer com o diploma de Relações Internacionais. Queria ir para grandes empresas. Multinacionais. Em Relações Internacionais, aprimorei o pensamento crítico, a dialética, e aprofundei os estudos nos indivíduos e nas relações sociais. Plantei as primeiras sementes em algo que iria florescer 11 anos depois, quando iniciei minha jornada em Recursos Humanos.

Os meus primeiros nove anos no mundo corporativo foram na área de negócios. Fundamental para entender como as organizações operam e desvendar a linguagem do dia a dia. Ao longo da minha carreira, ter a perspectiva global, análise de cenários complexos, lidar com a multiculturalidade dos ambientes organizacionais, saber decifrar a linguagem financeira das empresas e conexão com as paixões e entender as necessidades das pessoas foram a base para meu crescimento e desenvolvimento como liderança nas organizações.

Estudar mantém a mente ativa. *Network* faz com que você consiga acessar realidades distintas de forma mais rápida. Aprendo muito em cada café, almoço ou conversas com grandes amigos de diferentes áreas. Acredito que inovar vem desse olhar curioso, atento e perspicaz. Liderar é mostrar o caminho, mas é, também, preparar os que estão com você na caminhada para que possam assumir o posto quando você precisar sair de cena.

Trilhei minha carreira por grandes empresas que me proporcionaram aprendizados muito além das paredes dos escritórios. Arthur Andersen Auditoria, Sun Microsystems, Camargo Corrêa Construções, PepsiCo e Electrolux ajudaram a moldar a líder que sou hoje.

Aprendi que, assim como as pessoas, as empresas não são eternas. São cíclicas. Contudo, deixam fortes marcas nas pessoas que por lá passaram. Para suportar períodos de tormentas, a resiliência é importante, mas só foi possível porque meu vínculo com a cultura de cada uma das organizações era forte.

Até onde vai seu horizonte? Lembro-me do dia em que meu pai nos informou que mudaríamos para São Paulo. Eu não queria ir. Argumentava que na região tinha boas escolas. Ele concordou, mas disse que eu precisava expandir o meu olhar além das plantações de cana-de-açúcar que me rodeavam por lá. Repetimos essa conversa quando acabei o colegial, e ele foi o meu incentivador a ir estudar e morar nos Estados Unidos. Meu pai foi meu primeiro mentor. Pense longe e pense grande. Depois que já decidiu o que quer, vá em busca dos recursos para executar seu plano. Repetimos essas conversas por muitas vezes enquanto estivemos juntos.

Pensei sempre minha carreira no longo prazo. Para mim a direção sempre foi mais importante que a velocidade ou mesmo o apego ao caminho. Empresas, cargos deixam de existir. Conhecimentos tornam-se obsoletos. Chefes mudam. Saiba a direção para onde quer ir. Outro aspecto importante: estar preparado para quando as oportunidades surgirem. As oportunidades às vezes surgem por sorte. Na minha trajetória foram a minoria. Grande parte delas foi construída ao longo dos anos.

Posso dizer que meu início na Sun Microsystems combinou um pouco de sorte e estar pronta. Havia pedido demissão da Arthur Andersen e me aplicado para uma vaga na Divisão de Comércio Exterior do Consulado dos EUA. Já conhecia funcionários que lá trabalhavam. Fizera no passado trabalhos pontuais de tradução e intérprete em feiras de negócios para eles. Passei no processo seletivo. Tudo certo para começar. Aconteceu o 11 de setembro. Todas as vagas foram canceladas. O foco já não era mais comercial. Depois de alguns meses fui chamada para participar de um processo seletivo na Sun Microsystems. Empresa do

Vale do Silício de Tecnologia. A vaga era exatamente o que eu sempre sonhara. Contratada. Depois de algum tempo na empresa, descobri que a líder da área de Comércio do Consulado Americano havia indicado meu currículo para uma pessoa conhecida dela na Sun Microsystems. Que gostava do meu perfil e contou a história, porque não tinha dado certo minha contratação por lá. Um misto de sorte e prontidão foram decisivos para estar nesta empresa que me ensinou muito nos sete anos em que lá trabalhei.

Lifelong Learning. Palavras que estão na moda. Independentemente de como queira chamar, acredito que estudar sempre esteve em moda. Na minha jornada, busquei formatos complementares de aprendizado. Como mencionei, minhas graduações são na área de Relações Internacionais e Administração de Empresas. Tenho MBA em Administração em Negócios Internacionais. Fiz uma extensão executiva em Estratégia de Recursos Humanos e finalizei meu mestrado em Administração. Confesso que conciliar trabalho e a educação formal com jornadas mais extensas de aulas e pesquisas foi um desafio ao longo dos anos. Quando me consultam sobre o que eu acho de iniciar uma pós-graduação ou qualquer outro curso de longa duração, minha primeira pergunta é sobre em que momento de vida essa pessoa está. Nunca é tarde para começar, e o momento certo dificilmente vai existir. Acredito que o importante é fazer os combinados, incluindo o fator família.

Adoro a sala de aula. A riqueza da troca de conhecimento entre alunos e professores. A oportunidade de estar em contato com perspectivas distintas. O olhar para o novo e diferente. Minha dica valiosa é que dentro da sala de aula acontece uma pequena fração da mágica. É só o começo. A mágica acontece mesmo na permanência do contato com os professores e alunos. Na descoberta e continuidade de um autor ou tema. Participação dos fóruns da universidade. Produção de artigos e estudos. Fazer a roda girar. Essa teia de conexões é fundamental para o crescimento.

Ventos mudam. Esteja preparada. Mar calmo não faz boa marinheira.

Mudança. Muitas vezes sinônimo de medo. Instinto de sobrevivência. Paralisia. Ser uma liderança de Recursos Humanos permite-nos ficar muito pouco tempo neste estado de paralisia. Muitas vezes somos nós que conduzimos o processo da mudança nas organizações. Significa lidar com as inseguranças, reações, resistências das pessoas. Nós que seguramos a lanterna na frente de todos para clarear o caminho. Nós que muitas vezes tropeçamos em algumas pedras para poder orientar os que estão nos seguindo a evitá-las. Liderei diversos projetos transformacionais ao longo da minha carreira. Meu aprendizado tem sido entender as necessidades e medos individuais. Escutar. Conseguir traduzi-los e conciliá-los com a necessidade da empresa é fundamental para se chegar do outro lado da agenda de transformação.

Transformar organizações significa transformar pessoas. Transformar comportamentos. Ainda não inventaram uma máquina para isso. Até o momento, nem mesmo a Inteligência Artificial conseguiu. Ser um profissional de Recursos Humanos requer traduzir a visão da organização, sua estratégia e os comportamentos necessários para se chegar nos resultados aspirados. Nessa hora, como Recursos Humanos entramos com a tradução desses comportamentos e seus guardiões. Garantir que os líderes e profissionais que são exemplos desses comportamentos sejam reconhecidos. Resguardar que comportamentos não mais aceitos sejam comunicados para os times. Acompanhar e medir esta evolução no curto e longo prazo. Assegurar a consistência da Jornada da Transformação.

Em uma das empresas que trabalhei, num importante momento de *turnaround*, para se chegar nos resultados, um dos comportamentos que precisávamos mudar é que os funcionários valorizavam mais suas relações de amizade no trabalho do que o resultado. Fazer a cobrança de algo para alguém que era considerado amigo era algo extremamente desconfortável. Esse comportamento não conversava com a necessidade imediata de resultados da empresa. Foram muitos treinamentos, comunicações, rodadas de conversa, preparação dos líderes para que o comportamento de *accountability* viesse a fazer parte da cultura da empresa.

No meu terceiro ano de faculdade comecei a participar dos programas de *trainees* das grandes empresas. Naquela época, participar de um programa de *trainee* das Big Five de Consultoria e Auditoria era o sonho de muitos que estavam terminando a graduação. Programas com milhares de inscritos. Cerca de seis meses de diversas etapas. Se fosse acima da média, era garantia certa de carreira na empresa. Meritocracia levada ao extremo com as famosas curvas forçadas de performance anuais. Pois bem. Passei nesse processo. Comecei minha carreira como auditora júnior na Arthur Andersen. Naquele momento, uma grande felicidade. Abri a primeira porta para o mundo corporativo.

Os primeiros dois meses foram de treinamentos intensos. Cerca de 100 jovens. Todos ávidos por crescimento. Apesar do ambiente extremamente competitivo, fiz amigos que levo até hoje e são para a vida. Então fomos alocados nos primeiros trabalhos. Ficava praticamente uma semana em cada empresa nos ciclos de auditoria externa. Nessas empresas descobri o quanto os profissionais de auditoria, principalmente os iniciantes, eram odiados. Não me restava outra forma, a não ser usar minhas habilidades interpessoais para criar conexão com os funcionários para poder ter as informações que eu precisava para construir o trabalho necessário.

Viajava muito. Muitas empresas diferentes. A curva de aprendizado era acelerada. Uma hora estava fazendo auditoria numa montadora, na outra semana numa empresa de fertilizantes. Os líderes dos projetos mudavam toda semana. A parte boa é que, quando você pegava um líder ruim, mudava rápido. Claro que entre os *trainees* corria solta a lista dos piores líderes. Como já disse antes, *network* ajuda muito. Às vezes não evita a mudança, mas ajuda a se preparar.

"Opere em versão Beta." Essa expressão era muito comum entre os profissionais de empresas e tecnologia. Trabalhar por sete anos numa empresa de tecnologia me ensinou muito sobre velocidade, mudança e inovação. Posso dizer que hoje esta é uma realidade independente do setor da empresa. A mudança é contínua e constante. Tenho muito orgulho do meu legado nas organizações nas quais trabalhei, mas tenho consciência de que tudo está dimensionado num contexto e tempo específicos. Muito do que foi feito já não atende mais às aspirações e necessidades futuras para a sustentabilidade do negócio. Não se deve ficar limitado aos sucessos do passado, já reconhecidos e celebrados.

O caminho não é linear. Nas conversas de carreira que tenho com profissionais pergunto em qual perspectiva determinado movimento de carreira está sendo pensado. Há movimentos que são de construção e outros de ascensão. Ser promovida, na perspectiva de cargo, significa que outros movimentos de construção foram realizados. Muitas vezes fui questionada por meus pares sobre o porquê de haver aceitado algumas mudanças laterais. Posso dizer que poucas vezes pensei minha carreira no curtíssimo prazo. Para mim é como jogo de xadrez. Seus dois próximos movimentos irão definir o restante do jogo. Por isso aceitei muitos deles. Hora para conhecer uma nova área, outras vezes para me aproximar de lideranças com alta influência nas empresas, líderes pelos quais eu tinha grande admiração.

Quando fiz a transição da área de negócio para a área de Recursos Humanos foi uma grande aposta. Tudo isso numa nova empresa. Fiz um *assessment* de quais eram minhas fortalezas para aquela nova posição e empresa. Eu conhecia a linguagem do negócio, entendia bem os números, já trabalhara no modelo organizacional matricial que a empresa queria implementar, trabalhara com outros mercados da América Latina e outros continentes e tinha habilidade em gestão de projetos. Essas eram competências importantes para a posição de *Business Partner* de RH na unidade de negócios internacionais, que era minha nova função. Precisava me aprofundar na parte conceitual de RH. Fui em busca de cursos, livros, marcava conversas com profissionais e especialistas de RH do mercado e da empresa. Perguntava muito. Não tinha vergonha de dizer que não sabia. Pedia referências para poder me aprofundar em determinados temas. Mostrar-me vulnerável e aberta ao aprendizado e despida de qualquer sinal de ego foram fundamentais para atravessar esta nova estrada até então desconhecida.

A complexidade das relações interpessoais permeia as organizações em todos os sentidos. Para o profissional de RH, negociação, persuasão, trabalho em equipe e gestão de conflitos são habilidades interpessoais necessárias em nossa função. Seja numa negociação sindical, na mediação de conflitos entre líder e liderados, ou até mesmo na agenda de sucessão nas organizações e reorganizações de áreas.

Nesses momentos, nosso trabalho de bastidores é necessário. Meu conselho é: se prepare para as conversas. Escute a visão de cada uma das partes, quais os seus interesses, o que está em jogo, o que não é negociável e o que pode ser flexibilizado. Tive grandes desafios em projetos de revisão de desenho organizacional em cenários de necessidade de redução de pessoas para que o negócio pudesse voltar a ter resultados positivos. Num primeiro momento, geralmente as lideranças entram no modo proteção. Disputas por poder e manutenção do *status quo* são normais nesses momentos. Em uma das empresas de bens de consumo em que trabalhei, por decisão estratégica, áreas passariam a ter um escopo descentralizado regionalmente. Os times deixariam de ser nacionais e fisicamente estariam centralizados no México. A resistência dos líderes foi grande tanto de forma explícita como velada. Como RH, meu papel foi criar mais do que um novo desenho organizacional, mas uma nova forma de trabalhar entre estes líderes que estes pudessem gerar times coesos, conhecimento das necessidades e especificidades de cada um dos lados para o desempenho das funções, e foco num propósito em comum. Construir metas juntos, discutir sobre os movimentos dos talentos e seus planos de desenvolvimento, acordar sobre orçamento e investimentos em conjunto, e clareza de papéis e responsabilidades e os tomadores de decisão foi construção necessariamente mediada por mim como RH de muito êxito, que sendo bem sincera, quando recebi a missão fui um tanto cética até onde conseguiria avançar com os líderes do Brasil em aceitar o novo modelo.

Nesse barco todas têm voz

A primeira vez que senti de forma explícita o preconceito por ser uma liderança feminina foi quando trabalhei no setor da construção. Algumas vezes cheguei em salas de reunião e não havia espaço para mim na mesa, uma demonstração clara de que ali não havia espaço para mulher. Em outras situações, direcionavam dúvidas e perguntas para o meu par que era homem. Eu não me deixava intimidar. Puxava a minha cadeira e abria espaço na mesa. Combinava com meu par e pedia para que redirecionasse a pergunta para mim. Quando cortavam a minha fala ou explicação, até hoje deixo claro que "não terminei meu raciocínio". Tudo isso demanda coragem e uma liderança que me desse apoio. Aprendi em casa a não me intimidar ou calar. Levei isso para a vida. Claro que tem um preço. Para as mulheres geralmente vem com adjetivos como arrogante, falta de escuta ativa, e muito ambiciosa. A sororidade se faz necessária. Presenciei muitas cenas em que não entendia como algumas mulheres poderiam se calar. Como líder, minha missão é dar espaço e voz para essas mulheres. Desafiar quando os vieses inconscientes de gênero estão presentes nas discussões de talentos. Encorajar outras mulheres a não terem medo de desafios, e ser inspiração para as novas gerações de mulheres que chegam ao mercado de trabalho. Fundei e participo de forma ativa dos grupos de afinidade de gênero nas duas últimas organizações em que trabalhei. São espaços de muita troca, aprendizado e construção de ambientes de trabalho mais plurais.

Ser mentora de outras mulheres é algo que me traz um senso de realização que me conecta com o meu propósito e minha história pessoal e profissional. A primeira mentoria que fiz foi com mulheres em situação de vulnerabilidade e que estavam empreendendo para sobreviver. Aprendi muito com a coragem da minha mentorada da época. Pude compartilhar meus aprendizados e experiências, as lições aprendidas com meus erros e mostrar outras possibilidades de caminhos. Tenho mentoradas na empresa e em outros programas externos. Acompanho as histórias de muitas delas, e me dá um orgulho enorme e um grande sorriso no rosto ver os caminhos de sucesso que estão abrindo.

Procure um mentor logo no início da sua carreira. Possivelmente você terá alguns mentores ao longo da sua jornada, mas ter um nesta primeira fase em que os caminhos são muitos e ainda nebulosos é muito importante para trazer outras perspectivas para suas tomadas de decisão em relação aos caminhos de carreira. Se na sua empresa não tem um programa formal de mentoria, procure um. Traga o tema para a sua conversa de desenvolvimento com o seu líder. Ele pode ser um grande facilitador ao indicar um mentor para você. Minhas conversas com meu mentor acontecem sempre em momentos em que percebo que ciclos estão se encerrando e preciso abrir novos caminhos nas etapas da minha carreira. Ao longo dos últimos 15 anos, foi fundamental para me dar segurança em momentos de mudança e para trazer um olhar mais amplo das relações nos ambientes corporativos. Nossas conversas sobre cultura organizacional e relações de poder duravam horas e acompanhadas sempre de um bom café.

Aprecie a viagem o tempo que durar

As mudanças estão cada vez mais aceleradas. Modelos do passado são cada vez menos referências para os desenhos futuros que estão se formando. Como profissional de RH precisamos liberar nossas âncoras, alinhar nossas bússolas e buscar novos ventos. Considero âncoras os modelos mentais fixos, nossa bússola é ter como direção a construção de organizações mais humanizadas, e os novos ventos, novos modelos de negócio que surgem a cada dia. Seja cuidadoso com quem você coloca no seu barco. E aproveite a viagem. Se a modernidade é líquida, que possamos navegar por ela.

Desafiando limites: uma história de sucesso no RH

Claudia Ferro

Diretora Estatutária, Recursos Humanos, Comunicação Interna e Facilities. MBA Executivo no Insper, pós-graduada em Gestão de Recursos Humanos, graduada em Secretariado Executivo pela Universidade São Judas Tadeu, e Técnica Contábil. Formação complementar internacional em Lean Manufacturing pela Universidade de Kentucky e Liderança Executiva pela Carlson School of Management | University of Minnesota. 30 anos de carreira vividos em empresas como Grupo Itausa, Korn/Ferry International, Gradus Consultoria, Grupo Cencosud e CHS Agronegócios.

Educação e desenvolvimento profissional

Nada foi planejado no início da minha carreira e também nos estudos. De família simples e pais com formação básica, o dinheiro era contado, e as conversas em família entre "pais e filhas" não incluíam temas como ambição de carreira, conquistas materiais, educação sólida, dentre outras orientações importantes que nos ajudariam a trilhar um planejamento mais ambicioso para nosso futuro. Tudo foi acontecendo como tinha que ser, conforme a nossa curiosidade aflorava, amadurecíamos e as oportunidades apareciam.

Construindo uma base sólida no RH

Iniciei em 1997, quando trabalhei para uma *boutique* de consultoria estratégica. Esta experiência foi incrível, pois se tornou a porta de entrada para o mundo do RH, particularmente Recrutamento e Seleção, e por quase quatro anos pude ajudar a trazer talentos das melhores universidades locais e internacionais. Com certeza aprendi muito com tudo isso também, pois naquele momento da minha carreira percebi que era um chamado para aprimorar ainda mais minhas qualificações como *Recruiter* e foi o que aconteceu, pelos demais anos da minha carreira me especializei como caça-talentos, não sou fã dessa expressão, mas é assim que essa profissão é mais conhecida no mercado e foi ela quem me trouxe um mundo de possibilidades e oportunidades de carreira e, principalmente, aprendizados. Trabalhar com recrutamento proporciona um aprendizado muito rico sobre vários segmentos e áreas de atuação.

Desenvolvimento de habilidades interpessoais

A graduação em secretariado executivo na minha visão daquele momento e orientação de vida era a porta de entrada para atender e aprender com executivos de alto nível ou seja, como pensavam, como decidiam, como se comportavam e hoje reconheço que foi uma escolha acertada, apesar de todo o preconceito ou julgamento das pessoas quando me perguntam qual a minha graduação! Se pudesse voltar atrás, talvez eu até tentaria outro curso, lógico – mas também fico me perguntando se eu teria tido o mesmo destino e se estaria onde estou hoje, numa carreira bem-sucedida.

Nada realmente é por acaso. Pude observar e aprender sobre temas que talvez como estagiária de Administração ou Engenharia não teria aprendido, porque não teria acesso ao topo da pirâmide como poucos no início da carreira têm, e esse acesso me trouxe uma perspectiva macro surpreendente, ajudando a acelerar minha carreira mesmo que eu não a tivesse planejado. Trabalhando com executivos, pude aprender sobre planejamento estratégico, relações governamentais, relações de poder e institucionais, ética e protocolo. Também pude ter exemplos de comportamentos e valores fundamentais que muitas vezes me faziam refletir sobre as minhas escolhas.

Lidando com desafios de gênero

Lidar com o desafio de gênero faz parte do contexto de inclusão e diversidade e deve ser cuidadosamente analisado dentro de uma perspectiva mais ampla do contexto relacional, ocupacional, social, físico, cognitivo e dos valores como indivíduo.

Independentemente do gênero, tendo a crer que todos já sofremos algum tipo de preconceito. No meu caso, certo que sim, por ser mulher, não pertencer a determinada classe social, não possuir determinada formação em faculdade renomada, não frequentar determinados lugares, por ter um estilo ou expressão interpessoal diferente do ambiente ao qual pertencia ou frequentava, dentre outros, mas tudo isso fez parte da jornada de aprendizado e processo de amadurecimento. É óbvio que sofrer preconceito é ruim, ninguém quer ou gosta, mas também é muito individual decidir o que fazer com isso. Temos várias opções do como enfrentar a situação. Durante as minhas mais diferentes fases de amadurecimento e evolução, tanto pessoal quanto profissional, algumas escolhas foram bem mais sucedidas que outras, e posso afirmar que o autoconhecimento e reflexões diárias, sessões de terapia, além de procurar não me abalar com o julgamento alheio, fazendo o meu melhor sempre com amor, têm sido até o momento as melhores escolhas. É claro que há dias mais difíceis, mas o melhor caminho no meu caso é compreender que o problema está no preconceituoso, não em mim.

A virada de chave – estratégia de carreira a longo prazo

Por muitos anos como "caça-talentos" em uma das maiores empresas de *executive search* do mundo, lá tive ótimos mentores, aprendi demais com as inúmeras entrevistas com executivos inspiradores, além de reuniões com clientes das mais diferentes indústrias nas quais atendia. Eu mal sabia que entrevistar aquelas pessoas me proporcionaria uma bagagem teórica que universidade nenhuma seria capaz de me dar. Para cada conversa, cada projeto que os executivos relatavam durante as reuniões, eu montava meu acervo de conhecimento, procurava estudar sobre o assunto, perguntava, comparava conceitos. Com isso, montei minha própria formação de cunho autodidata.

Após quase 12 anos em *executive search*, já numa posição

de diretoria, um cliente me convidou para assumir a cadeira de *head* de RH. Apesar de não saber exatamente como seria minha adaptação do outro lado da mesa numa função generalista, eu aceitei. Posso dizer que sou eternamente grata a esse executivo pela oportunidade.

Minha carreira no agronegócio

É um segmento incrível, já ouvi muitos dizerem que ou você ama ou odeia, mas tendo a discordar. Entendo que o que faz a empresa são as pessoas, os valores, ou seja, a cultura e como ela é realmente colocada na prática e não só escrita num mural. Todos os segmentos são difíceis, desafiadores e têm seus altos e baixos, mesmo os mais glamourosos. Logo, no final do dia, a felicidade somos nós mesmos quem desenhamos no ambiente em que vivemos. Vou contar para você como tracei e como venho traçando até hoje o meu caminho na empresa atual e como a estratégia faz parte do meu dia a dia.

Meu legado

Ao longo dos meus 30 anos de trajetória, mais precisamente nos últimos 20, período em que já atuava em posições mais seniores, posso compartilhar dicas que podem ajudar a encurtar alguns caminhos, ou até mesmo adicionar alternativas para o seu processo de reflexão ou decisão de carreira e até mesmo implantação de algum projeto pessoal ou profissional.

Ter um *sponsor*, um "padrinho", é essencial, caso contrário, é uma festa na prisão. Tive o prazer e a sorte de poder participar da contratação do novo CEO, e, antes de ele aceitar a proposta, me encontrei com ele por diferentes vezes para apresentar o *status quo* da empresa, os desafios da cultura, das pessoas, da estrutura, ou seja, ali eu já estava sendo testada, e ele, ao mesmo tempo, já estava fazendo o *assessment* sobre o tamanho do desafio e como eu reagia diante dele. O que eu quero dizer com isso é que um sponsor/padrinho só aceitará o projeto caso ele entenda que você tem conhecimento de causa do tamanho do desafio, ou seja, que você tem um sólido conhecimento em mãos com alternativas e soluções pragmáticas. Não basta vender um sonho, uma promessa de um selo GPTW, uma ferramenta de IA, tudo isso é consequência; um executivo, para comprar o projeto de um profissional de RH precisa ouvir qual será o retorno sobre o investimento proposto, as possíveis consequências e riscos que serão assumidos e enfrentados. Claro que eu não tinha todas as respostas, mas também não tive vergonha de dizer para ele que iríamos descobrir algumas coisas juntos, creio que isso aumentou mais ainda a relação de confiança entre nós. O que também quero passar como mensagem é que não tem problema nenhum você admitir que não sabe tudo, mas que está preparada para desenhar planos de contingência e enfrentar o problema de frente, caso assim aconteça. Das centenas, até milhares de executivos que já entrevistei e convivi ao longo da minha carreira, a maioria valoriza muito pessoas corajosas que são capazes de também falar sobre suas vulnerabilidades. Não há problema nenhum em relatar as fraquezas.

Uma vez que você tem o *sponsor*, você precisa iniciar a escuta ativa e se munir de ferramentas importantes para capturar dados. Sei que muitos RHs não têm orçamento suficiente (era o meu caso também), mas, ao invés de ficar reclamando, outra coisa que também aprendi é usar a criatividade para fazer coisas caseiras. As rodas de conversas, por exemplo, ajudam muito, além de você gerar empatia, aprende sobre o negócio e os departamentos, cria vínculos formidáveis com colaboradores, e também observa quem são os detratores. Falando em detratores, uma vez aprendi com um alto executivo com o qual tive o prazer de trabalhar que, quando começamos um processo de mudança, as primeiras pessoas que devemos convidar para participar são os mais resistentes. E não é que é verdade? Esse conselho levo pra vida, os mais resistentes, uma vez que você traz para junto de si no projeto, ou desistirão e pedirão para sair, ou serão ótimos aliados, grandes agentes de mudança que você nunca imaginou que poderiam ser.

Colocando em prática

Após meu segundo ano de empresa, quando as mudanças estavam acontecendo, decidi iniciar meu MBA executivo e posso dizer que foi uma decisão acertada realizá-lo aos 40 anos de idade, quando já estamos num bom nível de maturidade pessoal e profissional. Creio que foi vital fazer a junção de todo o aprendizado adquirido ao longo da carreira, pois, na medida em que eu colocava as ações em prática, me lembrava das entrevistas que fazia com os executivos e dos projetos de avaliação de pessoas de que participava na antiga empresa em que trabalhava. Cada vez mais me convenço de que a minha melhor escola foi poder ter trabalhado como caça-talentos. Lembro-me de tantos exemplos, como os executivos chegavam a determinados resultados e decisões e porque decidiam, porque acertavam, porque erravam.

Estratégia de gestão de pessoas

Uma vez colhidos os dados mais importantes sobre a cultura, as necessidades dos funcionários, como próximo passo trabalhei junto com o CEO na estratégia e nas prioridades do negócio para que fossem revertidas em metas. Com isso, reavaliamos a estrutura organizacional, fizemos um *assessment* das lideranças, trabalhamos a comunicação intradepartamental para desfazer os feudos existentes e mudar a mentalidade *old school*. Alguns precisaram deixar a companhia, mas espero que estejam todos hoje muito bem encaminhados e felizes com suas escolhas.

Ter um time bem alinhado com a estratégia, o propósito da área, com metas claras, bem estabelecidas, fará toda diferença. Não adianta ser um líder controlador e estrela; é necessário jogar junto por isso, por muitas vezes sentei no chão, chorei com eles, vibrei por eles, trabalhei até tarde, e me permiti receber *feedbacks* difíceis porque também preciso reconhecer minhas imperfeições. A relação de confiança que se cria é extraordinária, e um líder precisa ter profissionais tão bons quanto ele e que se complementam. Um líder que não tem essa mentalidade, com medo de perder seu espaço, deveria repensar seu papel.

Tentamos várias coisas, algumas deram certo, outras nem tanto

Apliquei a avaliação de cultura organizacional que foi crucial no resultado para identificarmos as entropias existentes não só no geral, mas nas diversas lideranças nos diferentes países nos quais eu lidero. Também fizemos rodas de conversas com as lideranças e funcionários para falarmos sobre nossos gargalos em comunicação interna e externa, foram riquíssimas e nos alimentaram com um apanhado de dados e fatos que direcionaram os próximos passos da estratégia de gestão de pessoas que envolveu várias ações de atração, retenção, desenvolvimento e reconhecimento de pessoas. Posso dizer que, em dez anos, saímos de um índice de engajamento de 50% para 92% e esse número traduz muito de todas as melhorias e resultados alcançados na empresa e dos quais me orgulho muito. Algumas coisas também não deram certo. Implementar várias iniciativas ao mesmo tempo, por exemplo, cansa o time, desgasta o processo. Achar que apenas uma conversa de alinhamento convence os mais resistentes é ilusão, se possível repita quantas vezes necessário, documente tudo e alinhe expectativas sempre, pois as pessoas têm memória curta e não são eternas na organização.

Ainda há muito o que fazer e aprender, afinal o mercado é dinâmico, a estratégia e as prioridades da empresa mudam, as pessoas mudam, novas tecnologias surgem para ajudar, ou seja, não podemos ficar na zona de conforto – nunca.

Decisões impopulares

Sim, elas são inevitáveis. E, se você for uma pessoa do bem e de caráter inquebrantável, vai sim se sentir mal quando acontecerem, principalmente quando for o decisor ou o mensageiro. Posições executivas são extremamente solitárias e as decisões impopulares infelizmente fazem parte do *job description*. Ao ter que tomar uma decisão inevitavelmente impopular, os primeiros cuidados que devem ser priorizados são o respeito ao próximo, a integridade e o fornecimento da rede de apoio para os impactados. Essa rede de apoio não é necessariamente só financeira. Muitos valorizam só essa questão, mas no final não é apenas sobre isso, se é que me entendem.

Responsabilidade legal | estatutária

Ser representante legal de uma empresa é, no mínimo, perturbador, pois se responde civil, criminalmente, fiscalmente por qualquer ato lícito ou ilícito realizado pela companhia ou por colaboradores. Logo, também faz parte da minha missão executiva garantir que todas as pessoas que estejam trabalhando na empresa ajam com integridade e sigam os processos, os controles e a governança adequadamente. A área de Recursos Humanos é guardiã desse conceito, e tem a obrigação de no processo seletivo, e no acompanhamento do desempenho comportamental dos gestores e liderados, avaliar se tudo caminha de acordo com a conformidade.

Mentoria e apoio à próxima geração: afinal, o que é um RH estratégico?

Fala-se muito do RH estratégico, inovador, flexível. Segue um pouco da minha contribuição sobre como se tornar um RH de sucesso:

- Seja íntegro e incorrompível;

- Trabalhe numa empresa em que você se identifique com a cultura e admire a grande maioria dos executivos e pessoas com quem trabalha;

- É primordial conhecer qual a estratégia e prioridades do negócio (de curto, médio e longo prazo);

- Estabelecer uma estratégia e prioridades de RH de acordo com a estratégia e prioridades do negócio. Estas devem estar acordadas entre RH e executivos;

- É necessário entender, conhecer as tendências de mercado, não só de RH;

- Ter uma cultura organizacional que funcione na prática;

- Ter uma estrutura organizacional ideal para execução da estratégia, ou seja, as caixinhas são criadas para as pessoas e não o contrário;

- Estabelecer e cascatear com clareza as principais competências desejadas;

- Ter um bom *pipeline* de talentos, em média 10% a 15% do total dos funcionários;

- Ter claro papéis e responsabilidades;

- Gestão por desempenho com metas bem definidas e cascateadas;

- Cultura do *feedback*;

- Conhecer o negócio, conhecer o campo. Não podemos ficar só atrás da mesa;

- Planejamento sucessório para as posições mais críticas;

- Alinhamento de expectativa sobre carreira, principalmente quando se trata de empresas de médio ou pequeno porte, onde transição de carreira não é tão comum. Para essas, no recrutamento é vital já explorar as principais motivações de carreira do indivíduo para evitar desgastes, frustrações futuras, ou seja, um bom processo de seleção pode evitar transtornos. Aprender a entrevistar é vital para a sua empresa;

- Um bom plano de remuneração competitivo, justo e transparente;

- Programas de saúde física, mental, emocional;

- Gestão da Diversidade e Inclusão na prática;

- Programas de reconhecimento;

- Comunicação interna e externa bem planejadas;

- Gestão de riscos;

- Políticas, procedimentos e controles claros e disponíveis;

- Treinamentos e desenvolvimento customizados e dedicados por área, por indivíduo. Para isso também é importante monitorar o retorno sobre investimento;

- Indicadores de RH – inclusive de engajamento;

- Ferramentas de gestão, de Inteligência Artificial que ajudem através de informações em tempo real a implementar ações, tomar decisões importantes;

- Um RH ético. Todos os profissionais sérios sabem que devemos seguir as leis à risca. O que é certo, é certo;

- Um RH estratégico também precisa aprender a fazer as perguntas e colocações certas com postura executiva;

- Discrição é chave para um profissional de sucesso.

- Aceite e absorva *feedbacks*, mesmo os mais difíceis.

Missão | propósito

Ao longo desses anos já parei para refletir o quanto contribui com a carreira de muitos, felizmente, a grande maioria para o bem. Claro que houve momentos em que precisei dar um voto de minerva para uma demissão ou vetar uma promoção e não me sinto nada feliz tampouco realizada por isso. É uma grande realização para um profissional de RH ver pessoas em evolução, crescimento, conquistando seus espaços, contando com a nossa contribuição. Por muitas vezes tive conversas duras com pessoas que num primeiro momento não entenderam, não aceitaram, mas que depois reconheceram que foi o melhor que aconteceu com elas e acabaram agradecendo pelo *feedback*. É importante ressaltar que nós sofremos, vibramos pelos outros, e isso é o maior reconhecimento que podemos receber. A dica é: não se corrompa, não desanime, não pare no tempo!

Escolhas

LINKEDIN

Mentora, *coach* e consultora de RH focada em Desenvolvimento de Líderes, Cultura e Redesenho Organizacional. Formada em Administração e pós-graduada em Gerenciamento de RH. *Coach* certificada internacionalmente pela ICI (Integrated Coaching Institute), reconhecida pela ICF (International Coach Federation). Especialista em Inteligência Emocional pela Sociedade Brasileira de IE. Soma 30 anos de carreira corporativa em que atuou como diretora de RH Brasil para Mondelez e desde 2019 estou à frente da Consultoria Claudia Gomes Desenvolvimento Humano, onde tenho desenvolvido trabalhos individuais e em grupo com executivos de várias empresas, tais como: Danone, Moinho Paulista, Viva Alimentos, AGCO, Athena Saúde, BRF, Goodyear, Oi, Volvo, Diageo, Nike, Mondelez, Volks, Reckitt, Cielo, JBS e outras. Entusiasta pelo tema da parentalidade, é Educadora Parental formada pela Escola de Parentalidade Positiva de Portugal e pelo Discipline Positive Institute dos EUA.

Tudo na vida é uma escolha, a gente pode escolher ficar parada ou mover-se em direção aos sonhos. Eu sempre escolhi me mover. Aqui vocês encontrarão a palavra ESCOLHA várias vezes, pois eu acredito que todos os dias podemos escolher o que fazer, o que falar, para o que vamos dizer sim e não. As escolhas ficam mais fáceis quando a gente sabe quais são nossos valores, através deles também podemos ter clareza dos nossos inegociáveis, que são tão importantes quando falamos de carreira.

As escolhas, o caminho que percorri e o que eu aprendi

Eu fui construindo minha carreira sempre pensando como eu poderia fazer o melhor todos os dias pelas pessoas e pelos processos que precisavam ser sempre mais efetivos para que os resultados de negócios fossem entregues.

Entrei no programa Auxiliar de Escritório em Desenvolvimento, no qual a empresa contratava um grupo de jovens que ficava em treinamento, cobrindo férias e licença-maternidade nas áreas administrativas, era algo inovador para os anos 90. Iniciei na área de Finanças, logo em seguida fui para Recursos Humanos, onde tive a oportunidade de trabalhar na Folha de Pagamento, Benefícios, Remuneração, Treinamento e Desenvolvimento, Recrutamento e Seleção, com isso, fui me capacitando para ser *HR Business Partner*. Fui uma das primeiras pessoas da empresa a exercer esta função e aí o amor duplicou, pois eu vivia de perto os desafios das pessoas e dos negócios.

Assim me desenvolvi, liderei fechamento de fábrica, participei do desenvolvimento e *startup* de unidade fabril, de venda de categoria, de aquisições, de negociação com o governo para mudança de unidades fabris, integração da área de vendas após fusões, liderança de RH para as áreas de Operações, Vendas e Marketing, até assumir a diretoria de Recursos Humanos Brasil para uma multinacional, e por que eu tive todas estas oportunidades? Porque eu tinha sede de aprender, tinha dedicação, foco, resultados, leveza e confiança. Às vezes mais confiança do que leveza. Confesso que também tive momentos de ser exigente demais, dura mesmo, principalmente comigo. Hoje penso que não precisava tanto, mas eu não sabia fazer diferente.

Desde muito cedo, ainda como analista, escutava do VP de RH que eu tinha capacidade para solucionar problemas de vários tamanhos com tranquilidade e uma sensibilidade para reportar e pedir ajuda nas coisas que realmente faziam sentido. Ele enxergava coisas em mim que eu não teria enxergado sozinha. Ter escutado de uma pessoa tão sênior, logo no início da minha carreira, que eu tinha estas habilidades me fortaleceu para a vida. Eu trabalhei em diferentes estados do Brasil, com culturas diversas, com líderes exigentes e eu entregava resultados acima do esperado. Falo isso com humildade, pois também precisamos reconhecer o nosso impacto e o nosso valor. Nesta jornada é importante ter por perto pessoas que reconheçam seu potencial e o(a) incentivem a seguir quando você tiver alguma dúvida sobre avançar ou não para o próximo passo. Eu tenho amigas que fazem isto e posso afirmar que esse apoio faz uma grande diferença na vida.

Uma outra forma para estar sempre aprendendo e me desenvolvendo no início da carreira foi através das formações técnicas de RH de áreas diferentes da que eu estava atuando, eu sempre estava adquirindo novos conhecimentos e isso me preparava para as posições maiores. Em paralelo, eu ativei a minha curiosidade pelas áreas de negócio, estava sempre questionando e buscando aprender sobre diversos temas de áreas distintas e pude me tornar uma RH parte do negócio e não apenas parceira do negócio como muita gente se define, eu jamais gostei de ver meu time sendo chamado de parceiro de negócio, eu sempre corrigia: "somos parte do negócio!"

Escolher fazer a minha parte na busca de conhecimento me permitiu ter uma base sólida e assumir posições cada vez mais estratégicas

Em Recursos Humanos tive uma primeira grande experiência como parte do time responsável por transferir uma unidade fabril para o interior de São Paulo (1996); após anúncio do fechamento desta unidade eu via todos os meus pares e pares do meu gestor sendo transferidos para outras unidades, e eu ia ficando, um dia decidi falar com meu gestor sobre os meus próximos passos, dizer o que eu queria e perguntar quais eram os planos para mim. Ouvi dele que poderia ficar tranquila, pois pela minha forma de trabalhar, a capacidade de inspirar confiança e transformar sempre teria posição para mim. E assim eu segui, mas o que eu quero destacar aqui é que é preciso ter coragem de liderar conversas difíceis, precisamos nos posicionar, falar o que queremos, se deixamos livres para o outro decidir o caminho a ser percorrido pode ser diferente do que gostaríamos que fosse. Este foi um trabalho incrível, virou *benchmarking* no mercado pois desenhamos e implementamos um excelente plano de comunicação, capacitação para todos os funcionários desligados e apoio a recolocação no mercado. O trabalho era duro, pois impactava as pessoas e as afastava de seus sonhos, porém a forma que escolhemos para conduzir o processo, com muito respeito aos colaboradores e com total transparência, fez diferença na vida das pessoas.

Depois disso, muita coisa aconteceu, Mondelez foi uma empresa que cresceu por fusões e aquisições, eu tive a alegria de ser transferida para todas as empresas compradas e trabalhar na integração dos negócios. Minhas fortalezas, que eram conhecimento técnico, profundo conhecimento da cultura da empresa, empatia e rápida conexão com as pessoas de todas as áreas e níveis me faziam ser escolhida para atuar no grupo que liderava as integrações das empresas. E quanta coisa eu vivi nestes projetos, relações externas com sindicatos, instituições de ensino como Senai, PUC e outras, governo, prefeitura e por aí vai. Foi um verdadeiro MBA na prática.

Cada passo uma habilidade sendo desenvolvida e uma carreira sendo construída e consolidada

Uma das habilidades que eu mais valorizo é a capacidade de ser empática. Ela facilita os caminhos e aproxima, pois estamos sempre tentando entender o ponto de vista do outro e aí fica mais fácil encontrar soluções conjuntamente.

Com esta habilidade eu me desenvolvi, me conectei com as pessoas e com elas ou através delas entregamos resultados de forma extraordinária, o maior deles é seguirmos juntos, seja por amizade ou por mentoria e *coaching* que eu faço para muitos que foram meus pares, meus times e tantos outros que chegam a mim por indicação. Empatia é uma das minhas fortalezas e eu acredito que a empresa sempre soube usar isso muito bem.

Eu sempre gostei de trabalhar com sindicato. Sim, você leu certo! Eu aprendi muito cedo a trabalhar com eles, no começo era assustador, pouco a pouco fui aprendendo o papel de cada um, e me sentia cada vez mais preparada para as negociações quase que diárias com sindicatos de todo o Brasil. Um dia, após uma negociação muito difícil, em que quase houve uma parada em uma das fábricas que eu liderava, a mais importante globalmente, ouvi do VP da América Latina: "Claudia, como você aprendeu a lidar tão bem com sindicato?", minha resposta automática foi: "Aprendi a lidar bem com pessoas, respeitando a forma de cada uma, gostando ou não do que elas fazem". Desenvolvi na prática a capacidade de gerenciar a minha inteligência emocional, pois a estratégia dos sindicalistas era sempre me desestabilizar. Tenho orgulho de ter sido citada pelo Professor Edimar Garcez no livro "Negociando com Negociadores", e reconhecida como uma mulher que se destacava na área sindical no início dos anos 2000.

Lembro-me também de momentos com situações delicadas nas fábricas do nordeste, eu chamava os sindicatos para conversar com total transparência; um dia recebi um e-mail do meu diretor que dizia: "Não chame o urso para dançar". Como uma frase simples como esta, e que poderia até parecer sem sentido, pôde me ensinar tanto! Não precisamos fugir do "urso", mas chamá-lo para dançar pode ser uma ousadia desnecessária.

Eu sempre escolho simplificar a vida. Simplificar os problemas às vezes não dá, mas procuro simplificar a minha atuação sobre eles. Por que sou assim? Não sei bem, mas acredito que uma das coisas que realmente contribuíram para eu ser assim foi o fato de ter casado pela primeira vez aos 21 anos e ficado viúva aos 23 anos, no meu último ano de faculdade, quando faltava apenas uma prova para eu me formar. Seria a realização de um dos meus maiores sonhos, mas tive que, ao mesmo tempo, administrar uma dor gigante. Também aprendi com um par meu que dizia: "Para cada problema precisamos avaliar se o remédio é um comprimido ou uma cirurgia". Eu sempre faço esta reflexão e acredito que assim fica mais fácil caminhar para a solução, seja qual for o problema.

Desafios e respeito à diversidade

Voltando ao sindicato, um ambiente absolutamente masculinizado e agressivo e que poderia ter me "apagado", mas me destaquei pela forma respeitosa que eu sempre conduzi. Posicionando-me e nunca dando espaço para o desrespeito. Isso definitivamente precisa ser praticado.

Eu tive a sorte de trabalhar em uma empresa que falava

e praticava diversidade há muito tempo, porém já aconteceu de participar de reuniões em que não me deixavam terminar o que eu estava falando e quando isso acontecia eu simplesmente dizia à pessoa: "Você me interrompeu, posso concluir meu ponto de vista?" Ou seja, me posicionava, e sigo fazendo isso em respeito a mim mesma.

Quando falamos de gênero e deste olhar simplificado da vida, sempre estive atenta como profissional de Recursos Humanos aos processos de mudança de cidade ou estado dos nossos colaboradores, e como isso afetaria suas famílias. Até hoje recebo agradecimentos como: "Obrigada por ter me apoiado a repensar e ter tido coragem de dizer não a uma transferência de estado depois de já ter dito sim ao meu gestor, falei sim por medo de impactar a minha carreira, mesmo sabendo que estava colocando meu casamento em risco, pois eu iria sozinha, sem meu marido e sem meu filho". Parece simples, mas é nesta hora que a gente como Recursos Humanos ou liderança direta precisa apoiar não só a tomada de decisão, mas principalmente fazer que mesmo com este "não" a carreira siga sendo desenvolvida e não seja impactada por questões de mobilidade, infelizmente, algo ainda muito comum nas organizações, especialmente com mulheres.

Lembro-me também, com alegria, de quando fiz parte do primeiro comitê de mulheres da América Latina, foi uma experiência incrível e quando trouxemos esta iniciativa para o Brasil decidimos chamar de comitê de diversidade, formado por mulheres, homens, homossexuais, heterossexuais, pretos, deficientes etc., ampliamos nosso olhar e nossa sensibilidade às necessidades de todos e a partir disso fortalecemos a cultura de diversidade na prática, criando um ambiente psicologicamente seguro onde cada um pudesse ensinar e aprender através da realidade do outro, fazer suas escolhas e seguir desenvolvendo sua carreira. Eu fui exemplo disso quando estava grávida e recebi uma proposta para assumir uma posição em outro estado, era um super-reconhecimento, mas conversei com minha gestora e pedi para finalizar o desafio profissional que eu tinha naquele momento, até minha filha nascer, e na volta da licença-maternidade falaríamos sobre meus próximos passos; minha gestora foi maravilhosa, me entendeu e "segurou" a posição para mim, que eu acabei assumindo quase um ano depois, na volta da minha licença. Isso é o respeito ao momento pessoal de cada indivíduo que eu sempre valorizei.

Para mim, carreira vem junto com família. Eu nunca consegui separar

Carreira internacional nunca quis, sempre escolhi estar perto dos meus pais, poderia até morar em estados diferentes dentro do Brasil, como eu fiz, porém minha meta era não precisar de um passaporte para visitá-los. Esta escolha foi a melhor que fiz na vida, enquanto eles estiveram neste plano, eu estive com eles, falando-nos diariamente e oferecendo meu amor.

Sempre que eu recebia uma proposta para mudar de área ou de estado, eu aceitava, mas tinha dúvida se iria dar certo e principalmente se seria feliz naquela cadeira ou cidade. Apesar de carreira internacional não ter sido uma escolha para mim, eu sempre enxerguei o valor que tem: em uma cultura diferente, desenvolvemos novas habilidades e vamos nos tornando profissionais cada vez mais preparados. Existem muitos casos de o casal ser formado por dois executivos e gerenciar as duas carreiras com possibilidades de carreira internacional é sempre um grande desafio. Eu recomendo que a conversa seja feita com a família com muito cuidado e responsabilidade para que depois nenhum dos dois culpe o outro por ter deixado de seguir com carreira internacional. Outro ponto importante, é deixar claro para a empresa, desde o início e com total transparência sobre as suas escolhas. Isso vai te dar paz no processo de aceite ou não para uma mudança como esta. Foi isso que eu escolhi fazer e sempre senti paz com as minhas escolhas.

Equipe... o bem mais precioso que temos na vida profissional

Sinto muito orgulho de ter construído ambientes saudáveis, apoiado meus times a se desenvolverem e crescerem em suas carreiras. Sempre trabalhamos muito, tínhamos alegria por estarmos juntos liderando nossos desafios. O tempo passava, as equipes mudavam e as amizades seguiam e seguem. Minha maior alegria é encontrá-los ou receber mensagens e ligações deles me contando sobre os desafios atuais, tanto profissionais como pessoais. Eu sempre comecei a relação com meus times estabelecendo relação de confiança. Quando trabalhamos juntos através de uma gestão participativa é fundamental estimular o autoconhecimento, seu e de cada membro da equipe, pois aumenta o respeito ao jeito do outro e fortalece a parceria entre todos. Eu também sempre estive focada em garantir nosso momento juntos para reorganizar a rota e celebrar. Celebrar resultados de negócio e as principais conquistas da nossa vida pessoal, tenho memórias incríveis e histórias maravilhosas dessa época. Falo disso até hoje com muitos deles. Posso afirmar que atingimos juntos a famosa alta produtividade com leveza.

Tenha um mentor, ele apoiará você a encurtar caminhos

Compartilho parte do que eu aprendi, pratiquei e que me trouxe até aqui.

1. Seja grata a tudo que seus pais lhe ofereceram e tenha certeza de que eles fizeram o melhor que puderam e que sabiam fazer. Retribua tudo com amor.
2. Acredite que você pode um pouco mais. Dê o primeiro passo com disciplina e foco, os outros passos virão naturalmente.
3. Amplie seu campo de visão. Estude e enxergue novas possibilidades.

4. Invista no seu autoconhecimento, ele é fundamental, especialmente quando falamos de carreira.

5. Confie em você e comece as relações confiando. Caso se decepcione, redirecione a rota fazendo novas escolhas.

6. Ofereça ajuda, mesmo que ninguém peça. Erros vão acontecer, reconheça-os, mas não permita que se repitam erros.

7. Exponha-se. Tenha uma rede de *network* ativa, mas faça com moderação, extremos são perigosos, não escolha se esconder, mas também não queira o palco só para você. Ninguém faz nada sozinho.

8. Esteja sempre presente e conectado com sua família. Não seja apenas um provedor(a). A vida passa rápido e não tem nada melhor no mundo do que estar em paz com nossa família acompanhando e apoiando o crescimento dos filhos.

9. Tenha alguém por perto que seja capaz de apoiar você nos seus momentos mais desafiadores, profissionais ou pessoais, alguém que o escute e respeite suas lágrimas quando elas caírem. Durante meus anos no mundo corporativo, tive perdas e o luto se fez presente em dias em que a dor chegava a ser física. Eu tinha pessoas que estavam ali comigo, me ajudando a passar pela dor. Serei eternamente grata a elas, e elas sabem disso. E agradeço demais que muitas seguem no meu convívio quase que diário, posso afirmar com alegria que uma delas (NB) segue comigo até hoje, temos contato diário, um valioso presente para mim que vai durar a vida inteira. Todas as minhas amizades fazem parte das melhores conquistas da minha vida.

10. Movimente-se, pratique algum esporte que lhe faça bem. Eu, há anos, treino todos os dias. Sou meia maratonista e o esporte sempre me ajudou a desenvolver foco, disciplina e a ter uma vida saudável. Escolha priorizar todos os dias seu bem-estar físico e mental, eu acredito que só assim será possível usar todo o potencial que você tem!

Reflexões finais

Tenha sempre um projeto pessoal vivo. Eu tenho uma filha, maravilhosa, de 13 anos, a Rafaela Gomes, o grande amor da minha vida. Quando ela nasceu, inundada por um amor gigante e com o desejo de ter muito tempo ao lado dela, eu fiz um plano, tratei como um projeto mesmo, que é estar com saúde na festa de 50 anos dela, quando eu terei 90 anos. Não é algo que depende só de mim, depende da vontade de Deus, mas, se ele permitir, eu chegarei lá, estou focada fazendo a minha parte diariamente. E por que estou falando de tudo isso quando o tema é carreira? Porque a carreira vai acontecendo junto com todos os outros temas da vida pessoal. Eu sempre tive a clareza de que não devemos ter apenas um foco, dá sim para desenvolver uma carreira de sucesso e gerenciar todos os temas da nossa vida com respeito. Não é fácil, mas é possível. Tenha clareza do que é inegociável para você e não diga sim para coisas que afastam você dos seus sonhos.

Eu sinto muito orgulho da minha trajetória, das minhas conquistas e ter sido citada em livros como: *Mulheres Executivas*, elas fazem história - da Mayla Di Martino e "Educação Corporativa no Brasil" - da Professora Marisa Eboli, da USP, assim como de todos os prêmios que ganhamos, eu e minha equipe, porém meu maior orgulho é ser lembrada e reconhecida como alguém que, através da sua transparência, contribuição genuína e escuta ativa, é capaz de iluminar caminhos e mostrar que dá sim para construir uma carreira de sucesso mais focada, produtiva, leve e feliz.

E poder seguir depois da carreira corporativa, através da Consultoria Claudia Gomes Desenvolvimento Humano, contribuindo com a minha experiência e impactando positivamente a vida de pessoas de várias empresas em diferentes estágios de carreira com Mentoria, Coaching e Desenvolvimento de Líderes, me deixa feliz e cheia de orgulho. Este é o trabalho que eu amo. É o meu legado.

Desejo a você uma carreira linda, mas, acima de tudo, lhe desejo uma vida com BOAS ESCOLHAS. Eu costumo dizer que a vida é como um eletrocardiograma, com altos e baixos, que sejamos capazes de parar, respirar e nos concentrar no melhor de cada dia.

Torne-se o seu próprio príncipe encantado

Claudia Maia

Tem uma carreira sólida, com mais de 20 anos de resultados comprovados em vários subsistemas de Recursos Humanos. Além de uma vivência sólida em distintas regiões do Brasil, ela também já morou nos Estados Unidos e México, com responsabilidades gerenciais e diretivas na América Latina.

Durante a sua carreira, trabalhou em empresas de distribuição farmacêutica, de produção e nos últimos anos está em FMCGs. Dentre os principais sucessos da sua carreira, destacam-se seu conhecimento em Change Managment, reorganização organizacional, processos de transformação cultural, e trabalho holístico para desenvolvimento de liderança e pipeline organizacional. Atualmente como *business partner*, suas principais responsabilidades incluem Coaching de executivos seniores, desenho e implementação de estratégia de curto e longo prazo de Recursos Humanos.

Uma líder ágil, carismática que já participou de processos de M&A, de projetos globais, é casada e gosta muito de viajar e ler.

Oi! Eu me chamo Claudia Maia e tenho mais de 20 anos de experiência em recursos humanos. Sou psicóloga de formação, com pós-graduação (incompleta) em planejamento e gestão organizacional.

Atualmente sou diretora de recursos humanos na PepsiCo, atuando como parceira de negócios da área de vendas.

Já passei por vários subsistemas dentro de recursos humanos, atuando na área de desenvolvimento organizacional com cargos operativos e de liderança.

Além da PepsiCo, eu também trabalhei na Plastipak, na Coca-Cola, na Athos Farma... mas acho que a semente germinou mesmo quando comecei como estagiária do Grupo Gerdau.

Sim, eu tive outros trabalhos quando mais jovem. Fui da área de departamento pessoal, de *telemarketing*... Como atendente de *telemarketing*, mostrava mensagens de telefone para as pessoas enviarem recadinhos umas para as outras. Estava no colégio nessa época, mas tudo mudou quando consegui um estágio naquela multinacional (Gerdau) – e desde então comecei a aprender a importância do *networking*.

Meu pai não tem o segundo grau completo e minha mãe não finalizou a universidade. Eles me ensinaram, porém, a importância de estudar, de aprender, de me dedicar e de fazer sempre o meu melhor.

Nunca passei necessidades, mas, como não venho de uma família abastada, tive que começar a trabalhar relativamente cedo. Também tive alguns "anjos" que me ajudaram na minha vida e, também por isso, eu sempre quis retribuir e ajudar outras pessoas (ainda que não soubesse exatamente como naquela época). Esse anseio foi o fio condutor da minha carreira.

Olhando em retrospectiva, vejo que eu sempre fui apaixonada por pessoas, e isso me levou a estudar Psicologia.

O sonho do príncipe encantado na carreira

Como muitas pessoas da minha idade, eu cresci vendo desenhos da Disney e fui daquelas pessoas que sonhavam com o Príncipe Encantado.

Eu via muitos filmes de comportamento humano e isso me fascinava.

Conforme fui crescendo comecei a ver que esse modelo mental me acompanhava não apenas na minha vida amorosa, mas também na profissional. Não que "essas vidas" sejam separadas, mas, às vezes, a gente quer muito fazer isso...

Para conseguir construir uma carreira considerada de sucesso, tive que entender duas coisas muito importantes: 1) não deveria existir separação entre a minha vida pessoal e a profissional, porque eu sou única, e 2) Os modelos mentais com os quais cresci foram úteis em alguns momentos da minha vida, mas, para construir uma carreira de sucesso, eu teria que atualizar esses modelos constantemente (como um aplicativo de *smartphone*). Isto porque a realidade muda ou avança o tempo todo, e é preciso conseguir ter ferramentas para se adaptar a esse mundo imprevisível e em constante mutação.

Como psicóloga eu tive a oportunidade de entender o ser humano, os seus motivadores, os seus processos de aprendizagem, das dinâmicas de grupos. Também estudei muitas teorias sobre liderança, gestão de equipe, atração de talentos, mudança organizacional. Tudo isso me ajudou a construir uma base sólida para me tornar uma profissional de recursos humanos.

Juntamente a tudo o que eu estudava, eu construí uma ideia romântica de como um líder deveria atuar, do que ele deveria ser e fazer, do seu importante papel em mentorear seus *mentees*, de que deveria criar ambientes onde as pessoas sempre pudessem ser quem são, e de que deveria construir um lugar no qual seria possível desenvolver em equipe a melhor empresa. E, claro, eu pensava que seria incrível ter alguém assim me apoiando durante a minha carreira e a minha vida.

Claro que eu me deparei com pessoas que eram exatamente o oposto dessa ideia romântica que eu tinha construído. A realidade, muitas vezes, não correspondeu à expectativa. Líderes que eram o oposto de tudo o que eu esperava, entretanto, ensinaram-me muito – inclusive sobre o que um líder não deveria fazer se quisesse construir a confiança da equipe e, por consequência, ter um time de alto desempenho.

A parte positiva dos meus modelos mentais construídos com apoio dos contos de fada é que eu sempre acreditei num futuro melhor. Sempre me guiei e acreditei nos meus valores, e na máxima de que quando o aluno está pronto o professor aparece. Felizmente, isso se provou muito real na minha vida e na minha carreira. E hoje eu tenho a honra de possuir meus próprios *mentees*.

Por causa das minhas crenças, consegui construir relações que começaram no trabalho, mas se expandiram para a minha vida. Quero compartilhar um caso específico:

Quando me mudei para outro país pela primeira vez, a soma da excitação e do medo era quase palpável. Sentia no estômago todas as "borboletas voando" e estava muito feliz.

Durante toda a minha vida eu tive o sonho de morar fora do país e finalmente estava acontecendo. Entretanto, chegar a um país diferente pode não ser tão fácil quanto se possa imaginar inicialmente.

Meu primeiro trabalho internacional foi em Miami/EUA, que é uma cidade muito bonita, e que tem toda uma aura, para mim sinônimo de uma conquista que me deixava orgulhosa de mim mesma.

O que eu não contava é que esse era apenas um dos sentimentos que fariam parte da minha experiência.

Eu estudei inglês aqui no Brasil e já tive a oportunidade de viajar para os Estados Unidos. Mas, ao me mudar para Miami, percebi que eu, de fato, não sabia falar inglês; e que as viagens e cursos – surpresa! – não me prepararam para o desafio que eu tinha diante de mim.

A realidade crua da adaptação internacional

Trabalhar o dia todo em outro idioma era extenuante para mim. Meu cérebro precisava traduzir tudo, o tempo todo. E conseguir me expressar adequadamente, colocando em palavras tudo o que eu sabia a respeito do meu campo de atuação provou ser mais complexo do que eu imaginava.

Tudo o que me fazia uma profissional considerada incrível por muitos dos meus chefes e colegas foi colocado em xeque! Eu demorava para entender o que as pessoas estavam falando. Eu não conseguia expressar claramente o que eu queria, de uma forma que as pessoas na sala de reunião pudessem entender. Eu chegava ao final do dia e não conseguia nem mesmo ver televisão.

Desafios da autoconfiança e a síndrome do impostor

Nessa fase eu comecei a duvidar da minha capacidade. Não apenas da parte profissional, mas também da minha capacidade de fazer o que eu tinha me proposto. E então entendi profundamente o que era a "síndrome do impostor".

Embora me sentisse inteligente em português, era incapaz de entender quando numa reunião as pessoas estavam falando juntas e rindo entre si. Quando muito, eu conseguia entender 50% do que era dito.

Nesse momento da minha carreira eu comecei a ficar ansiosa, porque eu tinha que contribuir nessas reuniões. Afinal, eu estava lá também para isso, e mal sabia o que estava sendo falado. Tinha que aportar valor no meu trabalho de gestão estratégica de pessoas. Precisava ser uma parceira de negócio, e como se tudo isso não fosse o suficiente, eu estava sozinha em um país estranho, onde eu mal sabia qual o tipo de atum enlatado eu deveria comprar.

Essa solidão fez com que eu encarasse o abismo dentro de mim: aquele que a gente tem medo de olhar porque não sabe exatamente o que vai encontrar.

Quando você está por conta própria em outro país, sem amigos, sem rede de apoio, sem entender direito o que está acontecendo ao seu redor, é muito fácil começar a duvidar de si. É fácil esquecer todo o sucesso e tudo que de incrível você já fez. E o mais importante: da pessoa maravilhosa que você é.

Ao confundirmos genótipo com fenótipo, algo que é pontual pode começar a parecer que é para sempre. O isolamento veio com força, apesar de estar em uma cidade incrível (Miami). Então, o que poderia não estar perfeito?

Para os olhares externos, talvez eu estivesse vivendo um sonho, e tudo deveria estar maravilhoso. Mas eu tinha muitas lutas internas, e não sentia que podia compartilhar isso com alguém.

Eu queria o meu Príncipe Encantado da carreira! Queria alguém que me salvasse do turbilhão de sentimentos que estava dentro de mim.

Então, em um sábado à tarde, depois de me sentar com uma pessoa que hoje é uma das minhas melhores amigas no mundo, e depois de várias horas de muitas lágrimas, como se fosse uma peça de quebra-cabeça que finalmente se encaixa, entendi que, se eu quisesse ter sucesso, eu teria que construí-lo. Que estar onde eu estava era apenas mais um passo em uma jornada de vida. Que eu ia ter que me fortalecer e trabalhar meus "músculos" mentais para poder caminhar o caminho que eu queria, e não apenas seguir a trilha por onde outros seguiam.

E assim começou...

Tive que nomear o que eu estava sentindo e admitir pra mim mesma que nem tudo seria um conto de fadas. E que estava tudo bem não ser.

Tive que entender que não saber como vai ser o final do caminho fazia parte do meu crescimento pessoal. E aprendi que às vezes tudo o que precisamos fazer é dar o próximo passo, mesmo sem o caminho estar claro. Mesmo que eu não estivesse 100% segura desses passos, eu deveria seguir caminhando com alguma confiança.

Hoje eu sei que era irreal achar que eu ia conseguir sair de um lugar de dúvidas, medos e angústias para um lugar de confiança plena, com apenas uma noite de sono; e claramente foram (e serão) vários passos até chegar no alto da montanha. E o caminho nunca é linear. Ele é cheio de curvas, de obstáculos; mas também é cheio de flores e de borboletas, se a gente se permite olhar com carinho e amor para ele e para nós mesmos!

Assim, comecei a fazer meu próprio plano de desenvolvimento. O primeiro passo foi entender quais eram as lacunas que eu teria que preencher, e isso exigiu uma honestidade brutal comigo mesma. Entendi que o meu maior obstáculo nesse momento era o nível da minha capacidade em expressar o que eu sabia e de contribuir com o meu pensamento estratégico, e com todo o conhecimento que eu fui construindo ao longo dos anos. Quando isso ficou claro para mim, a primeira coisa que fiz foi começar a ler em inglês, o que, além de me ajudar a conhecer a estruturação de pensamento em outro idioma, também me deu acesso a um arcabouço de informação e conhecimento através de muitos livros que ainda não tinham versões em português.

Refletir sobre isso, algo que poderia parecer simples aos olhos de alguns, fez grande diferença na minha vida, e entendi que as soluções podem ser simples, mas deduzir ou intuir quais são nem sempre o é.

Muitas vezes, as soluções não precisam ser complicadas ou envolver funções logarítmicas. Ainda lembro o primeiro livro que eu li. Recordo a dificuldade de entender várias das suas palavras. Da complexidade das frases e da teimosia dos parágrafos em fazerem sentido.

Desconfortavelmente, eu sabia o significado das palavras individualmente. Mas, quando elas estavam juntas em uma oração, não significavam nada para mim.

Em conversas com minha mentora, ela sempre me estimulava e me perguntava por que eu não falava mais.

Estar em uma reunião com executivos seniores me fazia perguntar a mim mesma se o que eu tinha para falar era importante o suficiente para eles ouvirem, e preferia ficar calada...

Ela, em sua senioridade, entendeu a insegurança que eu estava sentindo. Compreendia que, afinal de contas, eu tinha muito medo de ser julgada por algo que eu falasse errado. Então ela começou a abrir espaço para mim, perguntando diretamente se eu tinha a algo a aportar ou se eu queria fazer algum comentário.

Para mim, a verdadeira mudança começou com uma líder incrível, que reservou tempo para me escutar, entender o que eu estava sentindo e me ajudar a construir o meu sonho. Começar a ler em inglês me abriu portas, tornou mais fácil me expressar e conseguir ter sessões individuais, nas quais eu não perdia a atenção das pessoas – afinal, quem nunca esteve em uma sessão com um(a) executivo(a) em que ele ou ela começou a olhar para o celular? É nesse momento que você pode ou colocar a culpa na pessoa que não prestou atenção em você ou seguir pelo caminho que eu prefiro: se perguntar *"onde foi que eu perdi a sua atenção?"* Ou *"o que eu poderia ter feito de diferente?"* Ou ainda *"que informações seriam mais relevantes para tornar aquela conversa mais interessante?"* Eu sempre penso o que poderia ter sido feito para conseguir sair com o resultado esperado da sessão.

A revolução pessoal: tornando-se a própria salvadora

Mudar o meu modelo de pensamento – de acreditar que as pessoas tinham obrigação de me salvar ou que alguém viria me salvar, para o modelo no qual sou minha própria salvadora – foi crucial na minha carreira. Entretanto isso significa pedir ajuda! E como é difícil fazer isso...

Ao longo do tempo eu comecei a sentir e ver avanços. Conseguia fazer aportes nas reuniões: primeiros comentários tímidos, como passinhos de bebê, até ser capaz de conduzir a reunião sozinha. E esse foi um grande passo!

Hoje eu entendo que é necessário criar esses espaços tanto para que eu mesma possa falar, como para pavimentar o caminho de pessoas que hoje estão no mesmo lugar em que eu estive antes.

Garantir que todos os talentos sejam ouvidos faz parte do meu modo de atuação. E não importa o nível de senioridade da pessoa, ou se a contribuição é operativa ou estratégica. O que importa é que a liderança, no cumprimento do que considero ser seu papel, crie um ambiente seguro o suficiente para que todos possam se expressar.

Uma frase pode acender o pavio no cérebro de outra pessoa, conectar pontos que antes não estavam claros, e assim contribuir na criação ou construção de projetos maravilhosos.

Cuidando das nossas pessoas poderemos, juntos, ser mais fortes.

Pedir ajuda para alguém é se colocar em um lugar de vulnerabilidade e isso traz à tona medos fundamentais de rejeição, de ser ridicularizado, e de ser percebido como incapaz de estar na posição que você ocupa: a tão falada síndrome do impostor.

Crescer na minha carreira significou abrir espaço para aprender coisas novas, e só podemos aprender algo quando conscientes de que não sabemos alguma coisa.

Talvez na sua história alguém tenha decepcionado você quando pediu por ajuda, assim como já aconteceu comigo, mas continue insistindo, e eu garanto que vai valer a pena.

Eu amo o que eu faço! E por isso muitas das coisas que podem ser vistas como sacrifício por outras pessoas por mim são vistas como um prazer.

Eu acordo todos os dias às cinco da manhã. Começo o meu dia com uma meditação e logo vou estudar (ler um livro – alguns ainda em inglês –, ver algum vídeo no *YouTube* ou assistir a um documentário). Esse é o meu horário! Naquela hora que não tem ninguém em casa acordado, que não chegam *WhatsApps* e que a maioria dos que me cercam sequer começaram a despertar. Esse é o momento que eu encontrei para investir em mim, e isso é tão importante...

Todos os dias eu reflito sobre como posso ser uma pessoa melhor, uma líder melhor. Eu fui abençoada com a honra de liderar um time, mas para fazer isso tenho que investir tempo em cada um dos que o integram. Saber o que eles buscam, quais são os seus sonhos e como eu posso aportar para ajudá-los a construir esse futuro faz parte da minha missão/retribuição. Saber o que eu quero ou espero do meu futuro me direciona e me ajuda a tomar decisões alinhadas com o médio e o longo prazos. Isso significa que algumas vezes não vou atender às expectativas de todos ao meu redor, que vou ter que estabelecer claramente quais são os meus limites. Mas essas decisões conscientes me transformaram em um ser humano melhor.

Cultivando uma jornada de crescimento contínuo

Estamos num momento crítico, no qual as necessidades e o que é exigido dos executivos está mudando. Precisamos ser capazes de continuar sendo aprendizes e de nos expor ao novo, abraçando essa nova realidade para construirmos juntos o futuro que queremos.

A mudança é exponencial, e ela traz muitas incertezas. Mas também traz muitas possibilidades!

Cuidar das nossas carreiras no hoje é muito mais desafiador do que foi no ontem. Existe uma pressão que vem de mídias sociais, dos amigos, da família, e essa pressão gera a demanda de sermos quase um super-herói (ou o Príncipe Encantado, que outrora quis e que hoje sou para mim). Mas, como diria Darwin, *"quem sobrevive na natureza não é necessariamente o mais forte, mas sim o que se adapta melhor ao ambiente"*. E todos nós temos essa capacidade!

Protagonismo e conexão com o negócio

Daniela Sena Bettini

LINKEDIN

Executiva C-Level, com mais de 25 anos de experiência em empresas brasileiras e multinacionais de grande porte. Administradora de empresas com MBA em gestão empresarial, com participação em diversos programas de desenvolvimento da liderança, seminários, congressos e conferências no Brasil e no exterior.

Forte atuação em projetos de transformação na área de Recursos Humanos, seus subsistemas e interfaces com o negócio, governança corporativa, *turnaround*, estratégia de negócio e relacionamento com *stakeholders*, em diversas regiões no Brasil e nos EUA, França, China e Cingapura.

Já atuou como conselheira de Administração, membro do Comitê de Pessoas, Governança e Sustentabilidade, presidente de Comitê de Ética e diretora de Operações para área industrial dos negócios em que atuou. Membro da Academia Europeia de Alta Gestão, sendo uma das coautoras da obra "Liderança Humanitária" e diretora estatutária do Instituto MEO – Mulheres em Operações.

1) Sua jornada no RH

Construí minha carreira ao longo de mais de 25 anos na área de Recursos Humanos. Os desafios foram distintos e todos eles com a especial oportunidade de vivenciar, como executiva, momentos de grandes reestruturações, negociações difíceis, novos negócios, fusões e aquisições, transformação cultural, internacionalização.

Trabalhar em Recursos Humanos requer gostar e ter uma inclinação genuína para formação de "gente" e, em primeiro lugar, para compor essa aptidão requer certa dose de empatia, demanda sim energia e por vezes paciência, mas ainda assim nos permite conectar com um propósito maior, ao entender que podemos impactar positivamente no desenvolvimento de muitas pessoas e organizações ao longo da nossa jornada. Desafiar as pessoas a terem um "porquê" para enfrentar qualquer "como", que hoje é imposto pelo cenário e mundo em transformação em que vivemos e podemos na medida do possível escolher o que faremos com estes cenários.

Contando um pouco da minha trajetória, foi a área de *Global Mobility* que me levou para a de Recursos Humanos, seguida das de Remuneração, Business Partner, passando por uma carreira internacional na qual tive a oportunidade de residir em alguns países, até chegar na posição de diretora Global de Recursos Humanos. A área de RH me possibilitou ir além e liderar uma área industrial concomitante à de RH, de que me orgulho muito, pois normalmente é a área de Recursos Humanos que se encaixa em alguma outra nos momentos de reestruturação das organizações e, desta vez foi diferente, o líder de RH é que absorveu uma área de negócio.

As múltiplas experiências que vivi acrescentaram muito em termos de aprendizado, novos olhares, resiliência, compreensão dos diversos negócios e ambientes nas organizações, das diferentes culturas e, principalmente, do comportamento humano e funcional. Dentre estas diferentes vivências na minha jornada destaco alguns aprendizados que influenciaram a minha carreira: relacionamento interpessoal, protagonismo, construção de parcerias (sem isso muita coisa não seria possível), empatia, resiliência, administração de conflitos e "escolha das batalhas" (este ponto é de extrema importância).

Muitas vezes me perguntam em que momento eu me senti mais realizada na minha carreira. Para mim, a resposta é: aqueles momentos em que eu me sentia desafiada e quando havia confiança nas relações, em especial forte relação de confiança com os meus líderes, além claro da sinergia com o meu time, e entendi a minha missão e propósito na organização. Confiança não é algo que podemos oferecer ao outro; ela é construída na relação, na convivência, no aprendizado, na troca.

O desafio de construir novas relações entre as equipes de diferentes origens e culturas e criar uma cultura e propósito comum, agregando valor ao negócio e às pessoas, também é um aprendizado de que me orgulho.

2) Educação e desenvolvimento profissional

Hoje, falamos muito de "FIT cultural" e depende muito de cada empresa quais as características que os profissionais necessitam para obter uma posição. Se pudesse destacar as que mais me chamam a atenção, diria empatia, resiliência, coragem, protagonismo, foco no cliente e no negócio, e habilidade para construir relações de confiança. Colocar-se no lugar do outro, saber ressignificar os acontecimentos e direcionar (redirecionar) sua trajetória, são pontos fundamentas que, na minha visão, compõem um profissional neste mundo incerto em que vivemos; após a pandemia, em especial, houve um grande ressignificado nas palavras carreira, sucesso e desenvolvimento.

Invista no seu autodesenvolvimento sempre, estabeleça relações de confiança, tenha flexibilidade, proatividade, vontade de aprender e de arriscar e, acima de tudo, olhar para o trabalho não somente como fonte de renda e, sim, como fonte de inspiração, sentido e realização. As pessoas precisam ter o mínimo de satisfação no que fazem e, se não estão satisfeitas, devem se questionar para alçar novos voos, corrigir rotas e buscar sempre o melhor de si em cada uma das atividades que escolherem executar. Quando essa escolha não for possível de ser feita, fazer da oportunidade um degrau para um sonho ou propósito de vida. Além disto, ter em mente que não existe sucesso sem esforço; não existe esforço com comodidade. Primeiro, a gente contribui, para depois ser reconhecido, e toda carreira é uma jornada.

3) Construindo uma base sólida no RH

Trabalhei em empresas que precisavam se estruturar e reestruturar em grande parte do tempo, com processos a serem definidos, simplificados, revisados, alinhados, com sua liderança que precisava entender os benefícios da evolução do RH como parceiro do negócio, da cultura, do foco na gestão de pessoas, novas competências e capacidades. E nessas, sem sombra de dúvidas, a possibilidade de fazer a diferença com pequenos avanços, de inovar, de se conectar com o negócio agregando valor, de desafiar o *status quo*, de se superar e se automotivar muitas vezes (e ao time) e de olhar para trás depois de algum tempo e se orgulhar de tudo o que foi construído é enormemente gratificante.

Mas, por outro lado, o dia a dia nessas organizações não é fácil, requer muita resiliência, tenacidade, paciência. A construção de processos, mudança de comportamento e evolução de cultura levam tempo, por isso requer perfis de talentos que tenham resiliência e proatividade como ponto forte, isto é fundamental.

Nestas organizações é fundamental também a construção de parcerias. Não adianta você ter um megaprojeto, por exemplo, se não tiver parceria e alinhamento prévio para aprová-lo. Parceria, compartilhamento e alinhamento não significam fragilidade e submissão.

4) Desenvolvimento de habilidades interpessoais

Saber ouvir e me conectar com o outro através de uma escuta ativa, de navegar nos diferentes níveis da organização, ter inteligência emocional, flexibilidade e resiliência para lidar com mudanças e incertezas, a capacidade de me conectar com as pessoas e o negócio, e compartilhar com os times uma visão de longo prazo, conectando o trabalho das pessoas com o propósito e estratégia do negócio e de suas expectativas de carreira, são competências que destaco na minha jornada.

Ter alta performance no RH e ser reconhecido como área de relevância está muito conectado com o impacto que temos no negócio, qualquer que seja o tipo de organização em que trabalhamos, a capacidade e satisfação de conseguir fazer a diferença no desenvolvimento das pessoas e no resultado do negócio. Quando construímos relacionamentos duradouros, de confiança com os principais líderes de um negócio, muitas vezes nos tornamos confidentes, *coachs*, mentores e, a partir desse lugar, influenciamos decisões importantes sobre o rumo das organizações, sendo um RH estratégico de fato e ter alcançado um "lugar na mesa". Ao "sentar-se à mesa", se posicionar e agregar valor para os seus *stakeholders*.

Por fim, direcione a estratégia de RH e de Gestão de Pessoas para os objetivos do negócio. Para isso, é importante que o profissional de RH tenha um conhecimento profundo sobre a empresa, sua estratégia e entenda seus planos de negócios, objetivos financeiros e estratégias comerciais; suportando assim todos os seus *stakeholders* e sendo parte destas decisões.

5) Lidando com desafios de gênero

Os estereótipos de gênero continuam sendo uma barreira bem relevante para um ambiente com mais equidade. Mas, em um mercado de trabalho amplamente dominado pelos homens, somos observadas em relação à maneira como nos vestimos, como falamos, nos portamos e como nos posicionamos com os nossos pensamentos e ideias.

Neste contexto, ao longo da minha carreira, seja na área de RH de diferentes empresas em que atuei ou como diretora na área industrial que liderei, procurei descontruir estes estereótipos e atuar sem abafar minha identidade feminina.

Ao longo da minha carreira mantive a sensibilidade e leveza feminina, sempre me posicionando com firmeza, entendendo do negócio, da estratégia e do contexto em que eu estava inserida. Não me questionava se seria respeitada ou não, me considerava na mesma posição sem qualquer questionamento de gênero e posso dizer que me orgulho de ser mulher e estar em meio a tantos desafios, ser reconhecida e respeitada, e não necessitar submergir minha identidade feminina para poder conduzir temas que eram tratados apenas no círculo masculino.

6) Estratégia de carreira a longo prazo

Ser protagonista permite assumir o papel principal na história de sua carreira, direcioná-la da forma que você acredita que faça sentido, assumindo riscos e desafios, com isso, toda a possibilidade de sucesso ou, ao menos, de aprendizados.

Ao longo da jornada, você vai aprimorando seu autoconhecimento, entendendo o que o move e movimenta, o que o faz sentir-se realizado, como você consegue contribuir e colaborar. Você não precisa fazer este processo sozinho. É muito importante ter pessoas que possam ajudá-lo ao longo do caminho, as que o conheçam, que o desafiem, que o ajudem formal ou informalmente na sua evolução.

7) Gerenciamento de equipe e liderança

Quando pensamos em liderança, logo pensamos em formação de individuo como lider e, dessa forma, acreditamos que devemos munir toda essa camada com treinamentos, quando, na verdade, esquecemos que esse líder precisa muito mais do que somente o "saber", ele precisa de experiências e exposição, de gostar de gente (gente de verdade), vivenciar e experimentar a liderança, conhecer o negócio, inspirar, ser exposto a situações desafiadoras e ter em mente que tentativa e erro (bem controlados) farão parte da sua jornada, e posso dizer que por grande parte do tempo. Outro ponto crucial é aceitar a sua vulnerabilidade e, a partir dela, aceitar a vulnerabilidade dos liderados. Numa das iniciativas de um Programa de Desenvolvimento de Liderança que fui desafiada a fazer juntamente com o meu time, trabalhamos os pilares de liderança através da arte, da filosofia, da música, da física, algo até então impensável para uma empresa com DNA tão tecnológico. Trabalhar os fundamentos da liderança e novos olhares pela arte contemporânea no Museo de Inhotim, por exemplo, pela gastronomia e topografia através do Restaurante "Topo do Mundo", foi muito gratificante e incrível ver a transformação das pessoas e relato dos líderes de que conduzir pessoas é um pacote completo, não é somente ter conhecimento/domínio técnico e gerenciar recursos, e sim fazer a gestão de seres humanos, suas histórias, anseios, expectativas e jornadas.

Os líderes precisam gostar de gente, aceitar as suas vulnerabilidades, estabelecer relações de confiança, desafiar o *status quo* (sempre com respeito às pessoas e histórias), aceitar desafios. Um líder deve ser inspirador, ter um estilo de liderança simples, comunicar de forma simples, ter foco nas pessoas, dar desafios, ritmo e direcionamento, deve estar disponível, precisa ter a liderança pelo exemplo ("Walk the Talk"). Do outro lado tem um ser humano com as mesmas necessidades de você, independentemente do seu nível na organização, e que irá ter ou não você como fonte de exemplo e inspiração.

Atualmente, para grande parte das pessoas não se trata apenas da remuneração. As pessoas desejam trabalhar para organizações com uma cultura forte, uma liderança inspiradora e um compromisso genuíno com o propósito e a ética. É isso o que os diferencia; afinal, as empresas são as pessoas e sem elas nada seria possível.

8) Inovação e adaptação no RH

Costumo usar muito o termo capilaridade, ou seja, esse fluir nas áreas é o que mais me atrai e conecta. Mantenha-se conectado em fóruns, artigos, seminários, congressos, entre outros, tenha capilaridade, conecte-se ao negócio para o qual você trabalha e não somente às tendências em RH, mantenha o seu *networking*. Estar conectada com diferentes pessoas e segmentos e áreas de negócios e transitar entre esses espaços faz com que o desenvolvimento seja uma constante evolução.

9) Mentoria e apoio à próxima geração

Nas organizações em que atuei sempre busquei manter constância nos propósitos, agregar, ter empatia, construir e ser protagonista, transformando. Entendo que o mundo muda a cada dia e que, se estivermos fora destes ciclos, não conseguiremos agregar; portanto aprender diariamente com as situações e condições impostas deve ser uma regra de vida.

As empresas passaram por muitas mudanças nas últimas décadas. Os impactos causados pela automação de processos, transformação digital, inteligência artificial e metodologia ágil evoluíram ao longo do tempo e, ainda hoje, são grandes desafios para o mundo corporativo e de RH. Portanto, apesar de já ser uma realidade, a transformação digital ainda é vista como um desafio por profissionais de RH, que estão vivenciando o surgimento de novas necessidades e precisam assumir um novo posicionamento na empresa, passando a ser um RH mais protagonista.

Ser um RH protagonista significa abandonar a postura de "esperar que as coisas aconteçam" para adotar o comportamento de gerador e potencializador de resultados, proporcionando e cultivando talentos, desempenhando um papel de destaque e transformando o rumo das pessoas e das organizações.

Nós podemos visualizar uma empresa a partir de dois tipos de personagens: os coadjuvantes, que fazem parte da história com pequenas interações e participações, e os protagonistas, que desempenham um papel de destaque e transformam os rumos da história.

Do mesmo modo, em uma organização, podemos classificar as diferentes áreas da empresa entre protagonistas e coadjuvantes. Em outras palavras, os que escolhem participar da história, e os que assumem o papel de agentes de transformação e de gerar mais e melhores resultados.

E você, qual a sua escolha nesse dilema?

10) Reflexões finais e recomendações

Gostaria de deixar para as pessoas a reflexão de que é preciso ter coragem e determinação para transformar os momentos desafiadores na trilha que nos leva para dias melhores. Dessa forma, construiremos um legado que inspirará outras pessoas para cuidar da vida coletiva regrada por princípios e valores éticos.

Para nós, mulheres, gostaria de compartilhar que conciliar família e carreira executiva não é fácil. O balanço na vida pessoal e profissional que tanto se fala talvez seja irreal; pessoalmente, acredito mais na integração desses dois importantes pilares como a melhor forma de administrar (a figura que melhor representa esse movimento e dinâmica para mim é a de um pêndulo).

Além disso, gostaria de deixar também a reflexão de que muitas pessoas passam grande parte de sua jornada sem saber, ao certo, qual é o seu propósito, suas motivações e, por isso, seguem cumprindo apenas a rotina que o dia a dia lhes impõe. Essas pessoas são aquelas que normalmente sentem-se mais "perdidas", estressadas, angustiadas, insatisfeitas e deslocadas no mundo e, para elas, nada nunca está bom o suficiente. Quando sabemos quem somos, do que gostamos ou não, o que nos faz felizes ou tristes, nos motiva ou desanima, nos provoca gratidão, dor, medo, angústia ou realização, temos mais condições de nos entender, explorar nossas habilidades e conhecimentos, e nos sentirmos mais realizados, felizes e satisfeitos, na prática. Do contrário, passamos a vida toda duvidando de nossas capacidades, insatisfeitos, mudando de emprego ou relação afetiva e, ainda assim, sem entender o que realmente nos faz realizados e felizes. Uma pessoa que tem claros os seus propósitos, também tem as suas angústias, seus conflitos, o diferencial é o fato de pautar as suas ações em seus valores e crenças e naquilo que deseja ser, ter e realizar ao longo de sua existência e jornada. O que importa é o que você leva desta jornada chamada vida.

É como dizia nosso grande escritor brasileiro Guimarães Rosa: "O correr da vida embrulha tudo, a vida é assim: esquenta e esfria, aperta e daí afrouxa, sossega e depois desinquieta. O que ela quer da gente é coragem".

Carreira e estratégia: desafios para quem quer prosperar

Débora Helena da Silva Pinto

LINKEDIN

É formada em Administração pelo CEFET/RJ. Possui doutorado em Sociologia pelo IUPERJ e mestrado em Economia pela Universidade Cândido Mendes. Tem pela mesma universidade uma pós-graduação em Gestão de RH. Recentemente, concluiu um MBA em Gestão Empresarial pela Universidade Cruzeiro do Sul.

É diretora de Recursos Humanos da Generali Brasil desde 2021. Como executiva na área de RH há mais de 20 anos, passou por grandes organizações: Ambev, TIM, CHEVRON, Merck, Brookfield, Michelin, Allianz Global Corporate & Specialty e MAG Seguros.

Também é coautora de algumas obras da Editora Leader e coautora de um capítulo do livro "Trajetórias Negras na Universidade", publicado pela Editora Uniedusul em 2020 (ISBN 978-65-86010-03-9).

Introdução

"Se conselho fosse bom, a gente não dava, vendia." Essa frase, de autoria desconhecida, faz parte do nosso senso comum e, embora haja muita gente que concorde com ela, quando pensamos em uma carreira bem-sucedida, quase sempre nos lembramos de conselhos de grandes líderes que conhecemos. Os conselhos podem ser traduzidos como fórmulas de sucesso que deram certo com determinadas pessoas, mas que não dispensaram o foco no objetivo, a dedicação e algumas ou muitas renúncias.

Por falar em renúncias, somos seduzidos o tempo inteiro por distrações, por programas sociais, por atividades aleatórias que também são importantes para nossas vidas, mas diante de um objetivo maior talvez pudessem esperar. Ao mesmo tempo, muitas vezes somos responsáveis em nossos lares por tantos afazeres domésticos que não sobra tempo para pensarmos em nós mesmos. E, quando queremos dar conta de tudo, começamos a falhar e a sofrer com a angústia e o sentimento de fracasso.

Quando pensamos em carreira, estimamos uma trajetória de longo prazo, aqui no Brasil, de pelo menos 30 anos. É inviável compreendermos nossa carreira apenas no operacional ou no tático diante deste horizonte temporal. É preciso refletir e estruturar uma estratégia adequada às aspirações de carreira individuais.

Neste capítulo, contarei um pouco da minha jornada na

área de Recursos Humanos (RH). Para seguir uma carreira nesta área, é preciso gostar de pessoas, embora isso pareça óbvio, e ter determinadas competências e habilidades. Para quem estiver disposto a trabalhar em uma área com conhecimentos e interações únicos, pois as pessoas são singulares, conheça minha estratégia e como tracei minha carreira, passo a passo.

Tudo tem o seu tempo

Sabendo então que a carreira é uma jornada extensa, não há como dissociá-la do nosso amadurecimento como pessoa ao longo do tempo. Para mim, esse amadurecimento foi muito importante para poder aprender a dizer não diante de algumas situações. Por outro lado, quando somos mais jovens, estamos mais dispostos a vivenciar e a experimentar coisas novas, saindo mais da zona de conforto, sem se importar e, se for necessário, realizar uma mudança quando algo desagrada.

No meu primeiro emprego, meu objetivo era ganhar dinheiro para pagar minhas contas e adquirir experiência. Ele surgiu graças ao meu curso técnico, que não foi no RH, mas na área industrial de uma grande empresa.

O curso técnico tem uma grande vantagem em relação ao ensino médio comum. É possível ingressar mais rapidamente no mercado de trabalho a partir do estágio. Durante o curso, o aluno é submetido o tempo inteiro a situações práticas e, quando entra numa empresa, precisa apenas aprender sobre sua cultura e processos pois, em geral, já conhece muito bem as técnicas, às vezes bem mais do que quem está há mais tempo na empresa.

Retornando ao meu primeiro emprego, quero dar ênfase a ele, pois representou a construção da minha base profissional, ou melhor, representou a minha escola profissional e foi onde fiquei por pouco mais de cinco anos. Ali me dei conta que passava a maior parte do meu dia e, consequentemente, acabou virando a extensão da minha vida pessoal. Todos os meus amigos e as minhas referências eram daquele lugar. Porém, eu fui descobrir depois que a reputação dessa empresa não era das melhores.

Até hoje, passados mais de 20 anos que deixei essa empresa, ainda escuto críticas a ela. Mas, como relatei anteriormente, foi minha primeira escola e, portanto, devo a ela minha gratidão.

Tudo o que passamos profissionalmente deve ser analisado em perspectiva. Independentemente de hoje em dia ter conhecimento e maturidade para avaliar criticamente determinadas situações que vivi no meu primeiro emprego, reconheço que a sabedoria que adquiri e competências que desenvolvi muito jovem e ainda cursando uma faculdade me diferenciavam de colegas da mesma faixa etária.

Se eu for mentora de um jovem que deseja ingressar no mercado de trabalho antes dos seus 20 anos, eu certamente recomendarei um curso técnico. Se este jovem estiver na faixa de 20 a 25 anos, já tendo concluído um curso superior, recomendarei primeiramente que ele faça uma pesquisa de empresas dentro da área de formação, cujas culturas se enquadrem com seu estilo de vida e necessidades.

Ressalto, porém, que, embora recomende o curso técnico, penso que esta é uma opção inicial, tática. É pouco provável ou quase impossível alguém conseguir construir uma carreira de longo prazo apenas com o curso técnico. Será necessário fazer uma formação superior ou mesmo uma especialização. Será preciso obter mais "credenciais acadêmicas". As empresas exigem cada vez mais conhecimentos dos seus funcionários e, embora a maioria invista em programas de treinamento e desenvolvimento, cada pessoa precisa fazer a sua parte e buscar seu autodesenvolvimento. Ter uma formação superior já é considerado uma *commodity*, ou seja, como os produtos agrícolas produzidos em larga escala, há um grande contingente de profissionais com nível superior. A concorrência no mercado de trabalho é grande.

Sobre a questão do estilo de vida e das necessidades, em verdade, são elementos que deveriam ser considerados em todas as fases profissionais do indivíduo. São aspectos que, quando não são respeitados, geram muito sofrimento, embora, às vezes, acabemos desprezando esta avaliação quando recebemos uma proposta de emprego, sobretudo quando a remuneração é elevada.

Na minha trajetória, me vi diante deste dilema e aprendi que a satisfação pessoal diante de uma remuneração muito boa, mas abrindo mão de outras coisas, é transitória.

Ao tratar deste tema, tenho o que chamamos "o meu lugar de fala", pois fiz muitas mudanças profissionais, conheci várias culturas, estilos de liderança e clima organizacional. Depois do meu primeiro emprego e do choque que tive ao ser desligada dele, num grande movimento de reestruturação organizacional, perdi minha referência e precisei ressignificar o que seria um bom emprego para mim, e que fosse coerente com meu momento de vida.

Tive a sorte de ingressar em uma empresa incrível, que me trouxe várias oportunidades profissionais e a mais importante poder trabalhar diretamente com o presidente dela. Mas acabei cometendo o mesmo erro da empresa anterior: transformar o emprego na extensão da minha vida pessoal e tê-lo como prioridade, em detrimento de outros objetivos.

Ter amizades no ambiente de trabalho é ótimo, é muito saudável. Por outro lado, as relações profissionais são, em essência, transacionais. De cada emprego, guardo até hoje no máximo duas amizades verdadeiras. O ponto aqui é: quando trabalhamos em RH, lidamos com informações muito sensíveis. Sabemos antecipadamente o que vai acontecer numa empresa. O RH precisa manter em sigilo suas informações. Nem todo mundo entende isso.

A partir do meu terceiro emprego, já contabilizando até este momento cerca de nove anos de experiência profissional, considero que já tinha atingido um melhor equilíbrio entre minhas necessidades e objetivos pessoais e minha vida profissional. Mas foi aí que veio outro grande desafio: fazer a gestão de pessoas.

Dentro do RH, fui inicialmente gestora de uma área mais técnica, Remuneração e Benefícios, em que eu tinha muita experiência. Consequentemente, isso me trouxe uma certa vantagem, pois meus liderados rapidamente me legitimaram como gestora, por esse motivo. Com o exercício do papel de gestora, sempre lembrando dos gestores que mais me marcaram positivamente, fui aos poucos me desenvolvendo. Ser gestor é uma via de mão-dupla, ou seja, seu estilo de gestão dependerá da equipe que você foi designado a liderar e esta, por sua vez, agirá de acordo com o seu próprio estilo.

Os erros que cometemos quando somos gestores, principalmente inexperientes, são mais visíveis do que quando estamos em outras posições. As cobranças são maiores e as expectativas sobre nós também. Isso provoca um estresse alto e, se não soubermos lidar com ele, acabamos ficando doentes ou desistimos da posição de gestão. Isso significa que apesar de mais *status*, mais autonomia e maior remuneração atribuídos ao cargo, o pedágio é saber administrar o estresse, gerir problemas e imprevistos.

Novamente, se estivesse atuando como mentora de um novo gestor, recomendaria que a primeira coisa a buscar fosse fortalecer o conhecimento na sua área, por meio de experiência prática ou cursos de formação específicos. Acredito também que seja muito importante se conectar com líderes bem-sucedidos que tenha conhecido, fortalecendo seu *networking*.

Depois de mais de 15 anos de gestão, atuando em posições de direção, o desafio profissional ficou ainda maior. É preciso sair o tempo inteiro da zona de conforto, lidar com imprevisibilidades e decisões muitas vezes impopulares dentro de um ambiente organizacional. A vantagem é que a essa altura da vida, como diz nosso famoso cantor brasileiro Roberto Carlos, numa de suas canções: "Se chorei ou se sofri, o importante é que emoções eu vivi".

Débora Helena da Silva Pinto

Eu escolhi o RH ou o RH me escolheu?

Disse anteriormente que ingressei no mercado de trabalho por meio de um curso técnico na área industrial de uma grande empresa, com mais de 2.000 funcionários. Eu era como um arbusto no meio de uma floresta. Mas, afinal, como cheguei no RH?

Havia uma prática muito boa na empresa, que é a do recrutamento interno. Apesar de ainda estar cursando a faculdade naquela época, me inscrevi numa vaga para trabalhar na área de RH. Havia diversos candidatos. Eu fui selecionada juntamente com outra colega da área industrial, que hoje, como eu, também é diretora de RH.

Não entendia bem o que a área fazia. Foi então que minha gestora disse para eu ficar próxima a outra funcionária da área para aprender o trabalho. Estava começando a ficar bastante empolgada e com apenas um mês já conseguia convergir os aprendizados da faculdade com o que via na empresa.

Até que, numa manhã de segunda-feira, minha gestora me chamou e disse que acabara de fazer o desligamento da funcionária que estava me ensinando e que uma turma com 40 novos funcionários estava me aguardando para a integração. Enfim, tive que encarar esse desafio e foi ótimo. Assumi o posto me dedicando ao máximo, buscando ajuda de pessoas de outras áreas, criando vínculos e padrões.

Num primeiro momento, tive receio de não conseguir responder ao que se esperava do posto, mas eu me entreguei ao desafio com coragem. E isso é muito importante: quando nos dedicamos e damos o nosso melhor, não há como não ser bem-sucedido.

Com a mudança para o RH e o novo horário de trabalho em jornada administrativa, tive bastante dificuldade com meus horários na faculdade, inclusive perdi matérias por falta, chegava atrasada, contava muito com outros colegas de classe para me passarem a matéria. Hoje vejo que deveria ter dosado melhor as responsabilidades do trabalho em relação às acadêmicas.

Fazendo uma retrospectiva, como na conhecida "jornada do herói", de Christopher Vogler e Joseph Campbell, fui chamada ao desafio de trabalhar em algo completamente novo: a área de RH. Tive muitos conflitos interiores e achei que iria fracassar quando me vi sozinha no posto. Tive a chance de receber o apoio de funcionários da empresa, descobri novas habilidades que eram fundamentais para essa nova área, tais como: relacionamento interpessoal, trabalho em equipe, comunicação e organização. Nessa minha jornada, na área de RH, fiz aliados, mas também encontrei pessoas egoístas, com interesse em prejudicar. Infelizmente, naquela empresa, a metodologia de pagamento do bônus favorecia este tipo de comportamento, pois apenas metade dos funcionários de cada área seria elegível a esta remuneração variável.

Precisei refletir em diversos momentos sobre minha escolha na nova área, pois o ritmo de trabalho estava me prejudicando demais. Não tinha qualidade de vida, me alimentava mal, dormia pouco e não fazia exercícios. Segui confiante na minha jornada e mudei de posto dentro da área, ou seja, vivi outra transformação. Em verdade, foi outra provação atuar como consultora de RH. Tornei-me uma profissional mais forte. Ao deixar de atuar em um posto de especialista, sabia que num eventual corte de pessoal estaria em risco. E foi o que aconteceu quando fui desligada. Isso representou um choque no primeiro momento, mas muitas oportunidades logo depois.

Como identificar e buscar o seu diferencial competitivo?

Quando perdi meu primeiro emprego, por mais que eu tivesse um histórico de excelentes desempenhos e um bom currículo, rapidamente pude perceber que existiam milhares de pessoas melhores do que eu, com o mesmo objetivo: tentando encontrar trabalho.

Cheguei a pensar que talvez o ideal fosse mudar de estratégia, parar de procurar emprego e migrar para a área acadêmica. Tentei, mas não consegui. Concluí que não poderia desistir e deveria encontrar o meu diferencial competitivo até conseguir ingressar em alguma empresa.

Parei para uma reflexão: avaliando primeiramente minha formação, identifiquei que tinha uma formação sólida e falava idiomas. Depois, avaliando minhas habilidades, sempre me considerei uma pessoa organizada, com ótima comunicação oral e escrita e muito rigorosa com normas. Ou seja: eu tinha muitos atributos que interessavam às empresas, mas o que estava faltando? Saber mostrar o lado prático disso tudo. O saber fazer, as atitudes são tão importantes quanto as competências e habilidades. Passei a levar exemplos dessas atitudes para os processos seletivos e comecei a ter êxito.

Quando já estava em posições de liderança em RH, a necessidade de ilustrar situações vividas, em que precisei lidar com desafios e fazer gestão de pessoas em situações de crise, passou a ser algo fundamental para comprovar que estava preparada para assumir determinados papéis.

A atualização periódica na área de atuação, independentemente da posição, com a realização de cursos, participação em congressos, fóruns de discussão, mentorias também agregam bastante na formação do profissional de RH.

Mas não adianta sair se matriculando em vários cursos se esta não for sua lacuna. Cada profissional deve se autoavaliar periodicamente para identificar quais são suas lacunas verdadeiras, estejam elas nas competências, nas habilidades ou nas atitudes e buscar resolvê-las. Atitude sem conteúdo é algo raso, isto é, não é sustentável numa atuação profissional.

Reflexões finais

Finalizo com meus conselhos para uma carreira próspera na área de RH:

- Reconheça o seu valor e não permita que subestimem sua capacidade intelectual e profissional.
- Compartilhe o seu conhecimento e a sua história com os mais jovens e seja grato por ter chegado até aqui.
- Lidere sua equipe com amor e dedique tempo para não falar de trabalho com ela.
- Busque sempre dar o seu melhor e aceite, com humildade, que existirá alguém melhor do que você em quem possa se inspirar e aprender.

Finalmente, não desista dos seus sonhos de carreira: construa a sua própria estratégia para alcançá-los, chore suas derrotas, afinal, fazem parte do percurso, e celebre suas conquistas com quem você ama!

O coração da liderança: como a Inteligência Emocional transforma e impulsiona o sucesso organizacional

Débora Martins Mendonça Thompson

Psicóloga com mais de 15 anos de experiência na área organizacional, já atuou como Executiva de Recursos Humanos em grandes empresas, possui pós-graduação em Gestão de Pessoas e MBA em Gestão Empresarial, é Professional & Self Coaching e Analista Comportamental.

Sua missão é desenvolver pessoas para que elas encontrem o seu propósito e vivam sua melhor versão, conquistando resultados de acordo com os seus objetivos, além de contribuir com as organizações, para que alcancem suas metas através das pessoas.

Atua em todos os subsistemas de Recursos Humanos, com sólida experiência em recrutamento e seleção, treinamento e desenvolvimento, cargos e salários, endomarketing, eventos internos e programas de liderança. É consultora, mentora e palestrante em temas relacionados a gestão de pessoas.

A porta de entrada do RH é o subsistema de Recrutamento e Seleção. É amplamente conhecido que o Quociente de Inteligência (QI) é o principal fator de decisão em uma contratação, embora seja o Quociente Emocional (QE) o grande responsável pelas frequentes demissões. Mesmo diante de tantas pesquisas e dados, sobre a relevância das *soft skills*, as *hard skills* ainda se sobressaem perante uma tomada de decisão, por isso, é relevante abordar cada vez mais os aspectos comportamentais no mundo corporativo, já que eles são essenciais para garantir não só a efetividade do processo seletivo, bem como para manter o profissional na organização com alta performance.

Muitos requisitos são exigidos em cargos de liderança, tais como: resiliência, visão sistêmica, gestão do tempo, autonomia, foco em resultados, adaptabilidade, dentre outras, e tudo isso constitui um profissional com diferencial competitivo no mercado. No entanto, a maioria das pessoas não possui a Inteligência Emocional como um ponto forte, e na minha visão essa competência é o cerne da liderança.

A Inteligência Emocional, que a partir de agora chamarei de IE, é a capacidade de identificar, reconhecer e lidar com as nossas emoções e sentimentos e com as dos outros, para nos comportarmos adequadamente em uma situação. Mostrarei como ela fez e continua fazendo total diferença na minha atuação como líder e de que forma contribuiu para obtenção de resultados que não seriam possíveis sem esse elemento chave.

Não é incomum ouvir relatos de maus gestores, profissionais que, mesmo sendo bons tecnicamente, não possuem os requisitos para liderança e o impacto disso é gigantesco. Tive um chefe que possuía um conhecimento técnico profundo, porém, demonstrava vários comportamentos inadequados, como: bater a mão na mesa, xingar, humilhar as pessoas, que saíam da sala chorando, além de ser arcaico e machista. A repercussão disso nos indicadores relacionados à gestão de pessoas era assustadora: dificuldade na contratação e retenção de bons profissionais, clima organizacional ruim, queda da produtividade, aumento do absenteísmo e, óbvio, resultado abaixo do esperado.

Por outro lado, tive líderes que foram exemplos e atuaram como mentores para mim, contribuindo para eu moldar minha forma de agir. Por várias vezes, em circunstâncias difíceis, eu pensava: "O que ele faria? Como ele conduziria esta situação? Ambas as experiências trouxeram aprendizados e me oportunizaram escolher de que forma conduzir um time e irei contar aqui um pouco dessa vivência.

Eu sou a Débora Thompson, psicóloga, especialista em gestão de pessoas, mãe, filha, esposa, amiga, esportista, amante da culinária, dona de casa e apaixonada pelo desenvolvimento humano. Assim como a maioria das mulheres, exerço múltiplos papéis e responsabilidades e minha jornada profissional sempre foi de grande valia para mim, inclusive para minha realização pessoal, pois amo o que faço.

Atuo com Psicologia organizacional há mais de 15 anos e, ao longo de minha carreira em RH, sempre utilizei os conhecimentos adquiridos na graduação para fundamentar práticas como líder e responsável pela área de gente das organizações, pois a Psicologia me trouxe o olhar humano para o indivíduo dentro de uma companhia e esse entendimento faz toda a diferença no cotidiano, pois compreender o que a pessoa pensa e como ela se comporta no ambiente de trabalho repercute direta ou indiretamente nos resultados.

O primeiro contato com liderança de que me lembro foi aos 12 anos de idade, quando tive a oportunidade de liderar um grupo de jovens da comunidade da igreja da qual eu participava. Essa experiência foi fantástica e recomendo que os jovens exercitem, ainda na adolescência, uma tarefa que exija novas descobertas, pois, mesmo que naquele momento eu ainda estivesse distante de decidir sobre minha carreira, o fato de estar inserida nesse ambiente e ter a responsabilidade de conduzir um grupo de pessoas ampliou meu *mindset* e me fez desenvolver habilidades que são essenciais na minha profissão, tais como: planejamento, senso de urgência, trabalho em equipe, oratória e, claro, a inteligência emocional, já que, em diversos momentos, tive que lidar com conflitos, situações estressantes e tomadas de decisão importantes e, com empatia e um bom relacionamento interpessoal, essas situações foram superadas com mais facilidade.

Um conjunto de fatores contribuiu para que eu fosse vista como uma líder inspiradora pelos meus liderados e isso, para mim, tem um valor inestimável. As experiências na adolescência fizeram com que eu adquirisse maturidade muito cedo, a formação em Psicologia me forneceu fundamentos técnicos para entender e lidar com pessoas de forma mais assertiva e minha caminhada foi me dando robustez para ser a profissional que sou hoje. Porém, considero a IE como um grande impulsionador na minha carreira. É ela que me tem permitido resolver conflitos e evitar confrontos, que colabora para que eu tenha um posicionamento assertivo no ambiente corporativo, dando-me condições de saber quando eu devo falar ou me calar, que me faz conduzir reuniões com sabedoria e transmitir uma mensagem de forma clara e objetiva, sem precisar me exaltar ou simplesmente impor minha opinião e, principalmente, que me faz conduzir uma equipe no caminho do sucesso, mesmo diante das dificuldades encontradas no trajeto. E a melhor notícia é que a IE pode ser desenvolvida.

Débora Martins Mendonça Thompson

Como desenvolver a Inteligência Emocional?

Daniel Goleman propôs 5 pilares da IE que facilitam o entendimento e nos ajudam a colocar em prática. Sendo assim, os compartilho a seguir, exemplificando como eu os utilizo na minha vida:

– Autoconhecimento

É ter consciência sobre si mesmo, e minha prática em RH permite afirmar o que muitas pesquisas já revelaram: a maior parte da população possui dificuldade de falar de si mesma, não conseguindo identificar ou reconhecer suas fraquezas e fortalezas. As pessoas não possuem o hábito de analisar suas emoções, e quando se sentem tristes e alguém pergunta o motivo, geralmente elas não identificam a causa raiz e não sabem explicar exatamente porque se sentem assim, ou percebem superficialmente, não sendo capazes de ressignificar e transformar a emoção ruim em algo positivo, que traga aprendizado.

Por essa razão, é importante pensar nos nossos sentimentos e no porquê de nos sentirmos assim e, ainda, como podemos gerenciar essas emoções. Para auxiliar no autoconhecimento, há diversas ferramentas, tanto psicológicas quanto comportamentais que identificam as competências. Quando se tem esse direcionamento, a pessoa consegue fazer conexões e ampliar os aspectos positivos e desenvolver aqueles pontos que são vistos como fragilidades. Além disso, uma mentoria, com um profissional qualificado, pode trazer ganhos significativos para o gerenciamento, não só das emoções, mas para o aprimoramento de competências no geral. Outra dica para explorar o autoconhecimento é anotar como você se sentiu ao longo do dia e o que gerou essas emoções, bem como solicitar *feedback* para colegas, pares, líderes e/ou liderados, pois a percepção do outro sobre você agrega para o seu crescimento.

– Autorregulação

O controle dos pensamentos, das emoções e dos comportamentos capacita a pessoa a lidar com uma situação difícil e estressante de forma mais leve. A partir do momento em que você se conhece, consegue prever como irá se comportar em determinada situação. Portanto, pode se antecipar, pensando qual comportamento seria mais adequado diante de uma determinada situação e, quando acontecer algo semelhante, consegue reagir de forma mais adequada.

Quando um líder possui a capacidade de autorregulação, é capaz de manter a calma em situações de conflito e estresse e tomar decisões racionais e bem fundamentadas. Algumas técnicas contribuem para adquirir mais controle, tais como: meditação, *mindfulness*, exercícios de respiração e outras práticas que fazem você se sentir bem, por exemplo, há pessoas que praticam luta, e isso alivia o estresse e faz com que elas não reajam a um estímulo ruim através de um comportamento explosivo. No meu caso, o *crossfit* é uma atividade que colabora para minha autorregulação, já que sinto mais controle sobre minhas emoções, além de ajudar na manutenção da minha saúde, tanto física, quanto mental, que é outro fator primordial para o trabalho.

– Empatia

Compreender o outro e expressar compaixão pelo sentimento dele é uma atitude grandiosa, acredito que entender o ponto de vista do outro, suas perspectivas e sentimentos e externalizar um comportamento que ajude a mudar a circunstância, amenizando ou aliviando a situação, é um gesto que faz toda a diferença. Você pode fazer isso através de escuta ativa, gerando um aumento de confiança na relação.

– Habilidades Sociais

Influenciar pessoas é uma das funções do líder, e a comunicação eficaz, o trabalho em equipe e a resolução de conflitos são práticas que profissionais com uma boa habilidade social possuem e que geram efeitos excelentes. Dessa forma, podemos adotar ações como: ter atenção na forma de se expressar, seja na comunicação verbal ou não verbal; ter coerência entre o que se diz e se faz; cumprir os acordos feitos; resolver situações conflituosas de forma imparcial. Essas são algumas formas de tornar-se referência e inspiração para as pessoas.

– Automotivação

A motivação é algo intrínseco, por isso, quando pretendemos motivar alguém, de fato, o que fazemos é dar um estímulo para que a pessoa queira fazer algo. E a automotivação é a sua própria capacidade de gerar estímulos para que você consiga realizar o que deseja. Ter um propósito, estabelecer etapas para alcançar o objetivo final, se recompensar quando atingir algo e comemorar as pequenas vitórias são fatores que aumentam a automotivação. No dia a dia, é fácil perceber líderes desmotivados e que, por consequência, têm equipes que são o seu reflexo, cujas entregas são aquém do potencial. É claro que, como seres humanos, não conseguimos nos manter motivados 100% do tempo, mas ter disciplina e resiliência no alcance de uma meta contribui para que o líder conduza a equipe para uma alta performance.

Benefícios da Inteligência Emocional no mundo corporativo

- **Gestão de conflitos:** o líder age como intermediador, mantendo a harmonia e conduzindo a situação para a solução, evitando confrontos e desgastes.

- **Clima Organizacional saudável:** quando o líder possui IE, há maior segurança psicológica e o time se engaja, criando um ambiente colaborativo, com trocas de conhecimento, mantendo uma relação ganha-ganha.

- **Tomada de decisão:** as decisões são fundamentadas em fatos e dados, considerando seu impacto no médio e longo prazo e essa ação tende a favorecer o atingimento de resultados.

- **Inovação e adaptabilidade:** a IE de um líder habilita as pessoas a se sentirem confiantes para fazer sugestões, promover mudanças e inovações, estimulando o alcance dos objetivos.

- **Aumento da produtividade:** em uma equipe coesa, com metas claras, objetivas e possíveis e em um ambiente seguro, com valorização e possibilidades reais de crescimento e aprendizado, a produtividade é consequência, o líder colherá os frutos que plantou, tendo uma equipe de alto desempenho.

Estratégias para maximização do potencial através da Inteligência Emocional

Costumo adotar algumas práticas na gestão de equipes, que são vistas pelos meus liderados como um diferencial para a sinergia do time e entrega de resultados, que citarei a seguir:

Encontros mensais de desenvolvimento de competências

Delegar um colaborador por mês para elaborar e conduzir um *workshop* de *soft skills* para a equipe. A prática sempre foi muito rica, com trocas de conhecimento e a evolução é percebida na forma de condução, com mais propriedade e segurança, além de gerar cada vez mais entrosamento do time e aprimoramento da comunicação, argumentação, negociação e do relacionamento interpessoal. Ademais, tive *feedbacks* de liderados que me relataram outros ganhos com a atividade, como o controle da ansiedade, da timidez e do medo de falar em público.

Valorização e reconhecimento

Para demonstrar o quão importante cada membro da equipe é na construção do todo, solicito a presença da família no momento de uma promoção, faço um *feedback* público em agradecimento e reconhecimento a uma conquista feita individualmente, celebro as datas comemorativas, que por vezes passam em branco, como o dia da profissão, no caso da minha equipe, o dia do Profissional de RH sempre foi especial, em homenagem à dedicação que cada pessoa tem no cotidiano, fazendo a diferença na empresa. E procuro fazer coisas simples, mas simbólicas e personalizadas para se tornarem inesquecíveis.

Proporcionar experiências

Fazer atividades vivenciais, em que cada um pode exercitar um papel distinto e olhar uma situação corriqueira de um ponto de vista diferente, é muito interessante. Isso pode ser feito de várias formas, eu gosto de utilizar o *Job Rotation* (rodízio de funções dentro da equipe), *Team Building* (formação de equipe com técnicas de integração e colaboração com o objetivo de ter um time mais produtivo), o TEAL (treinamento experiencial ao ar livre, com desafios para trabalhar as competências desejadas). Sugiro fortemente que façam essas experiências, pois elas elevam o patamar de seu time.

Mentoria com os liderados

Tenho o hábito de fazer encontros individuais com os

membros do time mensalmente, mas, de acordo com a necessidade, escolho um liderado para fazer sessões de mentoria comigo, em geral, os encontros são semanais, com uma hora de duração e eu atuo apoiando e direcionando a pessoa nas ações propostas no PDI (Plano de Desenvolvimento Individual), essa assessoria agiliza os resultados e você enxerga o profissional deslanchar na carreira, ah, e isso, para mim, não tem preço!

Inteligência Emocional como chave para o sucesso!

Liderança para mim é: inspirar uma pessoa comum a gerar resultados extraordinários através do desenvolvimento de sua melhor versão! Dessa forma, acredito veementemente que o líder tem o poder de transformar uma equipe e os resultados de uma organização. Sabemos que a função de liderança é complexa e requer o desenvolvimento de muitas competências e o aprendizado deve ser contínuo. Todavia, quando o líder é protagonista, tem um propósito e utiliza a Inteligência Emocional, com certeza terá sucesso nessa jornada, conquistando objetivos e metas e impactando positivamente a vida das pessoas, pois, afinal, o líder que possui Inteligência Emocional faz com que as coisas aconteçam, sendo assim, faço uma analogia da empresa com o corpo humano. O corpo, para funcionar corretamente, precisa que o coração bombeie sangue para todas as partes do organismo, eu enxergo a Inteligência Emocional como o coração do negócio, que impulsiona os líderes e os departamentos para o funcionamento sistêmico e, sem esse aspecto, a companhia entra em colapso, por outro lado, quando funciona de forma eficiente e eficaz, o sucesso organizacional vem à tona, diferenciando a empresa no mercado, que passa a atingir os resultados esperados, se tornando referência.

Coragem para mudar, crescer e transformar

# Déia Nunes

LINKEDIN

Gente, Gestão, ESG e Comunicação Corporativa no Grupo Casas Bahia. Profissional com quase 30 anos de experiência, atuando nas áreas de Gente, Gestão, Sustentabilidade e Comunicação Corporativa. Com carreira construída entre varejistas como Walmart México e América Central, Walmart Brasil, Wine E-commerce de Vinhos, Studio Z Calçados e Grupo Casas Bahia. Também passou por consultorias, *startups* e indústrias. Sua ampla experiência é multicultural, tendo trabalhado em diferentes países da América Latina, e inclui ainda vários anos de pesquisa científica sobre gênero, que se refletem no seu compromisso pessoal com Diversidade, Equidade e Inclusão. É psicóloga e mestre em Psicologia, com ênfase em Diversidade e Inclusão, pela Universidade Federal do Espírito Santo (Ufes), e possui MBA em Varejo pela Coppead UFRJ. Ao longo de sua carreira, especializou-se em Mediação de Conflitos Organizacionais, Transformação Cultural, Eneagrama, Teoria Integral e Complexidade das Organizações. Fortalecendo o seu compromisso de desenvolver pessoas e negócios, compartilha seus aprendizados atuando também como conselheira e mentora voluntária de profissionais e *startups*.

Quantas mudanças são possíveis presenciar em um ano? Ou em cinco? Dez? Vinte anos?

Mais do que nunca, das poucas certezas que podemos ter ao longo da vida, seja na nossa trajetória pessoal e na nossa carreira, a mais desafiadora e, ao mesmo tempo, reconfortante, é a de que as mudanças estão logo ali, dobrando a esquina. Digo isso como uma entusiasta e uma eterna estudante de culturas e mudanças.

Um estudo muito popular da McKinsey diz que cerca de 70% das iniciativas de mudança nas empresas falham em atingir os seus objetivos, tendo a resistência com um dos principais fatores de insucesso.

Mudar é uma das certezas mais desafiadoras, porque nem sempre é possível prever o grau e a magnitude da transformação que uma mudança pode trazer. Mas quando digo também que a mudança pode ser uma certeza reconfortante, penso no quanto compreender e acolher a impermanência do estado das coisas pode nos trazer alívio, otimismo e até vislumbrar um futuro melhor para nós e para as nossas organizações.

E não é por acaso que escolhi abrir este capítulo falando sobre mudar, na verdade, é por uma razão bastante importante para mim e espero que faça muito sentido para você também mais à frente.

Liderando áreas de Gente & Gestão há quase 30 anos, posso

dizer que o profissional de RH todos os dias passa a ocupar um papel ainda mais estratégico e essencial na experiência, acolhida, preparação e apoio às lideranças diante das transformações e mudanças, cada vez mais constantes, no mercado e no mundo.

Dificilmente eu estaria compartilhando a minha história neste livro, se não tivesse tido a coragem de encarar a mudança nos olhos e sair andando de braços dados com ela mundo afora. "Mundo afora" porque a mudança começou pelo meu endereço, ainda quando eu era criança.

Gosto de brincar e dizer que sou uma cidadã do mundo, mas, para todos os efeitos, quando perguntam a minha naturalidade, digo logo que eu sou "carioxaba", uma carioca de nascimento que ainda muito pequena mudou para o Espírito Santo, com a família; agradeço e respeito minhas origens e o que aprendi e aprendo com cariocas, capixabas e com todos que passam pelo meu caminho e contribuem para o meu desenvolvimento.

Sou uma "carioxaba" que também morou em outras cidades do Brasil e da América Latina, tendo trabalhado no México, Costa Rica, Guatemala, Honduras, El Salvador e Nicarágua.

Minha mudança mais recente me trouxe de Florianópolis para São Paulo para conduzir um desafio no Grupo Casas Bahia.

Mas a afeição e simpatia pela mudança e pelas transformações não se restringem, obviamente, às minhas andanças geográficas. Eu sou psicóloga de formação e com um compromisso e carinho imenso por Diversidade, Equidade e Inclusão, que sempre foi tema dos meus estudos e pesquisas ainda na faculdade, área na qual tive oportunidade de aperfeiçoar meus estudos no mestrado.

Uma oportunidade que me ensinou muito sobre ser agente de mudança de mentalidade e de comportamento onde eu estiver, seja no dia a dia de uma empresa ou na sociedade de modo geral.

E é sobre como encarar as mudanças e se tornar um agente

de transformação no meio em que vivemos, principalmente na área de Gestão de Pessoas, que vamos falar!

Quando volto às minhas memórias de infância, lembro o quanto eu gostava de aprender, lia de tudo, era curiosa e dedicada nas pequenas e nas grandes coisas. E essa vontade de aprender e me autodesenvolver segue comigo até hoje.

Para mim, o conhecimento liberta, enquanto o autoconhecimento nos faz ir mais longe; conhecer e aceitar nossa luz, nossa sombra, nossas potencialidades e limitações são grandes passos na jornada do autodesenvolvimento e quando conseguimos unir essas duas habilidades, conhecimento e autoconhecimento, nos tornamos mais fortes perante as mudanças inerentes ao processo de crescimento. Falo isso porque foi o que aconteceu comigo.

A minha trajetória na área de Pessoas se iniciou em 1995, como estagiária de RH na indústria metalúrgica. Em 1996 comecei a trabalhar como Coordenadora de Recursos Humanos na área hospitalar, na qual fiquei até março de 1999.

No mesmo mês e ano, tive o meu primeiro contato com o segmento que fez meu coração bater mais forte e onde atuo até hoje: o varejo. Comecei no varejo capixaba, mas meu sonho sempre foi fazer carreira internacional.

Falava com frequência para a minha mãe: "Eu vou para São Paulo e de São Paulo para o mundo".

Para mim, "Sampa", como gosto de chamar carinhosamente essa terra que me acolheu, era uma escolha estratégica, significava "um mundo novo" que eu precisava desbravar. Muito pelo conhecimento que essa experiência me traria, como pela oportunidade de ampliar os meus horizontes, minha rede de conexões e meu autodesenvolvimento. Nessa época também estudava o MBA em Varejo, na Coppead UFRJ.

Em 2002, então, eu vim. Com um sonho, algumas economias e sem emprego, só conhecia cinco pessoas na cidade: Glaucia Dotti, Ricardo Lima, Lorraine Barbosa, Elisa Mueller e João Roncatti. Eles tinham a força de uma multidão e me abriram portas nunca imaginadas, e pelas quais sou profundamente grata.

Dizem que, quando a gente se abre para uma mudança, o universo se encarrega do resto. Trabalhei dois anos em São Paulo, atuando em uma consultoria especializada em RH, passando por todos os ecossistemas e processos da área, até que outra grande mudança viesse bater à minha porta e, dessa vez, essa ultrapassava fronteiras, como eu sempre sonhei, uma posição de RH para a América Latina e o primeiro país em que fui trabalhar foi o México; e me apaixonei.

O México foi, sem dúvidas, a experiência que mais acelerou o meu desenvolvimento pessoal e profissional e o "sim" que mudou os rumos da minha carreira e da minha vida.

Aprender uma cultura diferente, ver o novo através do olhar local, sentar-se e observar, conviver com a riqueza cultural das famílias mexicanas, ter vizinhos de diferentes países, visitar museus, admirar o colorido das tradições e os povos mágicos mexicanos e fazer amigos que são parte de minha família hoje foram presentes muito maiores do que eu pensava encontrar quando mudei de país.

O escritório ficava em uma rua que se chamava Tlacoquemécatl, praticamente uma palavra trava línguas e eu nem falava espanhol! Isso seria um capítulo à parte, com todos os furos de idioma que cometi, muitos risos, algumas vergonhas e muita paciência de todos que me acolheram e me ensinaram a ser mexicana, sim, me naturalizei mexicana por opção.

Além disso, ter a oportunidade de trabalhar em uma consultoria boutique de estratégia, especializada em Balanced scorecard, foi transformador, passei a aprender e viver o negócio de cada cliente com foco em gestão, execução de estratégia, indicadores de resultado e desenvolvimento dos colaboradores em cargos críticos.

E em 2008 tive um convite para trabalhar no maior varejista do mundo, o Walmart, e lá fui eu mais uma vez, abraçando uma das decisões que mais me desafiaram e me trouxeram mudanças e aprendizados nos anos seguintes.

No Walmart vivi uma forte cultura organizacional em que as pessoas podem crescer e se desenvolver. Tive a oportunidade de mudar de área anualmente e aprender muito, com pessoas especiais, dedicadas e com paixão de ensinar.

Em 2009 o Walmart do México fez uma fusão com a operação do Walmart da América Central e trabalhei no projeto de integração dos seis países. Seis moedas diferentes, seis legislações trabalhistas diferentes, tradições diferentes, oceanos Atlântico, Pacífico e Mar do Caribe ao redor de terras lindas e com pessoas com muita vontade de transformar e vencer.

Em alguns momentos eu acordava e precisava lembrar em qual país estava, em qual cidade estava, em qual hotel estava. Viajava muito, vários voos, diferentes aeroportos, já conhecia a maior parte da tripulação das companhias aéreas, porque viajava com frequência.

Seis países onde todos falam espanhol, mas espanhol diferente e igual ao mesmo tempo, gíria em um lugar poderia ser palavrão em outro, elogios em um lado e informalidades em outro. Cada país com suas particularidades de idioma, seu sotaque, suas expressões regionais que apaixonam quem tem a oportunidade de conviver com "ticos", hondurenhos, guatemaltecos, nicaraguenses, salvadorenhos e mexicanos.

Voltei para o Brasil em 2014, agora no Walmart Brasil, e em 2017 foi um momento de alçar novos voos, tive uma breve passagem pela indústria farmacêutica e e-commerce de vinhos (querida Wine) e em 2019 pousei na Studio Z e na Ouze, empresas familiares, em Florianópolis, experiência que complementaria ainda mais minha visão de negócio.

As empresas familiares são uma grande potência do mercado brasileiro, segundo dados do Sebrae e do IBGE, 90% das empresas do país são familiares e geram 65% do Produto Interno Bruto (PIB), empregando 75% da força de trabalho nacional.

Poder olhar o negócio sob a perspectiva dos donos e atuar ao lado, apoiando-os nas tomadas de decisão, por si só já foi uma vivência enriquecedora, mas tivemos alguns temperos adicionais que intensificaram o meu processo de aprendizagem e agradeço imensamente a Dona Walma, Sr. Mario, Kiko e Juliano pela generosidade com que me receberam em sua empresa e sua família.

Pouco tempo depois da minha chegada, o mundo entrou em pandemia em decorrência do coronavírus e, com isso, novos desafios diários passaram a demandar o desenvolvimento de habilidades que no mundo "normal" nem imaginávamos que precisaríamos ou poderiam existir. Tudo se transformou, acelerou e fizemos dar certo.

Mais uma vez eu cresci, e mais do que aprender sobre profissionalização de empresas familiares brasileiras com foco na perenidade do negócio, aprendi ainda mais a respeitar e honrar a história de quem idealizou e empregou esforços gigantescos para tirar um sonho do papel e transformá-lo em potência nacional.

No início de 2024, retornei a São Paulo, com a minha visão transformada, me sentindo profissionalmente mais completa e apta a contribuir a partir de uma visão mais holística sobre a mudança nos negócios.

Costumo dizer que mudar é evoluir, transformar, e isso passa pela perspectiva pessoal e profissional, abraçar em certos momentos o desconhecido e as possibilidades do vir a ser.

Como mencionei no começo do capítulo, ao longo da minha trajetória de carreira, a mudança e a transformação estiveram sempre presentes e com isso venho ajudando empresas a reinventar ou transformar seus negócios com as pessoas, além de atuar como diretora de Gente, Gestão e Sustentabilidade, busco fazer a diferença como mentora voluntária de profissionais e *startups* e conselho de empresas.

Quando olho em retrospecto para minha história, vejo que a combinação de conhecimento, autoconhecimento e mudança representam três grandes constantes ao longo da minha vida.

O conhecimento se transforma o tempo todo, assim como nós mesmos ao longo da nossa trajetória. Dominar uma nova tecnologia hoje não é o mesmo que dominá-la amanhã. Se conhecer hoje, certamente, não será o mesmo que se conhecer amanhã, se você é um profissional que busca a sua evolução todos os dias.

Aprendo e erro todos os dias, hoje sou mais generosa comigo mesma e me aceito como sou. E isso se transpõe para a minha forma de desenvolver, gerenciar e impulsionar os profissionais que passam pela nossa trajetória, enquanto ocupamos os diversos papéis dentro da área de Gestão de Pessoas.

Diversidade para mudar e cocriar

Cada pessoa tem um papel importante na nossa jornada de transformação e de mudança, cada pequeno gesto por abrir um mundo novo. Foi assim com os meus amigos que me acolheram e me impulsionaram quando cheguei em São Paulo e foi assim também com a professora, Zeidi Araujo Trindade, que lecionava na Universidade Federal do Espírito Santo, onde me formei em Psicologia em 1996. Ela era pesquisadora e fez com que eu me apaixonasse pelo universo da pesquisa de gênero com ênfase no desenvolvimento feminino.

Durante toda a minha graduação fiz pesquisas pelo Conselho Nacional de Desenvolvimento Científico e Tecnológico (CNPq), desenvolvi e contribuí com diversos trabalhos científicos voltados para o tema, o que acabou me direcionando para o mestrado em Psicologia Social, tendo como recorte de pesquisa a inserção da mulher no mercado de trabalho.

Essa foi uma das tantas experiências que me ajudou a compreender a "mudança" como um fator de transformação social e de impulsionamento da equidade, principalmente no ambiente de trabalho.

Alguns anos depois, acabei sentindo na pele até onde o preconceito e padrões sociais podem chegar. O episódio aconteceu no México, quando trabalhava na consultoria e fui entrevistar um candidato para uma posição de diretor de Consultoria em Estratégia; recebi um dos candidatos, um homem jovem, bem-vestido, um pouco sério e, assim que o convidei para a sala de entrevista, ele rapidamente falou: "Com quem será a entrevista? Eu não faço entrevista com mulheres".Demorei a acreditar no que estava presenciando, mas ainda busquei explicar que naquele momento eu era a responsável por essas entrevistas, mas não adiantou, a resistência gritava mais alto dentro dele e ele, por sua vez, não queria conversa. Não comigo, pelo menos. Porque eu era uma mulher.

Foi quando agradeci a sua ida até o escritório e precisei mencionar que aquela era uma empresa diversa e inclusiva, e que se ser entrevistado por uma mulher era inviável para ele, não havia como seguirmos com o processo, afinal os seus valores não condiziam com os da empresa em questão.

Recebi o total apoio dos meus colegas e gestores naquele momento, enquanto o candidato esbravejava, usava palavras informais e certa agressividade na sua fala.

E dessa vivência para dizer, no mínimo, desagradável e

incompreensível, o meu compromisso profissional e pessoal de ser uma agente de mudança, construção e promoção de ambientes diversos e inclusivos ganhou novos contornos.

No Brasil também tive algumas experiências de discriminação mais recentes no condomínio onde morava em Florianópolis. Com frequência à noite descia do prédio para passear com minha cachorrinha, Frida Kahlo, e por três vezes recebi ofertas de trabalho de minhas vizinhas no elevador: "Quanto você cobra a diária da faxina? Você trabalha para qual apartamento? Posso pedir referência a sua patroa?"

Em 2023, os casos de racismo no Brasil infelizmente aumentaram 127%, segundo o Anuário Brasileiro de Segurança Pública, e é por isso que o desejo de mudar cenários como esse precisa ser urgente.

Mas dificilmente pensamos em dores que não temos, e a única forma de conhecer essas dores é dando voz a quem as vive diariamente, essa é a primeira faísca pra acender a chama da mudança. Sou mulher, sou negra e tenho muito orgulho de minha ancestralidade e da minha missão como porta-voz da mudança que espero ver no mundo.

Embora minhas pesquisas acadêmicas tenham sido voltadas para os temas de gênero, vejo a Diversidade, Equidade e a Inclusão de todas as minorias como uma possibilidade muito rica para impulsionar a inovação e transformação das organizações para melhor.

Lembro que, quando comecei a trabalhar no Walmart no México, um dos meus grandes desafios era conduzir o time de pessoas para abrir uma loja nova todos os dias durante 365 dias, em todo o país.

Atrair, selecionar, capacitar e criar estruturas para desenvolver pessoas em uma experiência multicultural foi um passo para ampliar meu repertório e meus horizontes sobre mudança e a importância da diversidade e de visão de mundo para criar soluções inovadoras.

E trago isso muito forte como característica da minha forma de liderar: não abro mão de ter espaços que promovam a cocriação. Para mim, cocriar é a arte de unir as diferentes experiências e pontos de vista em prol de um bem maior ou na busca por soluções.

Um estudo da McKinsey & Company, publicado em 2015, intitulado "O valor oculto da saúde organizacional — e como capturá-lo", diz que empresas com líderes que comunicam claramente os benefícios da mudança e envolvem os funcionários no processo de transformação têm até 30% mais chances de sucesso em seus projetos.

Comunicar para transformar

Se tem uma habilidade que eu considero como a espinha dorsal da mudança é a comunicação, ela pode transformar qualquer situação para melhor - ou para pior, nos casos em que se torna falha, frágil e pouco transparente.

É comum que os times comunicação e endomarketing estejam sempre ligados à Diretoria de Gente e Gestão, vejo que compreender essa parceria de forma estratégica é imprescindível para qualquer profissional de RH que deseja liderar mudanças na sua organização.

De 60% a 70% da resistência à mudança pode ser superada com uma comunicação eficaz e o engajamento dos colaboradores nos processos de mudança, segundo a Prosci, na pesquisa Melhores Práticas em Gestão das Mudanças.

Por acreditar no poder da comunicação, eu sempre tive um

carinho especial pela área nas empresas em que passei e onde estou, atualmente. E afirmo, sem dúvidas, que nesses 30 anos de carreira presenciamos um dos momentos mais fantásticos nesse segmento, com a ascensão de diferentes mídias e a descentralização do "ato de comunicar".

Busco ser um canal que possibilite evolução, trocas constantes e realização, sempre promovendo um ambiente onde cada indivíduo possa alcançar seu pleno potencial e contribuir para o sucesso coletivo.

Mas como encarar as mudanças e se tornar um agente de transformação?

É importante dizer que nem todas as transformações que enfrentaremos ao longo da nossa vida ou carreira trarão resultados magníficos, mas só descobriremos o valor de cada movimento quando formos capazes de executá-lo.

Como diz a frase atribuída a Albert Einstein: "Loucura é querer resultados diferentes fazendo tudo exatamente igual". Gosto dessa reflexão e a utilizo como inspiração, em momentos diferentes de minha vida.

Morei em mais de 40 casas, tenho vizinhos pelo mundo que são amigos desde a infância e de várias fases da vida, conheço aproximadamente 40% dos países do mundo e quero saber um pouco mais; aprendo com cada interação, com cada pessoa e cultura que pude conhecer.

Liderar a mudança é mais do que simplesmente aceitar o novo; é transformar cada desafio em uma oportunidade de aprender, crescer, desenvolver pessoas e criar organizações e sociedades melhores.

Reflexões finais e recomendações

Se eu esbarrasse com a Andreia no final dos anos 1990 e começo dos anos 2000, iniciando a sua trajetória no RH, eu certamente diria:

"Abrace as mudanças, aprenda muito, cultive o autoconhecimento, seja menos exigente com você e com os outros, nem tudo são flores, mas os espinhos também protegem, promova a diversidade de pessoas e ideias."

Ao liderar a mudança, inspiramos outros a seguirem o mesmo caminho, com determinação e propósito, e como diria Bert Hellinger: "Fácil é aquilo que é permitido vir".

Carreira e Emprego – muito além do currículo

Emanoelli Falcão

LINKEDIN

Regional Human Resources Manager na Ancar Ivanhoe Shopping Centers e *head* da Universidade do Lojista, com mais de 30 anos como consultora, palestrante e executiva. Membro do Comitê de Diversidade Ancar Ivanhoe, além de voluntária da Junior Achievement Brasil. Project Manager de Educação Corporativa, Executive & Business Coaching pela Sociedade Brasileira de Coaching e certificada em PNL pela Society of NLP. Coautora das obras "Mulheres do RH – O Poder Feminino na Gestão de Pessoas" e "Boas Práticas do RH", pela Editora Leader. Sua trajetória é marcada pela inovação em programas de capacitação e gestão de carreiras e cultura organizacional. As empresas sob sua gestão regional são certificadas GPTW, e o projeto Universidade do Lojista foi agraciado pelo Prêmio Abrasce por dois anos consecutivos.

No cenário atual dinâmico, não linear, multidisciplinar, conectado e exponencialmente imprevisível, entender genuinamente a diferença entre emprego e carreira é essencial para construir uma trajetória profissional que faça sentido. Nos meus mais de 30 anos de carreira, tanto em consultoria, como em posição executiva de recursos humanos, tive a chance de vivenciar, errar, aprender, testar e implementar estratégias que destacam a importância de abordar a carreira de forma estratégica e contínua.

Um emprego é o ponto de partida, uma fase que oferece segurança financeira e a oportunidade contínua de desenvolver *skills*, mas é a visão ampla da carreira, o protagonismo e a autonomia no rumo das nossas vidas que torna possível construir iniciativas que mudem a realidade para melhor.

Uma carreira bem planejada não se limita a emprego ou posição: ela é uma jornada contínua de crescimento e descoberta.

Neste capítulo, vamos explorar como o emprego serve como caminho, oferecendo oportunidades e experiências, enquanto a carreira é o destino, onde podemos atingir nossos objetivos.

Vamos falar de estratégias práticas e inovadoras, mudança de *chip*, intraempreendedorismo e "eu e você" no meio de tudo isso.

Vamos juntos?

#CarreiraComoProjeto

A transformação digital nos fez despertar para uma nova consciência em todos os níveis da sociedade. Mudança na forma de contratação, modelos de trabalhos, ganhos por produtividade, flexibilidade nos quesitos de formação (diplomas e titulações) estão moldando o novo cenário profissional. Estamos saindo das condições estáticas (profissões), para condições fluidas (atividades atreladas a habilidades amplas, desejos, escolhas).

Encarar a carreira como um projeto significa adotá-la com a mesma seriedade e metodologia que aplicamos em grandes empreendimentos, observando e reagindo aos cenários ambíguos e voláteis.

Um projeto precisa identificar dores e responder a problemas específicos. Por isso, é planejado, executado e revisado continuamente para garantir que esteja no caminho certo e atingindo os objetivos desejados. O mesmo vale para a carreira.

Assim como qualquer projeto de sucesso, uma carreira bem-sucedida requer uma abordagem estruturada e estratégica.

Convido você, leitor, a embarcar conosco em uma jornada de transformação profissional. Utilizando as poderosas ferramentas do Design Thinking e do Business Model Canvas, exploraremos como você pode redesenhar sua carreira, identificando e superando desafios para alcançar seus objetivos. Juntos, desvendaremos como essas matrizes podem ser aplicadas à gestão de carreira, impulsionando sua ascensão e realização profissional.

Aqui temos duas matrizes para apoiar você neste diagnóstico inicial:

Matriz de Design Thinking

Use-a para explorar suas necessidades, definir seus objetivos, gerar ideias de desenvolvimento, prototipar novas habilidades e testar suas estratégias de carreira.

Design Thinking	Descrição	Perguntas	E você?
Empatia	Entender profundamente suas necessidades, motivações e aspirações profissionais.	Quem é você? O que o motiva? Quais são suas paixões e habilidades?	
Definição	Clarificar seus objetivos de carreira, tanto a curto quanto a longo prazo.	Aonde você quer chegar? Quais são os marcos que você quer atingir ao longo do caminho?	
Ideação	Gerar ideias sobre possíveis caminhos e oportunidades de desenvolvimento.	Quais são as diferentes maneiras de atingir seus objetivos? Que novas habilidades você pode aprender? Que novas áreas ou funções você pode explorar?	
Prototipagem	Experimentar novas habilidades, funções ou setores através de cursos, projetos paralelos ou voluntariado.	Como você pode testar suas ideias na prática? Quais pequenas mudanças você pode fazer para experimentar novos caminhos?	
Teste	Avaliar o sucesso das novas experiências e ajustar seu plano de carreira conforme necessário.	O que funcionou bem? O que precisa ser ajustado? Como você pode melhorar continuamente?	

Matriz de Business Model Canvas

Utilize esta ferramenta para mapear os componentes essenciais da sua trajetória profissional, incluindo seus "clientes", proposta de valor, canais de comunicação, relacionamentos, fontes de receita, recursos-chave, atividades, parcerias e estrutura de custos.

Business Model Canvas	Descrição	E você?
Segmento de Clientes	Quem são os 'clientes' da sua carreira? Isso pode incluir empregadores, colegas, mentores e sua rede de contatos.	
Proposta de Valor	O que você oferece de único e valioso no mercado de trabalho? Quais são suas principais competências e realizações?	
Canais	Como você se comunica e alcança oportunidades de emprego e desenvolvimento? Utiliza redes sociais profissionais, participa de eventos ou *networking*?	
Relacionamento com Clientes	Como você desenvolve e mantém relacionamentos profissionais de valor?	
Fontes de Receita	Quais são as formas de remuneração e reconhecimento que você busca na sua carreira?	
Recursos-Chave	Quais são as habilidades, conhecimentos e competências necessárias para sua carreira?	
Atividades-Chave	Quais são as ações e práticas essenciais para alcançar seus objetivos de carreira?	

Parcerias-Chave	Quais são as alianças estratégicas que você precisa construir? Mentores, *coaches*, colegas?
Estrutura de Custos	Quais são os investimentos necessários para o desenvolvimento da sua carreira? Cursos, certificações, outras atividades de desenvolvimento?

Agora que você deu os primeiros passos para mapear e estruturar sua trajetória profissional, vamos aprofundar o planejamento estratégico da sua carreira, detalhando como transformar suas ideias e descobertas em ações concretas.

#PenseComoStartup

Assim como na terceira lei de Newton, para toda ação existe uma reação. Se você não faz, não acontece. Em um mundo onde o mercado de trabalho é mutável, um planejamento estático simplesmente não funciona. É preciso adotar uma mentalidade de *startup*, onde planejamento, metas e estratégias são revisitados constantemente e ajustados conforme necessário.

Pensamento Beta na veia – Sempre em fase de teste e aprendizado contínuo.

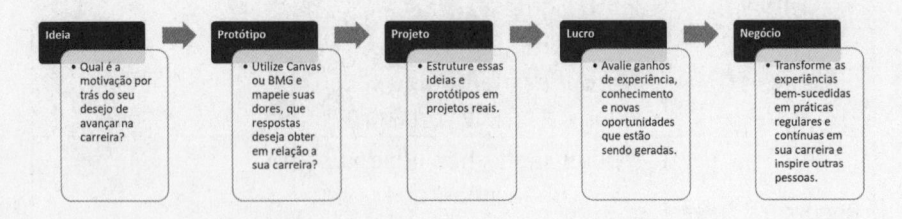

Ideia	Protótipo	Projeto	Lucro	Negócio
Qual é a motivação por trás do seu desejo de avançar na carreira?	Utilize Canvas ou BMG e mapeie suas dores, que respostas deseja obter em relação a sua carreira?	Estruture essas ideias e protótipos em projetos reais.	Avalie ganhos de experiência, conhecimento e novas oportunidades que estão sendo geradas.	Transforme as experiências bem-sucedidas em práticas regulares e contínuas em sua carreira e inspire outras pessoas.

O pensamento empreendedor se concentra no ponto de origem e tem clareza sobre a dor que quer resolver, mas, ao mesmo tempo, mantém um leque de possibilidades aberto. É fundamental ter uma mentalidade efetual, que se baseia nos recursos disponíveis e nas circunstâncias presentes para criar novas oportunidades.

Planejamento Dinâmico	Revisite Regularmente com Sprints Curto Prazo	Planeje, execute, reveja e ajuste suas metas e estratégias regularmente.
	Ajustes Contínuos e Adaptação Rápida	Esteja preparado para ajustar seu plano de acordo com as mudanças nas variáveis externas.
Estruturação do Plano de Ação	Definição de Metas	Estabeleça metas flexíveis e adaptáveis. Defina marcos claros.
	Recursos e Ferramentas	Utilize ferramentas ágeis e iterativas como o DT e o BMG para mapear e ajustar seu plano de ação.
Implementação e Aprendizado	Ação Imediata e Metas de Curto Prazo	Comece com pequenas ações que você pode implementar imediatamente. Ganhe impulso com vitórias rápidas.
	Ciclo de Feedback	Crie um ciclo de *feedback* contínuo para avaliar seu progresso e fazer os ajustes necessários.
Flexibilidade e Adaptabilidade	Versão Beta Permanente	Mantenha-se em uma mentalidade de versão beta, sempre buscando melhorias e ajustes.
	Lifelong Learning	Aprendizado contínuo - Cada experiência como uma oportunidade de aprendizado. Adapte-se rapidamente e utilize o *feedback* para melhorar continuamente.

Ao pensar como uma *startup*, você adotará uma abordagem ágil e adaptativa para a sua carreira. Essa mentalidade não apenas permite que você se ajuste rapidamente às mudanças, mas também promova uma cultura de aprendizado contínuo com inovação.

Lembre-se: a execução ágil não é apenas sobre agir rapidamente, mas principalmente sobre aprender, desaprender e reaprender.

#NetworkingEnetweaving

Discutimos, anteriormente, sobre como enxergar nossa carreira como um projeto contínuo e dinâmico, adotando uma mentalidade de *startup* e aplicando uma metodologia ágil na execução. Agora, vamos explorar aspectos essenciais para o desenvolvimento da carreira: Networking e Netweaving.

O termo Netweaving surgiu em 2003, no livro "The Heart and Art of Netweaving: Building Meaningful Relationships One Connection At a Time", do autor americano Robert Littel, e tem uma proposta mais abrangente e efetiva que o networking. Segundo Bob Littel, o netweaving, quando feito corretamente, é a ferramenta mais poderosa que existe para a criação de uma fonte inesgotável de referências. Construir e cultivar relacionamentos profissionais pode ser a chave para abrir portas e criar oportunidades.

Mas vamos entender como funciona cada um deles?

Aspecto	Networking	Netweaving
Foco Principal	Construção de uma rede de contatos profissionais	Construção de redes colaborativas e altruístas
Abordagem	Proativa e intencional	Colaborativa e generosa
Motivação	Benefícios pessoais e profissionais	Ajudar os outros sem esperar nada em troca

Aspecto	Networking	Netweaving
Profundidade dos Relacionamentos	Superficiais a moderadamente profundos	Profundas e autênticas
Benefícios	Oportunidades de emprego, desenvolvimento profissional, visibilidade, troca de conhecimento	Valor mútuo, círculos de influência, conexões significativas
Eventos e Conferências	Participação frequente para conhecer novos contatos	
Redes Sociais Profissionais	Uso de plataformas como LinkedIn para se conectar e compartilhar conteúdo	Uso de plataformas como LinkedIn para se conectar e compartilhar conteúdo, estando aberto para oferecer ajuda, apoio e recursos
Autenticidade	Foco em criar relacionamentos mutuamente benéficos	Manter interações autênticas e genuínas

Gentileza gera gentileza – Podemos e devemos manter nossa essência! O que for feito sem genuinidade vai sem brilho. As pessoas irão se conectar com o que somos e como fazemos com que elas se sintam quando estão conosco. O resto, o universo se encarrega de devolver!

#SeiMuitoMasNãoSeiTudo

A aprendizagem contínua e o desenvolvimento de novas habilidades são fundamentais, é o *turning point* para quem quer ser protagonista de sua própria carreira.

A evolução e a inovação estão batendo na nossa porta e as habilidades de hoje podem não ser as mesmas de amanhã.

Então, como fazer isso? Primeiro, saia da zona de conforto e vá lá e faça

Inscreva-se em cursos *on-line*, participe de *workshops*, obtenha certificações. Leia livros, artigos, *blogs* e participe de *webinars* para estar sempre por dentro das últimas tendências e inovações. Não subestime o poder de uma boa mentoria. Procure mentores e *coaches* que possam oferecer orientação, *feedback* e suporte.

Não se limite ao tradicional. Entre em comunidades de prática, onde a troca de conhecimento com colegas e profissionais da área pode ser enriquecedora.

A aprendizagem não é um evento isolado, é uma jornada contínua. Estabeleça metas claras de aprendizagem que estejam alinhadas com seus objetivos de carreira. Crie um Plano de Desenvolvimento Individual (PDI) que detalhe as habilidades que você deseja adquirir e as etapas para alcançá-las.

No tópico anterior, exploramos o poder das redes de contatos através de Networking e Netweaving. Use essas conexões para alimentar seu desenvolvimento contínuo. A rede que você construiu é um recurso valioso para compartilhar conhecimento, receber *feedback* e encontrar novas oportunidades de aprendizado.

Além disso, criar um portfólio de experiências e desenvolver uma marca pessoal pode ser crucial para a alavancagem profissional.

#ORHnaSprint

Além da atuação individual, há um elemento crucial que não podemos deixar de abordar: o papel estratégico dos profissionais de Recursos Humanos (RH) na gestão de carreiras e no sucesso profissional dos colaboradores.

O RH atua como guardião da cultura organizacional e facilitador do crescimento profissional dentro da empresa.

Compartilho algumas das estratégias usadas atualmente na companhia em que atuo, realizadas em estreita colaboração com as lideranças e atreladas aos objetivos estratégicos da empresa:

Gestão de Carreiras e Mapeamento de Talentos

- **Avaliação de Desempenho**: ferramentas de avaliação para medir a performance dos colaboradores.
- **Feedback Contínuo**: sessões de *feedback* regulares para alinhamento e desenvolvimento.
- **1:1**: Reuniões individuais para discussões sobre carreira e desenvolvimento pessoal.
- **Metas e KPIs**: definição de objetivos claros e indicadores de desempenho.

Planejamento de Sucessão

- **Comitês 9BOX**: utilização da matriz 9BOX para identificar potenciais líderes e planejar a sucessão de cargos-chave.

Cultura de Aprendizado

- **Universidade Corporativa**: programas de treinamento e desenvolvimento internos.
- **Projeto de Intraempreendedorismo**: incentivo à inovação e ao empreendedorismo dentro da empresa.

- **Programas Funcionais**: cursos específicos para o desenvolvimento de habilidades funcionais.

- **Cursos de Alfabetização Digital**: capacitação em competências digitais essenciais.

Satisfação e Clima Organizacional

- **Pesquisa de Clima GPTW**: avaliações regulares do clima organizacional com planos de ação baseados nos resultados.

- **Benefícios Voltados à Saúde Mental, Física e Financeira**: programas de bem-estar que cuidam da saúde integral dos colaboradores.

A gestão estratégica de carreiras não é apenas uma responsabilidade individual, mas também uma missão coletiva que envolve toda a organização, com o RH e principalmente a liderança desempenhando um papel central.

#Enfim...

Chegamos ao fim de uma jornada que transforma a visão tradicional de carreira.

Iniciamos com a compreensão de que carreira e emprego são distintos, mas complementares. Exploramos como visualizar a carreira como um projeto contínuo, adotando uma mentalidade de *startup*, com planejamento dinâmico e interativo, sempre prontos para ajustar nossas metas e estratégias conforme necessário.

Ao longo do caminho, discutimos a importância de construir e cultivar redes de contatos através do Networking e do Netweaving. Avançamos para a execução ágil, utilizando métodos como *sprints* e *feedback* contínuo para manter a carreira em constante movimento e alinhamento com nossos objetivos.

Finalmente, abraçamos a ideia de aprendizagem contínua, entendendo que ser protagonista da própria carreira exige uma mentalidade de crescimento constante.

Também abordamos o papel estratégico dos profissionais de Recursos Humanos (RH) na gestão de carreiras. O RH atuando como guardião da cultura organizacional e facilitador do crescimento profissional.

A mensagem é clara: seja o empreendedor da sua própria carreira.

Não espere as oportunidades chegarem até você, vá lá e faça. Adote uma abordagem proativa e inovadora, esteja disposto a aprender e se adaptar, e use suas redes de contatos para fortalecer e expandir suas possibilidades. A carreira é um projeto em constante evolução, e você é o arquiteto desse projeto.

Como sugere Roman Krznaric no livro "Como Encontrar o Trabalho da Sua Vida":

Aja antes, reflita depois.

Comece agindo.

A ação deixa você mais perto da ressignificação.

Mas nunca, nunca deixe de refletir.

É a reflexão que liga os pontos.

Vamos juntos transformar nossa visão de carreira e alcançar novos patamares de realização pessoal e profissional.

Transformando propósito em ação: o caminho para impactar vidas

Fernanda Fechter

LINKEDIN

É uma psicóloga e administradora, com MBA em Gestão Empresarial pela FGV e *pós*-graduação em Psicologia Positiva, Ciência do Bem-estar e Autorrealização pela PUC/RS. Com 26 anos de experiência em Recursos Humanos, tem como propósito contribuir para o desenvolvimento de pessoas e organizações e atualmente é responsável pela área de RH na Juvo. Como mentora atende de forma voluntária mulheres em transição de carreira, compartilhando sua experiência e conhecimento para ajudá-las a alcançar seus objetivos.

Tudo começou há 26 anos, quando encontrei na Psicologia e na área de Recursos Humanos o meu propósito. Meu nome é Fernanda e, ao longo desses anos, construí uma trajetória marcada pela dedicação à compreensão do ser humano e pela liderança no mundo corporativo.

Meu propósito é fazer a diferença na vida das pessoas, reforçando suas habilidades, dons e potenciais. É sobre cultivar um ambiente onde cada indivíduo se sinta valorizado e motivado. Sempre vi minha missão além das simples operações burocráticas. Acredito no potencial transformador das relações interpessoais dentro das organizações, em criar ambientes mais humanizados e produtivos. Essa crença moldou meu posicionamento como pessoa e profissional.

Empresas como Atento, CSU, Juvo e Mulheres no Comando fazem parte do meu crescimento, cada uma representando um capítulo importante da minha jornada. Nelas aprendi lições valiosas sobre a importância de alinhar minha carreira com minhas paixões, entendendo que o verdadeiro sucesso vai além do reconhecimento externo e reside na realização pessoal e no impacto positivo que podemos gerar no mundo ao nosso redor.

Educação e desenvolvimento profissional

Minha jornada profissional foi marcada por aprendizado contínuo e descobertas transformadoras. Originária da Psicologia, minha trajetória se expandiu com um MBA em Gestão Empresarial na FGV, uma escolha que abriu horizontes, mostrando a importância de compreender a linguagem dos negócios para impactar efetivamente as organizações. Recentemente, mergulhei em uma pós-graduação em Psicologia Positiva, Ciência do Bem-Estar e Autorrealização, explorando novas abordagens nas relações humanas e no ambiente profissional através do estudo das emoções positivas e das potencialidades individuais.

Acredito que precisamos ir "costurando" nosso desenvolvimento, utilizando da educação formal, a não formal e a informal. A estratégia de combinar essas três formas é essencial para um desenvolvimento completo e holístico. Cada uma oferece vantagens únicas e contribui de maneira diferente para atingirmos nosso pleno potencial.

Construindo uma base sólida no RH

Iniciei minha carreira como estagiária em recrutamento e seleção e não imaginava que minha carreira fosse ser construída em RH. Foi em uma pequena empresa de *outsourcing* de TI que comecei a pegar gosto pela área. Era tão mágico poder "dar emprego" para as pessoas!

Lembro-me até hoje de uma entrevista em que perguntaram: "Fale uma qualidade sua e um ponto a desenvolver". Destaquei como qualidade a impulsividade, que via como uma vantagem por me motivar a enfrentar desafios, mas também reconheci seu aspecto negativo pela possibilidade de decisões precipitadas. Essa sinceridade me rendeu a contratação. Recebi muitos desafios e após um ano já estava como coordenadora. Sou uma pessoa motivada, curiosa e disposta a aprender e acredito que essa rápida promoção foi resultado disso.

Ao buscarmos crescimento, é inevitável deixar a zona de conforto, o que pode ser intimidante. Aprender e superar nossos limites demanda coragem para lidar com incertezas e inseguranças.

Em uma ocasião de *assessment* de carreira, a consultora disse que eu não ousava, não assumia riscos e que pessoas com a minha idade (33) já eram diretoras e eu estava como gerente. Aquilo calou fundo. Não porque eu almejasse estar numa posição de direção e sim porque percebi que estava me acomodando. E mudar requeria coragem. Lembrei-me da Fernanda do começo de carreira e pensei: "Onde está minha impulsividade agora?"

Por isso deixo duas reflexões:

1. Nunca deixe morrer a sua essência, o seu fogo interior de início de carreira; aquilo que move, inspira você; mantenha a indignação (a boa) sempre;

2. Compreenda que RH requer um compromisso de longo prazo e estratégia.

Hoje vejo cada experiência como parte integrante da minha jornada, e construir uma base sólida no RH não é apenas sobre acumular conhecimento técnico, mas também sobre desenvolver resiliência, determinação e habilidades interpessoais.

Desenvolvimento de habilidades interpessoais

Como alguém que valoriza um ambiente de trabalho leve e empático, aprendi a importância das habilidades interpessoais. E tudo é valido para desenvolver algumas *soft skills,* sejam treinamentos formais, terapia, leituras ou viagens.

A experiência de cinco anos no teatro, fazer terapia e a paixão pela leitura moldaram minha capacidade de comunicação e compreensão emocional. Aprendi a reconhecer minhas limitações e pedir ajuda, vendo isso como uma expressão de humildade que fortalece minhas relações profissionais. A prática da escuta ativa também foi crucial, cultivando empatia e respeito pelo outro.

E sempre foi assim? Claro que não! Anos de aprendizado, de sofrimento, de indignação, de respostas na ponta da língua, de e-mails mal escritos, desentendimentos. Só que o tempo ensina, assim como bons e inspiradores líderes, e eu tive ótimas referências. Então eu ouvi, pedi conselhos, me autoavaliei. E minha postura foi mudando gradualmente.

Ou seja: aconselho o exercício da escuta ativa, o cultivo da empatia, a busca constante por entender o ponto de vista dos outros, investir em treinamentos, ter uma pessoa que o(a) desenvolva, assim como reservar um tempo para a reflexão sobre suas próprias emoções e reações em diferentes situações. Todas são ótimas práticas.

Lidando com desafios de gênero

Afirmo que algumas habilidades vão se tornando cada vez mais e mais necessárias, especialmente em posições de liderança. E, na maioria das empresas e equipes pelas quais passei, sempre fui ouvida e respeitada. Isso não significa que eu não tenha enfrentado momentos de desrespeito ou discriminação. Houve ocasiões em que fui interrompida em reuniões ou não fui levada a sério por colegas de trabalho do sexo masculino. No entanto, em vez de me calar ou me conformar com o *status quo*, enfrentei essas situações de frente. Chamei a atenção para o comportamento inadequado, confrontei preconceitos e reafirmei minha posição de igualdade.

Sempre adotei uma abordagem que valoriza minha autenticidade. Ao invés de tentar me encaixar em estereótipos de liderança tradicionalmente masculinos, como adotar um tom de voz mais grave ou uma postura mais rígida, optei por ser fiel a mim mesma. Mantive minha voz doce e meu estilo de comunicação leve, sem sacrificar minha credibilidade ou competência.

Estratégia de carreira a longo prazo

Iniciei na consultoria de TI em recrutamento e seleção e,

após dois anos, mudei para outra empresa de *outsourcing*, expandindo meu conhecimento em diferentes áreas de RH e sendo promovida para a coordenação da equipe rapidamente. Depois de dois anos, retornei à primeira empresa como coordenadora de RH e cresci até alcançar a posição de gerente nos cinco anos seguintes. Implantei subsistemas de RH, desenvolvi pessoas e evoluí como líder, mas senti a necessidade de buscar novos desafios. Nesse momento, percebi que nunca havia planejado estrategicamente minha carreira, apenas aceitando desafios sem considerar o porquê, quando e como mudava.

Esse *insight* ocorreu em 2008, marcando uma virada crucial em meu posicionamento profissional. Então, pela primeira vez, escrevi um objetivo claro para mudar de empresa: trabalhar em uma empresa grande, uma multinacional, e mudar de segmento (afinal, eu estava em TI há dez anos).

E assim aconteceu: fui contratada em uma multinacional de grande porte, no segmento de Call Center. "Ah, e foi fácil? Conseguiu isso e com um salário e um cargo maior?" Não. Escolhas precisam ser feitas e preferi um *downgrade* em termos salariais e de posição para crescer. E afirmo que foi uma escola, um aprendizado intenso. Explorei áreas como treinamento, desenvolvimento, clima e cultura organizacional. Fui promovida, fiz projetos internacionais e, após quase sete anos, percebi que estava no momento de mudar.

Novamente fiz um plano do que eu queria: 1. Uma posição com atuação mais generalista. O mercado buscava profissionais mais generalistas na época e eu estava muito especialista; 2. Uma empresa menor. Imaginei que em uma empresa menor eu poderia influenciar de forma mais significativa, imprimir minha marca; 3. Mudar de segmento. Mais uma vez, eu estava presa a um segmento. Ou seja, em quase 17 anos em RH, eu só conhecia TI e Call Center.

Após um tempo fui contratada para atuar com um escopo

generalista em uma empresa de médio porte, com quatro verticais de negócios. Exatamente meu objetivo. Entrei com o desafio de gerir uma equipe cansada de mudar de líder, afinal nenhum ficava no RH por mais de um ano. O RH estava com entregas péssimas, sem força nem apoio. Mudamos juntos o cenário da área, atuei por quase quatro anos lá e fui muito feliz. Dessa vez, a determinação de sair foi completamente diferente: fazer um ano sabático!

Um sonho, meu e do meu marido, que foi muito planejado. Aqui, esclareço que foi um período sabático para ampliarmos nossa visão de mundo e um entendimento maior das relações humanas em diferentes sociedades e culturas. Não foi um sabático porque estava insatisfeita ou para rever minha vida profissional. Era a realização de um sonho e eu tinha plena consciência de que, ao voltar para o Brasil, continuaria RH. E foi o que aconteceu. Após três meses do meu retorno iniciei como diretora em uma indústria.

Paralelo a isso, fui convidada para integrar o programa Mulheres no Comando como mentora e comecei a questionar minha permanência no mundo corporativo após mais de duas décadas em RH. Essa reflexão culminou em minha decisão de transição de carreira, direcionada para o atendimento como psicóloga e após voltar a estudar e ter tudo pronto para começar a atuar na Psicologia, pedi demissão. Foi quando uma proposta inesperada surgiu: a oportunidade para ser diretora de RH em uma *startup* norte-americana, cujos valores estavam alinhados aos meus. A chance de contribuir com uma empresa com propósito real me conquistou. Assim, embarquei em um mundo novo e desafiador, diferente do corporativo tradicional, onde encontrei uma paixão renovada e um terreno fértil para aplicar meu conhecimento e experiência.

Em resumo, temos que ser estratégicas, a carreira é um plano, baseado em escolhas. E a gente até pode se deixar levar, mas, se quisermos ter alegria e satisfação no que fazemos, é melhor que façamos escolhas e buscas conscientes.

Gerenciamento de equipe e liderança

A liderança é um papel que acabou acontecendo naturalmente, quando aos 25 anos assumi pela primeira vez uma equipe. Acredito que aprendi a liderar por meio de uma combinação de experiência prática, aprendizado contínuo e autorreflexão. Observar líderes inspiradores fez toda a diferença. E considero o *feedback* fundamental para o crescimento de um líder. Ouvir atentamente o *feedback* da equipe e dos colegas foi importante para entender o impacto das minhas ações e decisões, buscando sempre melhorar.

Sou uma líder influente, reconhecida por minha empatia, comunicação clara e autenticidade. Priorizo inspirar e motivar minha equipe, criando um ambiente inclusivo e colaborativo. Valorizo a participação da equipe nas decisões e busco engajá-los, o que é mais eficaz do que uma abordagem unilateral. Além disso, destaco o trabalho da equipe e dou reconhecimento a cada membro individualmente.

Isso aprendi através de uma metáfora, com uma líder que me disse: *"Fernanda, você precisa ser mais galinha e menos avestruz. A galinha coloca um ovo pequeno e faz um barulho imenso. A avestruz coloca um ovo enorme e nem pia. Você é assim: faz, produz muito, entrega, e não conta para ninguém, não valoriza seu trabalho. E sabe quem é mais prejudicado com isso? Sua equipe. Eles merecem ser vistos. O trabalho deles merece ser reconhecido. Mas, se você não conta, ninguém vai saber. O papel do líder também é dar palco para a equipe"*. Essa fala ressoou profundamente e me incentivou a reconhecer meus próprios projetos e conquistas, valorizando não apenas meu trabalho, mas também o trabalho daqueles ao meu redor.

Alguns meses depois desse *feedback*, me encontrei em um momento de precisar desenvolver outro ponto: o falar "não", colocar limites. Essa foi uma das maiores dificuldades que enfrentei como líder. Eu não colocava limites e, com isso, assumi dois projetos colaborativos fora do Brasil e três áreas diferentes. Após um tempo percebi que havia deixado a equipe de lado, sem tempo para acompanhá-los e desenvolvê-los. Isso estava me consumindo. Estava sobrecarregada, frustrada por não estar fazendo bem nenhuma das atividades e a equipe estava sendo impactada. Foi quando decidi finalizar os projetos e focar apenas em duas áreas. Aprendi que dizer "não" é essencial, mesmo que seja difícil. É um processo que continua sendo um desafio, mas crucial para meu crescimento pessoal e profissional.

Receber e dar *feedbacks* construtivos, baseados na sinceridade e no apoio mútuo, são fundamentais. O verdadeiro crescimento vem quando nos permitimos aprender uns com os outros. Estabelecer limites saudáveis, gerenciando melhor o tempo e a energia também. E o mais importante: manter sempre o compromisso com o desenvolvimento de cada membro da equipe.

Inovação e adaptação no RH

Participo ativamente de eventos, conferências e grupos de discussão para estar atualizada, aprender com especialistas e compartilhar experiências. Além disso, invisto em desenvolvimento profissional, como minha recente pós-graduação em Psicologia Positiva, buscando abordagens que promovam o bem-estar e o engajamento no ambiente de trabalho.

Por fim, estar aberta a aprender com gerações mais novas e ter consciência de que *o lifelong learning* não é apenas uma opção, mas sim uma necessidade para se manter relevante e eficaz em RH.

Mentoria e apoio à próxima geração

Ser um exemplo de transformação é compartilhar conhecimento e experiências para orientar os profissionais em seu crescimento. E busco transmitir habilidades técnicas, mas também valores e princípios essenciais, como inclusão, empatia e inovação. É fundamental criar um ambiente de apoio e encorajamento, para que profissionais em desenvolvimento se sintam capacitados a assumir desafios e buscar o crescimento contínuo.

Ao orientar a próxima geração de líderes de RH, contribuo para o avanço da profissão e para um futuro mais inclusivo para a área. Reconheço os desafios que os novos líderes enfrentarão ao lidar com equipes da geração Z e Alpha, que possuem características singulares, requerendo uma abordagem adaptada devido às diferenças na comunicação, estilo de trabalho e expectativas em relação à autoridade. Compreender essas nuances é essencial para oferecer orientação personalizada e aproveitar as oportunidades emergentes nesse ambiente em constante evolução.

Reflexões finais e recomendações

Nosso trabalho é sobre pessoas, sobre propósito, sobre construirmos juntos o futuro. Por isso, deixo aqui algumas reflexões.

Em primeiro lugar, nunca subestime o poder do aprendizado contínuo. O mundo está em constante evolução, com novas tecnologias, práticas e tendências. Esteja aberto a novas oportunidades de aprendizado.

Cultive habilidades interpessoais sólidas. No RH, lidamos diariamente com pessoas de diferentes origens, perspectivas e estilos de trabalho. Portanto, desenvolva sua capacidade de comunicação, empatia, resolução de conflitos e liderança. Essas habilidades não apenas facilitarão suas interações com os outros, mas também o ajudarão a construir relacionamentos significativos e a influenciar positivamente aqueles ao seu redor.

Nunca perca de vista seus valores e princípios. O RH é uma área na qual questões éticas e morais muitas vezes entram em jogo, e é essencial manter a integridade em todas as suas decisões e ações. Seja um defensor da justiça, da igualdade e da diversidade, e trabalhe para criar ambientes de trabalho inclusivos e acolhedores para todos.

Por fim, lembre-se de que o sucesso no RH não é medido somente por conquistas profissionais, como também pela sua capacidade de fazer a diferença na vida das pessoas. Busque oportunidades para impactar positivamente a vida dos colaboradores, ajudando-os a alcançar seu pleno potencial e promovendo uma cultura organizacional que valorize o bem-estar e o desenvolvimento pessoal.

O tempo é o recurso mais valioso que temos. Por isso, faça valer a pena sua jornada. Busque seu propósito, siga em frente com determinação, paixão e um compromisso inabalável com sua essência.

Cuide do seu jardim!

Fernanda Mendes

LINKEDIN

Sócia da ADIGO Consultoria. Consultora Organizacional, *coach* executiva e mentora. Especialista em Desenvolvimento de Liderança, Gestão de Mudança e Cultura Organizacional. Construiu sua carreira executiva em grandes empresas nacionais e multinacionais, e liderou projetos e equipes na América Latina e com abrangência global, somando experiência em 14 países. Pedagoga formada pela USP, pós-graduada em Psicologia Organizacional pelo Instituto Sedes Sapientiae SP, possui MBA em Estratégia de Negócios pelo BI International com extensão em Entrepreneurship and Business Strategy pela Babson College - USA. Possui também certificação em Coaching e desenvolvimento de liderança pelo CCL – Center for Creative Leadership e Leading Change Transformation pela Cornell University. É membro da IAF – Associação Internacional de Facilitadores.

"Não corra atrás das borboletas. Cuide do seu jardim e elas virão até você!" Autor desconhecido

Em mais de 28 anos de vida profissional, olho para trás e tenho muita satisfação em ver a carreira que construí. Tive oportunidade de atuar em áreas diversificadas e vivenciar grandes processos de transformação, em mim e nas organizações das quais fiz parte.

Sempre dedicada ao desenvolvimento de pessoas e organizações, minha carreira deslanchou e eu encontrei paz quando compreendi um princípio básico: a oportunidade vem para quem está preparado para recebê-la. Não só do ponto vista técnico como também comportamental, e, acima de tudo, relacional.

Desenvolvi uma carreira na área de Recursos Humanos, mas estaria mentindo se dissesse que esta foi minha primeira escolha. Quando comecei a trabalhar, lá nos anos 1990, escolhi estudar Pedagogia e atuar como professora. Desde cedo senti o impulso de apoiar o desenvolvimento humano, eu era aquela criança que ajudava os coleguinhas a fazerem as tarefas de casa e pesquisas na biblioteca (já que ainda não existia Google). A carreira de professora parecia algo natural para mim, algo para o qual eu estava destinada.

Depois de três anos atuando em escolas, percebi que gostava muito de trabalhar com desenvolvimento humano, mas não com crianças. Explorando possibilidades no mercado (que eram poucas para pedagogos), respondi a um anúncio de jornal para um Programa de Trainees e Estagiários em uma empresa que considerava Pedagogia como uma das possíveis formações buscadas nos candidatos.

Ao ser aprovada, um novo cenário descortinou-se: o mundo empresarial e a possibilidade de uma carreira "corporativa". Para uma estudante de Pedagogia, esta era uma realidade muito distante. Aos poucos fui entendendo os diferentes departamentos e pude, como previsto no programa do qual fazia parte, experimentar diferentes áreas. Ao passar pela área de Recursos Humanos me encantei com a possibilidade de contribuir com o desenvolvimento das pessoas no âmbito profissional. E foi assim que minha paixão por RH teve início. Foram duas décadas atuando nos mais diversos processos relacionados a desenvolvimento organizacional, acultura e ambiente de trabalho, gestão de carreiras, gestão de mudanças e formação de líderes, não só no Brasil, mas também em projetos com escala global.

A busca por uma carreira de sucesso começou para mim como geralmente se inicia para a maioria das pessoas: uma corrida por capacitação e desenvolvimento de habilidades técnicas e operacionais. É muito comum e natural que no início de carreira busquemos estas habilidades, pois estão ligadas à sobrevivência no ambiente em que iniciamos e a tudo aquilo que possa nos trazer segurança. No início da carreira é prazerosa a busca pelo primor técnico e nossa autoestima se alimenta em poder explicar os vários fenômenos que nos cercam por meio da técnica, que ainda está muito presente graças aos ensinamentos absorvidos na universidade. Nesta fase é fácil aprender a operar sistemas, *apps* e *softwares*, falar uma nova língua e absorver a cada dia conceitos teóricos complexos.

De início este foi um caminho muito frutífero, porém à medida que eu evoluía estas competências se tornavam insuficientes. Minhas relações foram se ampliando, fui assumindo funções em que era chamada a colaborar, a lidar com diferentes interfaces e as chamadas habilidades sociais e comportamentais, as tão faladas *soft skills* se tornaram mais importantes. A técnica e a reprodução de conceitos já não garantiam bons resultados pois eu começava a lidar com o ser humano e toda a sua complexidade, imprevisibilidade e particularidades.

Soluções prontas, sem o devido entendimento do outro (ou dos outros), tinham eficácia questionável.

O determinante para mim foi buscar entender as pessoas, respeitá-las e tentar me colocar em seus lugares. Sem esta busca eu não teria conseguido ocupar cargos de liderança. Iniciou-se uma fase, que persiste até hoje, de busca por autoconhecimento e por tudo aquilo que poderia ampliar minha inteligência emocional.

Para ilustrar, gostaria de compartilhar uma parte da minha carreira que demonstra esta virada de chave.

Eu tinha então 35 anos e ocupava uma posição de liderança na área de Recursos Humanos de uma grande multinacional, sendo responsável pela área de Desenvolvimento Humano e Organizacional. Eu já era líder de líderes e conduzia não só projetos no Brasil como também coordenava atividades matriciais e de abrangência global. Era uma posição desafiadora, mas de certa forma ainda confortável, pois eu liderava assuntos conhecidos e sobre os quais tinha ampla experiência prática.

Eis que numa reestruturação na empresa minha área passou a ser responsável por atividades de apoio direto ao negócio da empresa, e passei a contribuir de forma direta com a operação comercial da empresa. Neste ponto busquei, é claro, estudar e adquirir referências teóricas, mas elas foram muito ineficazes!

O que fez diferença?

Primeiro, desenvolver uma relação de confiança com a equipe que passei a liderar. Eles conheciam as atividades e, quando eu compreendi que não precisava dominá-las, pude então dar contribuições relevantes num nível estratégico.

Depois busquei ouvir e me relacionar com os novos *stakeholders* que a área me apresentava, para estabelecer alianças, compreender as necessidades de mudança e liderar meu time para fazer as transformações necessárias.

Sem autoconhecimento, escuta ativa e habilidades de negociação eu não teria obtido sucesso na nova posição, a qual me trouxe maior abrangência de atuação na empresa, novas oportunidades de aprendizado e crescimento.

Gosto de pensar na carreira como um jardim, que precisa ser nutrido, cuidado, regado e às vezes até podado, afinal, é preciso remover o que não serve mais para que o novo surja. É como a frase citada no início deste capítulo: as borboletas procuram o jardim mais florido.

Nesse sentido, gostaria de abordar aqui cinco pilares estratégicos para "cuidar do seu jardim" e desenvolver uma carreira bem-sucedida:

1) Cuide dos relacionamentos

Você com certeza já ouviu falar de *networking*, que é um termo em inglês que literalmente significa "rede de contatos". Normalmente é visto como o ato de estabelecer e manter relações com outros profissionais de diferentes áreas, visando usufruir dessas conexões no futuro.

Isso me parece muito utilitarista! É essencial priorizar a qualidade em vez da quantidade ao estabelecer relacionamentos profissionais. Eu acredito que construir uma rede não é apenas sobre benefício pessoal, mas também sobre contribuição para uma comunidade profissional.

Algumas perguntas podem ajudar você nesse caminho:

- Você busca ativamente se relacionar com as pessoas ao seu redor?
- Como você é visto?
- Como trata as pessoas à sua volta?
- O que falam sobre você quando você não está?
- Quem convive com você, ainda que superficialmente, o(a) recomendaria para boas oportunidades e parcerias?

Tudo isso conta muito quando se fala de construção de uma carreira, e pode ter um impacto significativo. Tanto para recém-formados quanto para profissionais experientes, criar conexões significativas pode abrir portas para oportunidades, fornecer *insights* valiosos e aprimorar a jornada profissional. Investir tempo e esforço em boas conexões pode significar um posicionamento melhor para o sucesso a longo prazo na carreira!

2) Tenha um mentor ou mentora

Basta ler a biografia de algumas figuras mais renomadas na história para ver que estas atribuem parte de seu sucesso a mentores que tiveram ao longo de suas trajetórias profissionais.

Mentores são como guias confiáveis que oferecem orientação valiosa em momentos de dificuldade. Encontrar alguém disposto a nos dar mentoria requer admiração mútua e abertura para estabelecer um relacionamento profissional gradual. De forma prática, escolha alguém próximo de você, e que você admire, e encare as conversas com esta pessoa como uma mentoria, ainda que informalmente. E, então, declare sua admiração e vontade em ter algumas conversas com ela sobre assuntos relacionados à carreira, convidando-a para ser sua mentora.

E, à medida que você amadurece, será comum assumir esse papel de mentor ou mentora para pessoas menos experientes. Se tiver esta oportunidade, não a perca! Não há melhor forma de desenvolver-se do que dividir seu conhecimento com outras pessoas. Ensinar é aprender duas vezes.

3) Cultive sua autenticidade

Uma carreira só é gratificante quando está alinhada com sua verdadeira essência. Reflita sobre si mesmo, identifique seus valores e pontos fortes, e o que faz sentido para você. Buscar oportunidades em empresas com valores semelhantes aos seus é fundamental.

Lembro-me de ler certa vez uma pesquisa realizada por uma renomada universidade dos Estados Unidos segundo a qual cerca de 70% das pessoas entrevistadas estavam infelizes em seus trabalhos.

É claro que a insatisfação profissional pode ser gerada por diversos fatores: escolha profissional precoce, falta de perspectiva de crescimento na carreira, falta de propósito na função, falta de motivação, ou, até mesmo, por fatores externos. Porém o que mais me chamou atenção foi ver que a grande maioria das pessoas se sentia presa em sua atividade profissional, sem possibilidade de serem elas mesmas!

Diante disso, muitos optam por continuar na área em que estão, mesmo que infelizes, porque, afinal de contas, mudar esse cenário não é uma tarefa fácil.

Eu mesma vivi uma experiência, no início de carreira, na qual fui trabalhar para uma empresa que exigia uma conduta muito destoante do que eu acredito. Foi um dos piores períodos da minha vida profissional e eu não aguentei um ano, acabei pedindo demissão. Era isso ou minha saúde seria prejudicada!

Já mais madura, após 20 anos de carreira em grandes empresas, percebi que estava infeliz. E não era nada relacionado ao ambiente onde estava inserida ou às pessoas com as quais eu trabalhava... Era algo que tinha a ver comigo mesma. Aquela forma de trabalho, aquela área não faziam mais sentido, eu não estava mais encontrando minha autenticidade. Um ciclo se encerrava e demorei a perceber, e a decidir fazer uma transição que me permitiria ter um trabalho mais aderente àquilo que fazia sentido para mim. Quando finalmente tomei coragem, e decidi planejar uma nova atuação, agora como consultora organizacional, tudo fez sentido. Hoje, sinto que posso dar o meu melhor e encontrar realização pessoal no trabalho.

Muitas vezes ficamos presos a crenças limitantes que nos impedem de ser autênticos: achamos que não conseguiremos outro trabalho, que não seremos aceitos, etc. Descobrir o que o(a) impede de ser autêntico(a) é o primeiro passo! Sendo autêntico(a), construindo relacionamentos estratégicos e sendo genuíno(a), você se destaca e avança de forma duradoura em sua carreira, atraindo respeito e apoio dos colegas. Foi o que funcionou para mim...

4) Equilíbrio entre vida pessoal e profissional

Cuidar da sua saúde é um trabalho que só você pode fazer! Priorize o autocuidado, gerencie seu tempo de forma eficaz e mantenha um equilíbrio saudável entre vida pessoal e profissional. Para isso, é preciso aprender a gerenciar o seu tempo e distribuí-lo de acordo com o que é importante para você, nos diversos papéis que desempenha em sua vida!

O *burnout* pode atrapalhar, e muito, o sucesso na carreira. Eu mesma por algum tempo dediquei tanto tempo ao trabalho que acabei prejudicando minha saúde física e mental. O que aprendi? Que quem coloca limites somos nós, e quando não os colocamos causamos um desequilíbrio.

Ter atividades que nos alimentem, do ponto de vista social, cultural e espiritual, são formas fundamentais de nos desenvolvermos, e isso se reflete no nosso trabalho. Pense nisso antes ao decidir o que vai ou não para sua agenda!

5) Aprender sempre!

Permanecer curioso e adaptável abre portas para progresso na carreira, solução de problemas criativa e aumento da autoconfiança.

Busque fontes convencionais e alternativas de aprender! Sim, cursos são importantes. Porém o aprendizado por experiências costuma trazer também resultados significativos.

Manter o "espírito do iniciante", mesmo quando já somos *experts* em um assunto ou tarefa, abre portas para o aprendizado contínuo. E aprender continuamente, ou em inglês *"lifelong learning"*, é uma das competências mais valorizadas na atualidade.

Lembre-se que construir uma carreira de sucesso não é um caminho linear. É uma jornada sinuosa, com voltas e reviravoltas, e cheia de altos e baixos. Uma carreira frutífera é cíclica e, atualmente, com a alta expectativa de vida que temos, é possível pensar em duas, três ou mais carreiras ao longo da vida. Transições são naturais e até mesmo muito bem-vindas! Quando planejadas, a chance de sucesso é maior.

Por último, mas não menos importante, gostaria de ressaltar **a importância da resiliência**. Não da forma romantizada como tenho visto ultimamente, que coloca a resiliência como a capacidade de superar qualquer coisa, como se não tivéssemos limites. A resiliência é a capacidade de enfrentar desafios e situações adversas de forma positiva, adaptando-se a novos cenários e aprendendo com as experiências. Em situações estressantes, é normal perdermos o controle emocional, o que pode nos levar a reações indesejadas. Nesse contexto, a resiliência nos auxilia a lidar adequadamente diante dos desafios e a gerir nossas emoções. E são muitas as situações ao longo da carreira que podem trazer impacto emocional: conflitos, *feedbacks* negativos, desentendimentos com gestores e colegas, pressão por resultados, mudanças inesperadas... Eu mesma passei por todas elas, e a resiliência me ajudou a lidar com as adversidades e a extrair aprendizados.

Para desenvolver a resiliência, é preciso aprendermos a identificar as causas de nossas reações emocionais e a encontrar maneiras de lidar com essas situações de forma eficaz. Para isso, a inteligência emocional é fundamental e precisa ser desenvolvida em seus quatro pilares: autoconsciência, autogerenciamento, consciência social e gerenciamento de relacionamentos. Um outro ponto fundamental para desenvolver a resiliência é exercitar a empatia, pois ela nos permite entender o ponto de vista dos outros, e consequentemente desenvolvemos maior tolerância e compreensão.

Aprender a lidar com críticas também é muito importante! Receber *feedback* nos permite crescer profissionalmente, portanto, ao receber críticas, escute atentamente e busque estabelecer um diálogo que permita discutir maneiras de melhorar, ao invés de reagir defensivamente. Esta atitude só irá reforçar sua evolução. Quando encaramos as dificuldades como oportunidades de aprendizado podemos utilizá-los para agir de maneira mais assertiva no futuro.

E, se eu tivesse que reduzir este capítulo a um único parágrafo, meu conselho seria: prepare-se para cuidar do seu jardim, e as borboletas virão. Afinal, como diz o filósofo romano Sêneca, "a sorte é o que acontece quando a preparação encontra a oportunidade".

Minha trajetória no RH – uma jornada de aprendizado e transformação

Flávia Anjos

Head de Gente & Cultura.

Executiva de RH especializada em gestão estratégica de pessoas, cultura e gestão da mudança, com mais de 20 anos de experiência, atuando em indústria, comércio, serviços e saúde.

Atuou em todos os subsistemas de gestão de pessoas e nos últimos anos se especializou em cultura e gestão, aplicando com sucesso metodologias como GMO – Prosci, Design Instrucional – 6Ds, Gestão da rotina – Lean, entre outras.

A trajetória em diferentes segmentos do mercado a moldaram como uma profissional flexível, adaptável e com visão sistêmica. A vivência nas mais diversas culturas lhe possibilitaram exercitar habilidades e talentos naturais e desenvolver novos, assim como extrair resultados consistentes, que muito a orgulham, em empresas como: H. Stern, Protege S.A, Le Postiche, Unimed do Brasil, Locamérica, Grupo JCA, Caio Induscar, Nossa Saúde.

"Toda pessoa precisa saber e sentir que é necessária. Todos gostam de ser tratados como indivíduos. Dar a alguém a liberdade para assumir responsabilidades libera recursos que de outra maneira permaneceriam ocultos. Um indivíduo sem informação não pode assumir responsabilidades; um indivíduo que recebeu informações não pode deixar de assumir responsabilidades." Jan Carlzon

Introdução

Lembro-me da Flávia estagiária de RH, mais de 20 anos atrás, emocionada no início do curso de Psicologia. Sentia que estava no lugar certo, finalmente encontrando respostas para perguntas que sempre me acompanharam: como as pessoas funcionam, como podemos ser tão diferentes e, ao mesmo tempo, tão iguais na essência? Como a singularidade e os talentos de cada um podem gerar valor para o mundo do trabalho? E como contribuir para ter as pessoas certas, com clareza e vontade suficiente, para gerar resultados e construir organizações melhores?

Foi com essa motivação e muitos questionamentos que dei meus primeiros passos na carreira de RH. Meu desafio sempre foi integrar o conhecimento técnico com meu lado humano (e minhas vulnerabilidades) para despertar a alma das organizações.

Neste capítulo, compartilho meus acertos e erros no caminho

de praticar o conhecimento acadêmico que chamam de "estado da arte", e como me transformei como pessoa e profissional ao buscar métodos de desenvolvimento humano que geram resultados.

Desenvolvimento profissional e primeiras experiências

Para mim, a dedicação profissional sempre foi prioridade na vida, até porque atuo naquilo que amo, e diante disso meu desafio até hoje é dosar todos os papéis da vida. Toda vez que a pressão aumentava, me percebia deixando de lado coisas importantes da minha vida, para investir mais tempo na solução de uma dificuldade profissional que, na minha mente tola, só o trabalho duro poderia resolver.

Diferentemente das minhas colegas da Psicologia, que se voltavam para a carreira clínica, desde a faculdade eu já vislumbrava o universo organizacional. Percebi logo no início que o caminho para o RH seria longo se eu dependesse exclusivamente da grade curricular da faculdade. Dessa necessidade de acelerar minha trajetória surgiu a decisão de buscar cursos práticos e complementares, iniciando assim uma jornada de aprendizagem que continua até hoje. Acredito e pratico o conceito de *lifelong learning*, um princípio que considero essencial para me manter relevante e evitar a obsolescência no campo da Gestão de Pessoas e comportamento humano.

Isso me levou a dedicar minha carreira a ajudar empresas a estruturar um departamento de "RH Estratégico" para alinhar pessoas aos objetivos das organizações. Chamo de estratégico porque esse departamento deve atuar como parceiro das áreas de negócio, identificando os pontos de desconexão entre pessoas e resultados, e direcionando para os objetivos organizacionais todos os esforços da área de gente em seus subsistemas: recrutamento e seleção, *onboarding*, cultura, delegação, desenvolvimento, carreira e até o desligamento.

Estudar Psicologia me ajudou a entender a complexidade da mente humana, mas foi no campo de batalha das empresas e no reino dos Recursos Humanos que encontrei meu verdadeiro propósito. Combinando essas paixões, mergulhei de cabeça nos estudos sobre resultados e saúde mental na empresa, escrevendo uma tese sobre *burnout* e felicidade no trabalho em uma época em que esses temas ainda não eram amplamente discutidos. Esse conhecimento molda minha prática profissional.

E, no caminho de alinhar pessoas a resultados, o autoconhecimento é o primeiro passo para qualquer esforço de mudança comportamental. Eu experimentei isso na minha vida e funcionou, posso afirmar com convicção: o autoconhecimento transforma vidas! Mas não se iluda que se trata de uma jornada fácil, este caminho não termina nunca.

Durante a faculdade, fui a cobaia de inúmeros colegas estudantes de Psicologia. A cada devolutiva de teste psicológico, ficava arrasada com tantos pontos de melhoria a desenvolver, mas cresci muito nesse processo. Isso me motivou a estudar diversos instrumentos de avaliação psicológica, *assessments* e técnicas de mudança comportamental. Nos primeiros anos como estagiária, passei incontáveis horas oferecendo devolutivas comportamentais dos testes que aplicava, aprendendo a conscientizar as pessoas e ajudá-las a gerir suas mudanças pessoais e profissionais.

Além do autoconhecimento, as pessoas precisam saber o que a empresa espera delas. É fundamental oferecer clareza de papéis, acordos de expectativas (responsabilidades, indicadores, metas e processos de trabalho), e *feedback* contínuo. Essas práticas permitem que as pessoas explorem todo o seu potencial, e podem gerar autorrealização, tornando as pessoas mais felizes e produtivas.

Outro conceito que trago para a vida é a teoria da roda gigante, criada por um amigo, em uma mesa de bar (hahaha): ora estamos no topo, ora estamos embaixo. A vida é assim, uma sequência de altos e baixos, e aprender a navegar por esses ciclos é fundamental. Quando tudo se encaixa perfeitamente e experimentamos sucesso e satisfação, é fácil sentir-se invencível, como se a roda nunca fosse descer.

Mas a realidade é que, assim como a roda gigante, a vida continua a girar e, inevitavelmente, surgiram momentos na minha carreira em que enfrentei desafios e adversidades. Foram difíceis, e o medo do desconhecido avassalador. Como tenho uma autoexigência elevada, da qual não me orgulho, já senti muita pressão em situações que pareciam insuportáveis. No entanto, aprendi que carregar esse peso só fortalece a disfunção organizacional e não ajuda em nada a minha vida e o trabalho.

A chave que encontrei foi ser mais leve e compassiva comigo. Enfrentar os baixos com a mesma leveza com que abraçamos os momentos altos. Isso não significa ignorar os desafios, mas abordá-los com uma perspectiva equilibrada, sabendo que a roda eventualmente subirá novamente.

Ainda estou aprendendo isso todos os dias. Cada experiência, seja de sucesso ou de fracasso, me ensina algo novo sobre resiliência, empatia e a importância de manter a leveza. A jornada é contínua, e cada ciclo da roda gigante da vida é uma oportunidade de crescimento e aprendizado.

Primeiros passos no recrutamento e seleção

Minha primeira experiência foi em recrutamento e seleção. Um dos desafios mais marcantes foi preencher 30 vagas temporárias de advogados durante as férias da minha gestora. Para minha surpresa e orgulho, superei esse desafio com sucesso, recebendo elogios pelo trabalho realizado e sendo efetivada em seguida. Cresci ao enfrentar diferentes níveis de complexidade no recrutamento, desde vagas de tecnologia até posições executivas de alto nível.

O que me ajudou a ser assertiva nas contratações foi a atenção aos detalhes que frequentemente não são verbalizados durante o levantamento de perfil da vaga: como o estilo do gestor e da área, o histórico da equipe e as competências comportamentais não mapeadas. Essa experiência inicial me ensinou a importância de estar perto da execução e focar na melhoria contínua, corrigindo o que não deu certo na contratação na oportunidade seguinte. Meu indicador preferido de assertividade sempre foi quantas pessoas permanecem na empresa após o período de experiência, refletindo a qualidade e a adequação das minhas seleções.

Transição para educação corporativa e desenvolvimento

A transição para a área de Treinamento e Desenvolvimento era o meu principal objetivo. Iniciei com tarefas básicas, mas essenciais, como a logística e os indicadores de treinamento. Observando facilitadores experientes, aprimorei um formato de educação para adultos com começo, meio e fim, que envolvesse as pessoas de forma fluida e interativa, no qual o conhecimento deve ser coconstruído e as reflexões pessoais são transformadas em prática. Para isso, apliquei a metodologia vivencial e de ação chamada Sociodrama - "método profundo de ação que trata de relações intergrupais e de ideologias coletivas", de Jacob Levi Moreno, conhecido também como Psicodrama.

A teoria do Sociodrama de J. L. Moreno tornou-se uma abordagem poderosa em meus programas de desenvolvimento organizacional, porque promove melhorias significativas no desempenho dos papéis, incentiva a espontaneidade essencial para a inovação e fortalece as relações interpessoais. Essa metodologia permite que os participantes explorem e compreendam profundamente os papéis que desempenham em suas vidas profissionais e pessoais, indo além da empatia, para ver o mundo através dos olhos dos outros. Visa a saúde das relações e o desenvolvimento da espontaneidade, a capacidade de responder de maneira criativa e adequada a novas situações desafiadoras ou oferecer novas respostas a situações antigas.

A prática do Sociodrama confirmou minha crença de que todos têm potencial, e que são moldados por suas relações, e não apenas pelo que acreditam ser. Nas empresas, essa metodologia contribui para desenvolver competências desejadas, como trabalho em equipe, cooperação, inovação e melhor desempenho dos papéis (*hard skills*).

Outra metodologia que considero importante recomendar aqui é o *design* instrucional 6Ds, que me ajudou a alcançar melhores resultados e a tornar os treinamentos mais eficazes e impactantes. Esse método permitiu descrever objetivos e resultados esperados antes de iniciar um treinamento, enriquecendo o formato educacional, cuidando da informação prévia e do aquecimento, para oferecer o conteúdo da forma mais eficiente.

Todo esse trabalho culminou na implantação de uma Universidade Corporativa para os colaboradores em uma grande empresa do segmento de transporte, alinhada com as necessidades e a cultura da organização, proporcionando um ambiente de aprendizado contínuo e desenvolvimento para todos os colaboradores.

Cultura e gestão da mudança

A evolução importante que considero na minha carreira, tanto em aprendizagem quanto em crescimento profissional, foram os trabalhos de transformação cultural que realizei. O *case* que destaco foi no Grupo JCA, onde o desafio era integrar cinco empresas por meio de uma cultura unificada, com foco na satisfação do cliente.

A construção da ideologia foi feita por uma consultoria de marca renomada e o meu papel era disseminar e garantir a prática cultural, descritas na missão, visão e valores. Nosso sonho na qualidade de empresa era ser reconhecida pela cultura, e que no encontro com cada um dos 12 mil colaboradores qualquer pessoa pudesse ver tal prática acontecer. Era ir além do conteúdo escrito no site ou paredes, era melhorar os resultados e a satisfação dos clientes, por meio da cultura.

Realizamos um diagnóstico e mapeamento da cultura vigente, e elaboramos um plano para alcançar a cultura desejada. Na execução do plano, apliquei a metodologia de gestão da mudança ADKAR da Prosci, que, em minha opinião, foi o diferencial do trabalho. Esta metodologia baseia-se na premissa de que toda mudança precisa criar consciência entre todos os envolvidos, deixando claro porque a mudança é necessária e quais são os motivos e a urgência dessa transformação. É fundamental que as pessoas compreendam os benefícios da mudança, pois só assim poderão apoiá-la e participar ativamente.

Com essa clareza estabelecida, o próximo passo é gerar desejo nas pessoas para que queiram participar e apoiar a mudança. Elas precisam estar motivadas a mudar e contribuir para que a mudança ocorra. Muitas vezes, a resistência à mudança surge porque as pessoas não sabem como fazer o que está sendo requisitado; elas se apegam ao que sempre fizeram, pois isso lhes traz segurança. Portanto, é essencial fornecer conhecimento sobre os comportamentos desejados e os que devem ser abandonados, e acompanhar a nova prática, corrigindo e reforçando constantemente para garantir a sustentabilidade da mudança.

Nesta experiência, criamos planos focados na mudança de comportamentos desejada e vimos a transformação cultural na prática. Foi essencial selecionar e preparar colaboradores para serem embaixadores da cultura, o que garantiu sustentação para os planos. E preparar os líderes para serem guardiões da cultura fez toda a diferença, com essa competência eles guiaram o nosso sucesso e facilitaram os projetos de transformação, resultando em êxitos significativos. Essa abordagem sistêmica não apenas promoveu a mudança, mas também assegurou que ela fosse sustentável e alinhada com os objetivos. O processo de transformação durou cerca de quatro anos e até hoje é comentado com orgulho pelas pessoas que participaram, e todos foram fundamentais para a mudança.

Mudanças organizacionais devem ser provocadas sempre que há alguma estagnação, independentemente do desconforto. A mudança é uma jornada contínua, não um evento isolado. Já no primeiro passo pode surgir a sensação de que um monstro invisível está à espreita, pronto para nos abocanhar. Sentimos medo do desconhecido, mas esse medo é natural. O importante é avançar em cada etapa e sobreviver ao vale do desespero, assim cresceremos como indivíduos e poderemos colher os frutos da mudança.

Desafios de ser mulher em empresas machistas

Ao longo da minha trajetória no RH, aprendi que a tão desejada promoção nem sempre vem no tempo esperado ou de forma justa. Sempre que me sentia pronta para dar o próximo passo e o reconhecimento não se concretizava, não hesitava em buscar novos caminhos. Essa abertura para o novo me levou a trabalhar em diversas empresas, em diferentes segmentos e culturas organizacionais, refinando minhas habilidades e conhecimentos ao longo do caminho.

Enfrentei inúmeros desafios relacionados ao gênero durante minha carreira. No início, tentava me equiparar aos homens, acreditando que essa era a única forma de ser reconhecida. No entanto, com o tempo, percebi que minha maior contribuição vinha do meu ponto de vista cuidadoso e feminino.

A maternidade também foi um ponto de inflexão crucial em minha jornada. Adiei a segunda maternidade com receio de comprometer minha carreira, apenas para me deparar com a dura realidade de ser demitida, como infelizmente ainda acontece com muitas mulheres no retorno da licença-maternidade. Essa experiência dolorosa me motivou a buscar ambientes de trabalho mais inclusivos e alinhados com meus valores, onde pudesse crescer e prosperar.

Cada obstáculo enfrentado se transformou em uma lição valiosa. Hoje, orgulhosamente uso minha voz e minha experiência para defender políticas inclusivas e fomentar uma cultura organizacional que valorize a diversidade.

Visão para o futuro e filosofia pessoal

Acredito que o verdadeiro poder do RH consiste em sua capacidade de compreender e conectar as partes fragmentadas de uma organização, oferecendo soluções adequadas e cultivando a alma da empresa por meio da empatia nas relações interpessoais. Minha alta percepção sobre pessoas, antes vista como uma desvantagem, hoje reconheço como uma dádiva que me permite colocar as pessoas certas nos lugares certos e identificar barreiras no caminho do alto desempenho.

Meu trabalho se concentra em desenvolver líderes capazes de promover uma gestão mais humana e eficaz. Tenho a consciência de que sou apenas uma facilitadora: não sou eu quem faço a mudança, mas sim eles, e meu dever é apoiá-los, capacitando as pessoas no caminho dos resultados e da realização profissional. Acredito no poder transformador da liderança e estou comprometida em ajudar as organizações a alcançarem seu pleno potencial por meio das pessoas.

Essa é a essência do que faço, e é isso que me motiva a continuar crescendo e evoluindo a cada dia.

Conclusão

Minha trajetória no RH é um testemunho de resiliência, aprendizagem contínua e paixão por desenvolver pessoas. Desde os primeiros passos até as posições de liderança que alcancei, cada desafio enfrentado e superado fortaleceu minha crença no poder transformador do desenvolvimento humano.

Ao longo dos anos, aprendi que a verdadeira essência do

RH não está apenas nos importantes processos e sistemas, mas em entender e valorizar as pessoas que fazem as organizações prosperarem. Enfrentei barreiras de gênero e desafios profissionais, mas usei cada obstáculo como um degrau para subir mais alto. A cada curso, especialização e experiência prática, adaptei meus conhecimentos às necessidades das empresas e às aspirações das pessoas com quem trabalhei.

A minha experiência mostra que, mesmo em ambientes corporativos desafiadores, é possível promover mudanças significativas e criar culturas de trabalho inclusivas e empáticas, mas para isso é necessária muita vontade de mudar e que só posso ajudar quem quer ser ajudado. Uma visão estratégica, aliada a uma compreensão profunda do comportamento humano, permite conduzir transformações culturais e desenvolver lideranças eficazes e humanas quando o esforço e real interesse acontece por todos os envolvidos.

Acredito que todos nós temos o potencial de sermos agentes de mudança. Cada um de nós pode transformar obstáculos em oportunidades, cultivar ambientes de trabalho mais saudáveis e promover a inovação e o bem-estar. A chave está em nunca parar de aprender, em manter-se aberto ao novo e em valorizar as contribuições únicas que cada pessoa pode trazer.

Para os profissionais de RH que buscam inspiração, reforço que o aprendizado nunca para e que cada experiência, boa ou ruim, contribui para o nosso crescimento. Não tenha medo de buscar novos caminhos, de desafiar o *status quo* e de lutar por um ambiente de trabalho melhor e mais justo.

Acredite no seu potencial, invista no seu desenvolvimento e, acima de tudo, mantenha-se fiel aos seus valores. O mundo do RH precisa de líderes comprometidos com o bem-estar das pessoas e com a transformação das organizações. Juntos, podemos criar um futuro em que cada pessoa se sinta valorizada e tenha a oportunidade de prosperar. Afinal, o verdadeiro impacto do RH está em tocar vidas, construir relações significativas e fazer a diferença, um dia de cada vez.

A atuação estratégica do RH como parceiro do negócio

Juliana Arrais de Morais Moreira Minasi

LINKEDIN

Casada com Lucas, mãe de Davi e Caio.

Diretora de Recursos Humanos, consultora, *coach*, palestrante e professora. Graduada em Psicologia pela PUC-GO, MBA Executivo Internacional pela FIA, pós-graduação em Gestão de Pessoas, MBA Executivo em Liderança e Gestão Empresarial. *Coach* de pontos fortes pela Gallup, Executive Coach Certification pela SLAC, formação em Coordenação e Dinâmica de Grupo. Diretora voluntária de Gestão da ABRH Brasil. Possui mais de 15 anos de experiência na área de Recursos Humanos gerenciando os subsistemas de RH, cultura e clima, *talent management*, *business partner*, segurança do trabalho e relações sindicais, tendo atuado em empresas nacionais e multinacionais, como JBS S/A, RG LOG Transporte e Logística, Hypera Pharma e Rennova.

"RH não é sobre RH, e sim sobre negócio. É sobre garantir talentos, organização e liderança que criem valor para os stakeholders e que ajudem as organizações a performarem bem e terem sucesso em seu mercado." Dave Ulrich

Prazer! Sou Juliana, uma pessoa de sorriso fácil, esposa do Lucas e mãe do Davi e do Caio. Gosto de impactar positivamente a vida das pessoas. Amo viajar e comparo a vida a uma longa viagem, pois estamos aqui de passagem.

Minha jornada começou em Goiânia, filha de Julia, uma nordestina, e Afonso, um goiano. Meus pais sempre valorizaram a educação e minha mãe, além de me inspirar a seguir Psicologia, me apresentou ao mundo corporativo, onde escolhi atuar em Recursos Humanos (RH).

Minha experiência com liderança começou cedo, participando de projetos e ações como representante de sala na escola, membro da comissão de formatura na faculdade e líder de grupo na igreja. Durante a faculdade, estudava de manhã, fazia estágio à tarde e ensinava inglês à noite. No último ano, fui convidada a substituir uma coordenadora de ensino durante sua licença-maternidade. Esse desafio, minha primeira experiência em liderar pessoas mais experientes, desenvolveu em mim habilidades de gestão e relações interpessoais que carrego até hoje. Aprendi a valorizar a perspectiva dos outros, a pedir ajuda quando necessário e a me preparar bem para conversas difíceis.

RH e a parceria com as lideranças

Logo que me formei, consegui um emprego em uma multinacional no ramo de alimentos como analista de gente e desenvolvimento. Um ano depois fui convidada pela empresa para trabalhar no escritório corporativo em São Paulo liderando o programa de *trainee*. Quando eu estava na fábrica, as queixas que eu mais ouvia do time de RH era que a equipe do escritório corporativo criava programas e projetos que não estavam de acordo com a realidade das fábricas. Eu pensei: "Agora que estou no corporativo liderando um programa, como posso fazer diferente?".

Aqui compartilho mais um aprendizado. O primeiro passo foi conversar com os RHs das 16 fábricas que tinham *trainees* presentes e entrevistei cerca de cem deles que já haviam passado pelo programa. Esta ação contribuiu para ampliar a visão das áreas envolvidas e gerou informações relevantes para propor um novo desenho para o programa que tivesse maior aderência à dinâmica da fábrica. Mas isso ainda não era suficiente, pois o sucesso do programa dependia do engajamento de outras lideranças, por exemplo, gerente industrial. Para firmar esta parceria, consegui aprovação para visitar pessoalmente as 16 unidades espalhadas pelo Brasil, onde investi meu tempo me reunindo com pessoas chave, demonstrando o valor do programa para as pessoas e para o negócio.

Trago em minha bagagem profissional esta prática de me aproximar das áreas, entender "as dores", necessidades e desafios de cada departamento, assim como entender como funciona o negócio, e isto fez a diferença como RH.

Ao sair da multinacional, eu assumi o cargo de gerente em uma empresa de logística, com o desafio de implantar os processos e subsistemas de RH. Entrei novamente em uma zona de aprendizagem no que diz respeito ao negócio. E o que fiz? Pedi para as pessoas me apresentarem o que elas faziam, seus entregáveis, suas metas, desafios, conquistas, dificuldades e o que esperavam da área de RH.

Foi entrando no negócio e no modelo de mundo do outro que tive um diagnóstico sobre cultura, clima, liderança e pessoas. Esses dados nortearam a construção das ações e estruturação da área de RH. Transformando em prática, nenhuma ação era implantada sem alinhamento com as lideranças, por exemplo, programa de treinamento para motoristas, que estão constantemente viajando. De nada adiantaria criar um programa de treinamento que exigisse presença constante na sede se a natureza da atividade do motorista é externa. Da mesma forma, as ações de RH devem respeitar as particularidades dos negócios, ou seja, contemplar equipes internas, externas e diferentes turnos de trabalho.

Retornei para a multinacional para gerenciar o RH de uma fábrica com cerca de 1.200 colaboradores. Além do time de folha, ponto, seleção e desenvolvimento, eu era responsável por segurança do trabalho, lavanderia, vestiário e restaurante. Fiz o mesmo movimento de escutar as pessoas e recebi muitas críticas em relação ao RH: "A equipe é distante das pessoas, se preocupa mais em apontar os erros", "o RH daqui parece que não gosta de gente", "o RH não nos deixa demitir, promover, nem movimentar pessoas". Uau! Que pancada!!! E agora, como reverter isto? Movimentei o time para conhecer o negócio, a fábrica, as pessoas e as lideranças. Se havia um problema da liderança na tratativa do ponto dos colaboradores, o analista se deslocava para a fábrica para orientar, ensinar e solucionar junto com os gestores. Aprendemos que a liderança precisava de informações e desenvolvemos a Academia da Liderança, levando temas sobre políticas, processos e indicadores de pessoas. Semanalmente havia a Reunião de Pessoas com gerentes, coordenadores e supervisores apresentando indicadores de gente e gestão. **RH que gera dados influencia a liderança a tomar melhores decisões.**

Sou muito grata pela parceria que meu time criou com as lideranças, fortalecendo a relação do RH com as demais áreas de negócio e entendendo genuinamente o nosso papel como agente de mudança e transformação.

Menos e-mail, mais no meio

Certa vez ouvi de uma gestora a frase que se conecta com meu propósito e replico diariamente: **"Menos e-mail, mais no meio"**. Não geramos valor como RH sentados atrás de uma mesa e um computador. RH é movimento, é trocar as lentes com as áreas de negócio, é gerar resultados por meio de pessoas.

Foi com esta bagagem de atuação generalista e proximidade com o negócio que aceitei um novo desafio na carreira: implantar a área de consultora interna, *business partner* (parceiro de negócio), em uma grande indústria farmacêutica.

Este desafio exigiu o desenvolvimento de uma série de competências de que falarei mais à frente, mas gostaria de reforçar que, em um processo de implantação de um novo modelo de atuação, estar no meio, praticar a escuta ativa e entender os principais desafios das áreas fez toda a diferença.

Consultoria interna de RH

Antes de contar sobre os desafios de implantação do modelo de atuação do **consultor interno (*business partner*)**, é importante resgatar alguns conceitos.

Cliente Interno/*stakeholder*: é um profissional, um grupo de trabalho, um setor, departamento, que o consultor quer influenciar, sem exercer controle.

Orlickas (1999) e França (2007) apontam que a **consultoria interna de RH** visa monitorar rapidamente os focos de insatisfação, atender à maioria das necessidades dos colaboradores e gerar **proximidade entre cliente e consultor**, maior interação e criação de uma relação de confiança, menor custo fixo e maior facilidade na avaliação e controle do trabalho efetuado.

O BP (*business partner*) alinha estrategicamente as necessidades de gestão de pessoas (RH) com as necessidades da empresa (negócio) gerando resultados mais eficientes para ambos.

O consultor não precisa ser um profundo conhecedor das situações a serem analisadas, mas precisa ter boa visão do que ocorre e o que passará a ocorrer com as alternativas propostas.

A consultoria interna é resultante da evolução da área de RH e atua como ferramenta estratégica de mudança, agregando valor significativo às organizações. O modelo traz algumas vantagens:

- Proximidade entre cliente e consultor;
- Melhor atendimento ao cliente interno (*stakeholder*);
- Maior interação e a geração de uma relação de confiança;
- Rapidez na resolução de problemas;
- Permite atender a maioria das necessidades dos *stakeholders*;
- Multifuncionalidade do consultor interno (generalista);
- Melhoria da percepção da área de RH como parceira do negócio.

Frentes de atuação do *business partner* (BP)

Implantar o modelo de consultoria interna exige coragem e ética, pois, além da forma de atuação junto ao cliente interno/ *stakeholder*, como citado acima, há uma mudança "porta para dentro", que exige comprometimento da alta direção, definição de papéis e responsabilidades do BP e áreas especialistas, revisão de políticas de RH, desburocratização de processos, capacitação dos profissionais e investimento em sistemas.

O movimento de conhecer a área de negócio e atuar em parceria deve acontecer tanto "porta para fora" como "porta para dentro" do RH. É fundamental que o BP conheça os processos internos das áreas especialistas, políticas do RH e estimule a cocriação de soluções.

Entender as necessidades do cliente não significa que

devemos atender aos pedidos, mas conhecer bem suas necessidades, fazer perguntas assertivas para entender o contexto, analisar dados, explorar alternativas e apoiar em tomadas de decisão sobre pessoas e negócio.

Utilizando as premissas acima como prioridade, construí junto ao time de consultores internos da empresa as frentes de atuação do BP:

- ACOLHER: conhecendo as pessoas de forma genuína, com empatia e escuta ativa, construindo assim um ambiente de confiança;

- ORIENTAR: influenciando a tomada de decisão dos *stakeholders* e áreas especialistas através do conhecimento do negócio e de práticas/políticas de RH;

- IMPULSIONAR: estimulando o time de RH a cocriar soluções para o desenvolvimento das pessoas e do negócio;

- EMPODERAR: fortalecendo as atitudes da liderança com ferramentas, indicadores e dados de gente contribuindo para uma atuação de alta performance.

Competências que geram valor

Aprendi ao longo da jornada que atuar de forma estratégica é mais sobre dizer "não" do que "sim". Atuar na linha de frente com as lideranças das áreas exige o desenvolvimento de algumas competências que resumo na imagem abaixo:

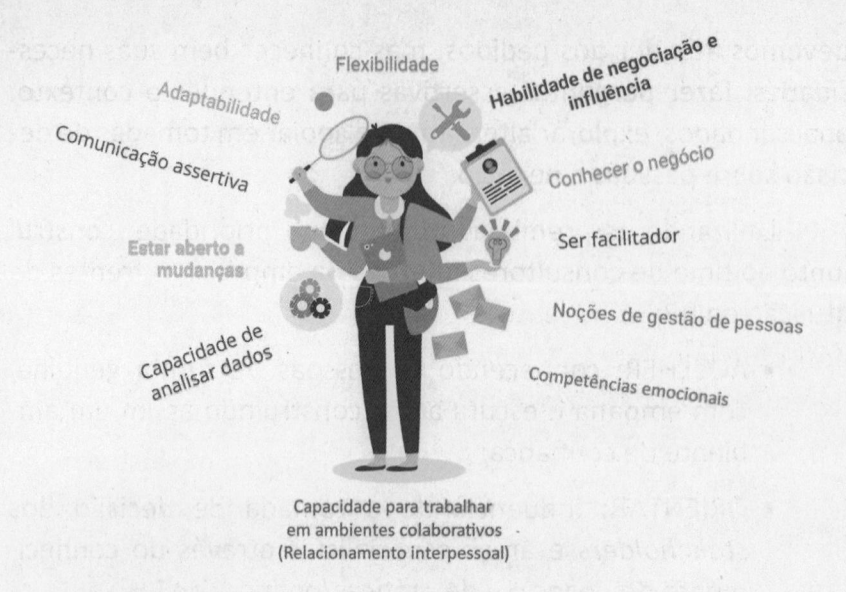

- Flexibilidade
- Adaptabilidade
- Habilidade de negociação e influência
- Comunicação assertiva
- Conhecer o negócio
- Estar aberto a mudanças
- Ser facilitador
- Noções de gestão de pessoas
- Capacidade de analisar dados
- Competências emocionais
- Capacidade para trabalhar em ambientes colaborativos (Relacionamento interpessoal)

Neste contexto, gostaria de convidar você, leitor(a), a fazer algumas reflexões:

– Das competências citadas acima, em quais delas você mais se destaca? Em qual(ais) competência(s) poderia investir mais energia para desenvolver?

– De zero a dez, o quanto você conhece do negócio onde trabalha/atua? Como isto pode contribuir e gerar valor em seu trabalho atual?

– Como tem explorado a sua capacidade de se relacionar com pessoas diferentes, pares, subordinados, gestores e alta liderança?

A autoanálise gera consciência. A autoconsciência gera ação.

Estar em movimento, para mim, é sinônimo de vida, energia e propósito. Por isso, tenho sede em aprender, seja por meio de estudos, cursos e formações, ou aprendendo com o outro, participando de associações (Associação Brasileira de Recursos Humanos - ABRH), grupos de *network*, eventos e congressos.

Ter pessoas referência como mentores é um ótimo caminho para ampliar a consciência, principalmente em momentos que exigem tomadas de decisão. Quem são os mentores que fizeram a diferença em sua jornada? Quem são os possíveis mentores que podem apoiar você hoje e no futuro?

Propósito

Trabalhar com gente e gestão me conecta com meu propósito de impactar positivamente a vida das pessoas, atuar no desenvolvimento de times, lideranças e talentos.

Construir uma carreira de sucesso exige conexão entre valores pessoais, ética, humildade para reconhecer erros e aprender de forma contínua, interessar-se genuinamente pelo outro, brilhar os olhos para novos desafios e não ter medo de arriscar.

Em 2020, em plena pandemia, um filho de quatro anos e grávida do segundo filho, recebi a proposta para assumir um novo desafio no corporativo da empresa, em São Paulo. Apesar de toda a minha rede de apoio estar em Goiânia, meu marido me apoiou, analisamos o cenário e decidimos nos mudar para São Paulo. Gratidão a ele e a minha família. No fim, tudo se ajeita, e encontramos anjos no caminho para nos apoiar ao longo da jornada.

Em junho de 2024, a vida me presenteou com mais um desafio: assumir a cadeira de diretora de RH em uma empresa de saúde e beleza, em Goiânia.

Conectar-se consigo mesmo (autoconhecimento), entender o que o(a) move e aonde quer chegar, buscar o equilíbrio entre os diferentes papéis que assumimos ao longo da vida (principalmente as mulheres) são as minhas recomendações para ser feliz e, consequentemente, construir uma carreira de sucesso.

Caso seja necessário recalcular a rota, está tudo bem! Aprender a pedir e aceitar ajuda é um grande diferencial e pode tornar o caminho mais leve em direção ao seu propósito.

Gratidão

Ninguém constrói uma carreira de sucesso sozinho. Trago em minha bagagem pessoal e profissional muitas pessoas que me ensinaram o que devo e não devo fazer.

Como uma pessoa de muita fé, agradeço a Deus, a meus pais, marido e filhos, que me ensinam todos os dias a ser uma pessoa melhor. A jornada de aprendizagem e construção de valores vem de todos os lados, família, irmãos, amigos, equipe, gestores e mentores.

Obrigada, Lady Morais, que me incentivou a assumir o desafio de compartilhar minha história escrevendo para um dos capítulos deste livro.

Agradeço a oportunidade de atuar no desenvolvimento de muitas pessoas por onde passei, seguindo firme em meu propósito.

Espero que minha história contribua para gerar reflexões, ampliar sua consciência e transformar em movimento!

A Importância do Treinamento e Desenvolvimento Humano Organizacional (DHO), tendo em vista a interseccionalidade de profissionais negras

Luciana da Silva Almeida Santos

LINKEDIN

Especialista em RH, Desenvolvimento Humano Organizacional e Diversidade, Inclusão, Equidade e Pertencimento (DIEP). Aos 48 anos, mãe de dois filhos e esposa há 32 anos, traz para sua carreira a riqueza das experiências pessoais e a paixão pela diáspora africana. Sua formação eclética combina conhecimentos em Direitos Humanos, Gestão Pública e Neurociência, revolucionando o RH. Sua expertise abrange programas de DIEP, mentoria e consultoria em inteligência financeira. Como docente na PUC-SP e consultora, molda as mentes que liderarão o futuro do trabalho. O foco em projetos ESG e aceleração de lideranças negras reflete seu compromisso com um mundo corporativo mais justo e sustentável. Lidera processos transformadores de cultura organizacional, promovendo bem-estar com uma abordagem inovadora e profundamente humana para o desenvolvimento integral de talentos.

É uma honra estar entre grandes profissionais do gênero feminino e entusiastas da área de recursos humanos dedicadas ao desenvolvimento de etapas para solidificar o ensinamento a partir de nossas particularidades. O Selo Mulheres® é uma marca de qualidade que representa oportunidade através dessa brilhante iniciativa de juntar profissionais de uma mesma área de atuação com o propósito de compartilhar conhecimentos e oportunizar o desenvolvimento de carreira de todos que necessitem de uma melhor condução por esses espaços profissionais, considerando todas as complexidades que as camadas interseccionais lhe conferem.

Antes de iniciar esse bate-papo sobre desenvolvimento humano organizacional e sua importância, gostaria de me apresentar.

1. Minha trajetória...

Meu nome é Luciana, sou uma mulher negra de pele retinta. Sou a quinta dos seis filhos do seu Francisco e Dona Anna. Sou esposa do Edson e mãe do João Lucas e do João Pedro. Já me considero uma profissional cinquentenária desse nosso Brasil às vésperas dos 49 anos e compreendo a relevância de discutirmos as múltiplas camadas identitárias durante o avanço de nossa trajetória profissional.

Acredito que a educação abriu espaços para minha atuação no mercado corporativo e, de certa maneira, me salvou. Minha composição acadêmica e educacional é pouco peculiar para a área de recursos humanos, mas vem ganhando espaço de atuação com *feedbacks* positivos.

Iniciei minha atuação profissional na área de contabilidade com formação técnica contábil, seguindo uma evolução previsível para a área financeira em uma instituição bancária, onde completei 15 anos de atuação. Obtive meu bacharelado em Administração de Empresas com habilitação em Comércio Exterior trabalhando nessa instituição, na área de Câmbio e Contábil, mas com tarefas laborais extremamente operacionais. O que me fez considerar uma nova formação que me certificasse para habilidades com maiores responsabilidades táticas e estratégicas. Nesse mesmo período, cumpria no contraturno operacional tarefas voluntárias para um grupo de afinidade etnicorracial e essa atuação no voluntariado foi responsável pela busca de novos aprendizados. E assim chegou minha extensão universitária em Gestão Pública (Unifesp 2017 – 2019) que me possibilitou compreender profundamente os desafios e oportunidades inerentes à gestão de projetos e políticas públicas e suas possibilidades de interseção e atuação de demandas sociais contemporâneas. Nessa fase construímos um espaço de curadorias do currículo de profissionais negros atuando com maior proximidade da área de recursos humanos, auxiliando na contratação, treinamentos e desenvolvimento desses profissionais negros.

O que me despertou forte identificação com as áreas de treinamento e desenvolvimento, impondo-me novas demandas de capacitação com cursos extracurriculares de aperfeiçoamento relacionados à atuação com pessoas: treinamento e desenvolvimento, recrutamento e seleção de forma afirmativa, entrevistas com avaliação e análise comportamental, habilitações que me preparavam para a atuação na área de diversidade, equidade e inclusão. E foram associadas a uma possibilidade de transição de carreira que teve início aos 45 anos de idade e propiciou meu ajuste de rota, mas alinhado ao propósito de vida. Que é de impactar positivamente a vida de cada pessoa que eu encontrar e puder de alguma maneira ajudar.

Assim, surgiu a necessidade de cursar extensão universitária em Diversidades em Inclusão em Direitos Humanos (Universidade de São Paulo/USP, 2022) que me proporcionou construção de uma base mais sólida para compreender e promover a inclusão em todos os âmbitos e recortes da sociedade. Consolidando minha atuação em consultorias de Recursos Humanos, consultorias de desenvolvimento de carreira, consultorias de inovação e construção de negócios e criatividade, nas quais venho atuando nas áreas de treinamentos e desenvolvimento de profissionais, aceleração de lideranças negras, desenvolvimento pessoal e comportamental, avaliação e análise de competências, mentoria de carreira para construção de um plano de desenvolvimento individual, materiais individuais, facilitação, palestras, *workshops*, atuação como docente em extensões universitárias.

Ahhh, foi um divisor de águas e crucial em um período relativamente curto, desde 2021 até agora, eu já estava imersa em construção de programas e projetos que se alinhavam mais profundamente com meu propósito de vida, guiando-me em direções mais decisivas e estratégicas. Passei a atuar em projetos com impacto social com possibilidade de cocriação de materiais formativos para treinamento e desenvolvimento da gestão e liderança.

Agora inserida em uma apaixonante área de construção de conhecimento e desenvolvimento humano em projetos de aceleração de lideranças negras, treinamento e desenvolvimento de competências e mentoria de profissionais, onde novamente entendi a necessidade de incluir projetos socioemocionais e alinhados com a construção ESG (ou ASG em português) que criam possibilidades de alinhar as diretrizes sustentáveis e assim chegou minha última, mas não menos importante, formação acadêmica até o momento, rsrsrs, a extensão e em Neurociência, Psicologia Positiva e Mindfulness (PUC, 2023) me atribuem especialização e análise do comportamento humano, me auxiliam na compreensão, me permitido através de ferramentas da Psicologia Positiva e Mindfulness encontrar caminhos para mensurar a felicidade coletiva através de instrumentos mencionados no fórum econômico mundial para construção de espaço e sensação de bem-estar corporativo e me impulsionam a promover ambientes mais propícios ao desenvolvimento integral.

Com esse relato, pretendo inspirar outros profissionais a se desafiar por caminhos nada convencionais e, dessa maneira, encontrar sua verdade contributiva para direcionamento de novos caminhos, mais saudáveis e melhores para trabalhar. Que prioritariamente considera a segurança psicológica como parte desse processo e incorpora nessas ações movimentos que contribuam com o bem-estar, "aquele sentimento de que a vida vale a pena e deve ser vivida integralmente".

2. A importância do Desenvolvimento Humano Organizacional

A área de Desenvolvimento Humano Organizacional (DHO) viabiliza um espaço para treinamento com profissionais dentro da organização, alinhando os processos de atuação com a área de recursos humanos. Possibilita encontrar caminhos para construção de um planejamento de carreira mais eficaz, empregando métodos para promover o crescimento individual e das equipes, identificando as melhores ferramentas para desenvolvimento do profissional em consonância com a necessidade de expansão das áreas estratégicas corporativas.

Utilizo minhas formações em Neurociência, Psicologia Positiva, Diversidade e Inclusão, Gestão Pública para adaptar os programas de treinamento à medida que as necessidades da organização evoluem, integrando a aprendizagem contínua como parte essencial da cultura organizacional.

3. O que é interseccionalidade? Como somos impactadas pelos vários eixos interseccionais?

A interseccionalidade, segundo as perspectivas de Crenshaw (2002, p. 177), conceitua um problema que captura várias consequências estruturais na dinâmica de interação entre dois ou mais recortes, por exemplo, raça, classe, gênero, entre outras possibilidades, eixos e recortes possíveis.

Ao abordar esse conceito que demonstra a sobreposição de camadas e diferenças através da interseccionalidade conseguimos encontrar várias sugestões de leituras, tais como as apresentadas na obra de Kimberlé Crenshaw, que cunhou esse termo em 1989 para difundir e irradiar melhor as diferenças encontradas nos recortes de gênero e raça, destacando o envolvimento das mulheres brancas durante e após esse período, enfatizando nossos pontos em comum. Podemos também encontrar nas obras de Lélia Gonzalez e suas considerações sobre o feminismo negro e amefricanidades. Mas aqui no Brasil a genialidade de Gonzalez foi referenciada pela estadunidense Angela Davis em "Mulheres, raça e classe", ganhando maior aplicabilidade em ações do nosso MNU (Movimento Negro Unificado).

Esse assunto é latente em minha construção identitária e não poderia deixar de ser mencionado como oportunidade e ação. Por ser mulher negra na área de recursos humanos e, empenhada na construção de treinamento e desenvolvimento de carreiras, pressuponho que precisamos falar mais sobre a carreira dessa parcela da sociedade ainda tão invisibilizada. É necessário mencionar a importância da diversidade de gênero e de raça com todas as nuances interseccionais que interferem negativamente no processo de crescimento, desenvolvimento e garantia de acesso de muitas. Sabemos de todos os desafios que encontramos para ocupar essas posições de liderança.

De acordo com um estudo do recente Grant Thornton (2023), empresas com pelo menos uma mulher em seu conselho têm um desempenho financeiro significativamente melhor do que aquelas que não têm nenhuma mulher. Já esse número para as mulheres negras aguerridas somam um pouco menos de 1% em conselhos empresariais no Brasil, segundo o jornal Valor Econômico 2023, e isso demonstra a necessidade de observar as complexidades desses recortes de forma apartada. Vale finalizar esse assunto mencionando estudo de Women in Business: Pathways to Parity, 20ª edição, de 2023, que enfatiza que a disparidade de gênero não conseguirá uma equiparação de acesso de homens e mulheres na liderança antes de 2053.

4. Necessitamos de investimentos específicos e uma construção equânime

Temos necessidades específicas para profissionais negras do gênero feminino. Essa é uma realidade que merece ser trazida à tona, precisamos falar sobre assuntos que, apesar de 136 anos de uma abolição, continuam construindo espaços de privilégios de uns em detrimento de outros. Reafirmo minhas convicções, deixando aqui uma observação: não tenho a intenção de ferir outras profissionais do gênero feminino não negras, apenas apontar desprivilégios e invisibilizações que precisam ser equalizadas para garantir oportunidades de acesso para profissionais negras com oportunidade de treinamento e desenvolvimento, aceleração, entre outras ações.

Não é novidade que profissionais negras enfrentam muitas barreiras e desafios para alcançarem posições de liderança no mercado de trabalho, especialmente em empresas e organizações de grande porte. Esses desafios estão relacionados a fatores estruturais e culturais que perpetuam a desigualdade salarial. Além do que, temos o racismo estrutural e o pacto narcísico da branquitude como pano de fundo nesses ambientes corporativos, impedindo que ocupem cargos com alta remuneração.

Podemos contar com desigualdades históricas e estruturais

advindas de ações discriminatórias, tais como o racismo, o machismo, o sexismo e o capacitismo que se refletem em diversos aspectos da vida das mulheres negras. E diminuem o acesso à educação e à formação profissional de qualidade, outro ponto é a desvalorização e escassez de reconhecimento do seu trabalho. A falta de representatividade nos cargos de liderança e a ausência de políticas afirmativas para a inclusão de pessoas negras do sexo feminino em processos seletivos e de ascensão profissional favorecem a perpetuação das desigualdades.

Apesar desses muitos obstáculos mencionados, podemos vislumbrar profissionais negras construindo trajetórias fantásticas de sucesso e superação, com muito esforço, dedicação e perseverança. Elas têm-se destacado em áreas como a medicina, a advocacia, a cultura e a política, mostrando que a competência e o talento não têm cor nem gênero.

Temos mulheres atuando nas áreas de TI, embora em menor número que o gênero masculino. Observamos cada vez mais mulheres buscando carreiras na tecnologia e alcançando sucesso. De acordo com um relatório da ONU Mulheres, as mulheres estão liderando *startups* em áreas como inteligência artificial, tecnologia financeira e robótica. (Esses dados são referentes ao recorte de gênero.)

Outrossim, as mulheres estão se sobressaindo em profissões tradicionalmente masculinas, como Engenharia e Ciência, áreas prioritariamente dominadas pelos homens. Temos mulheres que estão estudando e trabalhando, fazendo grandes contribuições nessas áreas.

No entanto, não temos como romantizar, existe muito trabalho a ser feito para garantir a igualdade de oportunidades para todas as mulheres no mercado de trabalho. A desigualdade salarial ainda é uma realidade para todas nós do sexo feminino e as camadas raciais ampliam esse problema. Temos mulheres frequentemente ganhando menos do que os homens pelas mesmas tarefas laborais desempenhadas.

É importante que mulheres negras sejam encorajadas a buscar carreiras em áreas onde estão sub-representadas e que tenham acesso a programas de mentoria e treinamento para ajudá-las a desenvolver suas habilidades, tais como organização e planejamento de tempo, organização financeira, acesso a ferramentas ágeis que possibilitem avançar em suas carreiras. Queremos uma visão mais equânime e diversa na qual profissionais podem e devem ser ajudados e sejamos vistas como agentes de mudança e transformação.

5. Mãos na massa

Como colocar a mão na massa e ajudar na evolução? Quero que minha contribuição literária possa alcançar algumas dessas pessoas e inspirá-las a buscar ferramentas que as ajudem a evoluir positivamente em suas carreiras.

Com o auxílio de programas de diversidade, ações afirmativas, mesmo a passos menos largos do que imaginávamos, estamos observando mulheres negras, em esferas profissionais, que têm evoluído substancialmente ao longo dos anos, propiciando que encontrem posições de trabalho mais condizentes com a dignidade dos esforços dessas profissionais. É importante pontuar que, apesar dos progressos, são muito aquém dos esforços despendidos para esse objetivo.

Para ampliar essas possibilidades devemos incentivar movimentos de vitória, sejam de qual tamanho forem, direcionando caminhos com desenvolvimento. Ter acesso a programas de mentoria, programas de capacitação para ajudá-las a desenvolver suas "capabilities", ou seja, treinar competências, construir planejamento de tempo, organização financeira, acesso a ferramentas ágeis. Esses conhecimentos constroem possibilidade de mudanças comportamentais e acesso a oportunidades de desenvolvimento.

Vou detalhar melhor a seguir:

5.1. Mentoria

A mentoria proporciona não apenas orientação, mas direciona caminhos, oferecendo sessões individualizadas ou em conjunto para identificação das dores e construção nos ajustes de rota para essas profissionais, que seja espaço de troca e de acolhimento que propicie o fortalecimento, a construção de pertencimento identitário para essas profissionais superarem desafios específicos e atingirem metas de desenvolvimento.

Observando continuamente o impacto dos programas de desenvolvimento humano organizacionais e resultados organizacionais. tornando-se, assim, uma ferramenta potente de investimento genuíno de melhorias mensuráveis e aumento de desempenho e performance.

5.2. Organização de tempo

A gestão de tempo tem-se revelado uma competência essencial para atingir metas profissionais e pessoais. Auxilia esses profissionais a ter consciência dos processos e estabelecer metas atingíveis e mensuráveis para priorização de tarefas, contribui para a elaboração de um cronograma de planejamento eficaz dentro de prazos melhores estabelecidos.

5.3. Organização financeira

Não dá para deixar de lado a organização financeira, ainda que seja um grande desafio. Orientações sobre planejamento e disciplina são cruciais para manter a saúde financeira. Conforme mencionei no artigo na plataforma Suno, vamos começar a estabelecer um orçamento, eliminando despesas desnecessárias, fixando metas financeiras, empregando o crédito com sapiência e mantendo todos esses passos muito bem registrados. Viabilizando esses registros sob controle para concretizar seus sonhos e propósitos.

5.4. Ferramentas Ágeis

Por fim, mas com a mesma relevância dos outros passos, podemos usar a tecnologia e as ferramentas ágeis a nosso favor e, assim, amplificar as possibilidades de um trabalho com maior colaboração e transparência. Temos vários exemplos de ferramentas ágeis que encorajam a equipe a trabalhar de forma mais integrada e com mais experiências, promovendo melhoria contínua e ajustes nos momentos mais adequados.

Assim sendo, concluo este guia enfatizando a relevância da observação interseccional e suas complexidades para construção de estratégias que contribuam veementemente com programas efetivos e que promovam diversidade, segurança psicológica, ambientes seguros, respeitosos e inclusivos no contexto do desenvolvimento humano e gestão do clima organizacional. Precisamos de todos para possibilitar essas ações transformadoras. E nos lembrar da citação de Mahatma Gandhi: "Seja a mudança que você deseja ver no mundo."

A ciência com a arte – navegando a carreira no RH

Marcia Franciscato Drysdale

LINKEDIN

Executiva com mais de 30 anos de experiência em Recursos Humanos, construída em indústrias diversas como Avon, Rhodia Poliamida, Cargill, Microsoft, dsm-firmenich, e mais recente Evertec-Sinqia – sempre atuando como gestora da área de Pessoas, Desenvolvimento Organizacional e Humano, e liderando processos de transformação. Atuou para Brasil e América Latina e trabalhou por quase dois anos nos Estados Unidos num projeto de Change Management pela Avon. Formada em Psicologia, concluiu MBA em Recursos Humanos pela FEA/USP, certificação em Change Management pela PROSCI, e Neurocoaching pela Fellipelli. Ama ser mãe do Rafael e do Alessandro. É aliada da Diversidade, Equidade e Inclusão.

Carreiras no contexto organizacional

No meu início de carreira aprendi que o link entre a estratégia e a carreira estava na formação de pessoas com habilidades necessárias para entregar resultados de qualidade.

Os **processos, a disciplina da execução, isso incluído na formação (carreira) dos colaboradores, seriam as evidências para determinar o alcance da estratégia**.

Um pouco mais adiante me inseri num ambiente um pouco mais dinâmico, onde a qualidade com relação aos **pedidos perfeitos para os clientes consumidores era o principal motivo de sucesso** – e esses pedidos, cada um com sua especificidade, era realizado por pessoas.

Neste cenário, a **identificação do perfil mais adequado**, com algumas características, principalmente de **orientação ao cliente, destacava os profissionais para desenvolver suas carreiras nesta organização**. E era comum e natural lançar esses talentos no desafio e esperar que somente com isso eles sairiam do outro lado com sucesso – sem a muita orientação.

Você já ouviu a expressão: "afundar ou nadar?".

Mais adiante, ampliei muito minha perspectiva sobre **a**

carreira dos talentos na execução da estratégia das organizações que se seguiram na minha experiência profissional nesta área.

E, ao expandir além dos fatores básicos, com oportunidades de carreira tradicional, observei o impacto positivo que **as dinâmicas organizacionais que geram a cross-fertilização de talentos pela empresa** têm: como **oportunidades zig-zag enriquecem a carreira** daqueles que mantêm disciplina a respeito do seu processo de desenvolvimento e contribuem para **uma estratégia bem-sucedida – seja para o indivíduo, seja para a organização** – com uma contribuição muito mais ampla do capital humano, muito além do crescimento vertical.

Na era da **economia digital**, as carreiras passam por **transformações significativas – consequência dos constantes avanços tecnológicos –** e o **sucesso da estratégia passa por navegar entre: inteligência artificial, habilidades digitais, trabalho remoto ou flexível, necessidade de aprendizado contínuo, freelancing, empreendedorismo digital**.

Este é um tema em evolução, e o que será que vem depois?

Princípios básicos – Planejamento de Carreira

E para mim, seja pela função profissional, seja como uma pessoa, sempre que o assunto é **carreira & estratégia**, os **princípios básicos** que se aplicam em tudo têm a ver com:

A. **Autoconhecimento** – conhecer o que você gosta de fazer, o que deseja ser, sua potência, e suas áreas sombrias.

B. **Entendimento** das **expectativas do seu entorno** – e da sua estratégia de curto, médio e longo prazo > necessidades do negócio.

C. **Priorização** dos pontos fortes (potencializar) e as oportunidades a desenvolver.

D. **Plano formal** – colocar no papel, e articular com pessoas de confiança – enviar mensagens importantes ao cérebro de organização e ação.

A construção de uma jornada

Eu comecei a trabalhar aos 16 anos, e eu era secretária - assistente executiva, quando entrei na faculdade de Psicologia com 18 anos, no horário noturno – ou seja, eu já tinha uma profissão ou "uma carreira".

No final do terceiro ano da faculdade eu comecei a **buscar oportunidades de estágio para conhecer a** Área **de Recursos Humanos**. Nesta época eu conhecia muito pouco sobre o **profissional de Recursos Humanos** – venho de uma família muito estruturada, mas de poucos estudos e não tive orientação em casa sobre o que esperar e como me **preparar para esse mundo corporativo**.

A geração que está entrando no mercado de trabalho atualmente tem muita informação disponível, e mesmo que sua família não tenha a experiência para orientá-los, **existem muitas oportunidades de conhecer sobre empresas e profissões, principalmente de mentorias (B)**.

Buscar suporte de profissionais experientes nesta fase de início de atividade profissional **pode ajudar você a eliminar barreiras, ganhar mais informação** sobre as opções de profissão e melhor direcionamento.

Desde que eu comecei, nas **atividades mais básicas, eu sempre me dediquei com muita humildade (A)**, sempre encarei todas elas como uma etapa de aprendizado.

Essa talvez seja a primeira lição que eu daria a quem está começando no RH: **todas as atividades que lhe pedirem para fazer lhe trarão a oportunidade de aprender alguma coisa, então não julgue as tarefas e as execute sempre da melhor maneira possível**.

Marcia Franciscato Drysdale

Aprendizados e experiência com Trabalho Voluntário

No início dos anos 90, me lembro que já graduada eu participei de uma jornada de preparação do departamento de Recursos Humanos e da empresa para a **certificação ISO 9000**. Eu não tinha conhecimento algum disso, mas eu percebia que isso era muito importante naquela época para a empresa e principalmente para meu departamento – eu participei deste **processo com muita dedicação**, hoje me lembro com a sensação de fazer parte de algo muito importante que me ensinou a entregar meus conhecimentos e habilidades com **muita responsabilidade.**

Ainda no início da minha vida profissional em Recursos Humanos, eu fui convidada a **fazer parte de Grupos de Trabalho** em uma Associação de Recursos Humanos da qual a empresa era associada, pois havia rituais mensais de *networking* nos quais a empresa tinha muito interesse que a gente participasse.

Isso parece um detalhe, mas eu reconheço nesta experiência inicial muito estímulo sobre temas diversos e ao mesmo tempo muita exposição, pois é um lugar que precisa **de voluntários para trabalhar** e foi o que eu fiz muito cedo – comecei a **trabalhar na coordenação do grupo de que eu fazia parte (C)**.

Isso significou mais interação com meu trabalho na empresa e em consequência retorno de valor para a empresa, e ao mesmo tempo mais atividades extraordinárias, que trouxeram experiências e um retorno muito positivo na minha carreira.

Até hoje valorizo esse trabalho voluntário, dedicando tempo de intenção em outras áreas que podem ou não ter conexão com a área profissional, mas que ajudam a formar o profissional.

> Buscar fontes de **aprendizado dentro e fora da empresa** – e trabalhar, devolver para sua comunidade (exemplo das associações e grupos de trabalho na sua área).

Liderança e Mentoria

Eu tive o privilégio de ter trabalhado com alguém que além de **diretor de RH foi meu mentor (B)**. Recordo-me quando ele **me indicou para ir participar de uma reunião de educação global da empresa em Nova Iorque (D)** representando o Brasil e me preparou (mentoria) com dicas preciosas sobre minha forma de apresentar o conteúdo neste fórum.

Ele me ensinou a falar com orgulho sobre nosso país, organizar as ideias e os dados, e ao mesmo tempo reconhecer as diferenças de linguagem – além do idioma – que também foi o desafio deste *assignment* de desenvolvimento e um importante marco na minha carreira: minha primeira reunião e apresentação internacional.

Mentores e mentoras são pessoas a quem expresso profunda gratidão por terem feito parte da minha carreira.

Encontre pessoas com experiências que poderão preparar você na entrega de novas atividades, e principalmente **encontre mentores** em vários estágios da sua carreira **para orientá-lo**.

Oportunidades Internacionais – Invista em Você

Uma oportunidade incrível que tive foi trabalhar num **projeto de Desenvolvimento e Gestão de Mudanças** com um time de pessoas de outros países, em que eu estava representando a América Latina. Esse tipo de desafio que envolve desde **o diferente idioma** até a **forma de pensar**, incluía a **pressão da expectativa da alta liderança** e dos **prazos** para que fôssemos capazes de devolver uma solução que pudesse ser implementada nos **quatro cantos do mundo**.

Foco no nosso objetivo, **disciplina e capacidade de execução foram fundamentais**, mas principalmente **escuta, influência, cooperação** – no final como fazer com que esse grupo **de cinco pessoas de países diferentes produzisse um resultado espetacular**, que fosse maior que o resultado individual de cada um de nós. **(B) (C)**

As viagens internacionais começaram cedo também, sou muito grata a essas oportunidades e acho importante colocar essa situação em perspectiva: **viagem a trabalho é viagem para trabalho**. Ainda assim é possível aproveitar um pouco para **explorar sobre o lugar**, ter curiosidade e aproveitar o tempo para mergulhar com as pessoas locais desfrutando dessa interação para **conhecer os hábitos e costumes do país. (C)**

Aprendi a apreciar ainda mais as oportunidades de participar de fóruns internacionais, inclusive autofinanciei alguns deles e aproveitei ainda mais minha participação independente. As conexões com pessoas, o *networking*, as oportunidades de aprendizado e exposição são alguns dos benefícios de carreira que eu testemunhei.

Autoconhecimento – Usar suas fortalezas

A situação demandava **chegar cedo, ser organizada, cumprir minhas entregas** mesmo que implicasse ter que **trabalhar horas adicionais, refazer os processos, cobrar outras pessoas, ir atrás para aprender sobre coisas que não sabia e não tinha quem me ensinasse (B)**.

Sempre gostei **de trabalhar cedo** ao invés de ficar até muito tarde ou virar a noite trabalhando. Respeito os diferentes relógios biológicos, mas **estar pronta cedo para estudar, colocar uma ideia no papel, preparar as coisas, revisar planejamento de eventos, falar com as pessoas disponíveis, foi a forma de utilizar o momento de maior produtividade a favor dos melhores resultados.**

Para mim, esse **horário matutino me ajuda a ter a clareza da estratégia e das ações, e de todos os desafios e oportunidades de maneira mais fluida (A)** – como dizemos: com a mente fresca.

E, desde que iniciei em Recursos Humanos, sabia que **esse era meu lugar (A)**. Eu não me lembro de ser uma pessoa com ambições de carreira "como um fim", via sempre como um meio para aprender as coisas, ter oportunidades. Isso ajudou a estar plena e viver as condições favoráveis no momento certo.

> É muito importante a disciplina de **se conhecer** e **alinhar expectativas com seu entorno** (necessidades do negócio), **priorizar ações e executar.**
>
> **Seja referência em área específica de conhecimento** que se dedicou a dominar.

Mas eu sempre fui muito focada em fazer o melhor a respeito do desafio que me deram, **segurar a ansiedade** (A) para o próximo passo, e posso dizer que as coisas aconteceram no momento certo de acontecer.

Isso me ajudou a estar muito focada nos desafios como eles se mostravam, viver as experiências e as pessoas envolvidas com curiosidade para aprender e me dedicar por inteiro. Essa **presença, foco,** ajuda a **completar as etapas com qualidade**, com **construção de confiança** dos *stakeholders* envolvidos, e sustenta um **crescimento contínuo.**

Conectar com outras disciplinas – estabelecer sua Marca Pessoal

Lembro que desde cedo eu queria **me envolver com outros**

temas e com projetos fora de Recursos Humanos – quanto mais **multidisciplinar** melhor **(A)**. Além de me aproximar e aprender mais sobre a empresa, me permitiu contribuir com esses projetos de maneira diferenciada – pela **simples visão humanizada** – e **ganhar experiência sob temas organizacionais mais complexos e mais abrangentes** *on-the-job*. E a satisfação no final é uma **recompensa** à parte.

Desde muito cedo eu me **tornei referência** em na minha área de atuação e conhecimento – isso se deu pela busca interna e externa de mais informações e oportunidades.

Também sempre fui muito dedicada e isso me aproximou das pessoas com quem eu trabalhei diretamente ou convivia no ambiente profissional. Para mim, **ser referência pelos conhecimentos e também pela atitude me ajudaram a construir uma reputação muito positiva. (A)**

No início de carreira não me lembro de ter pensado a respeito da minha **marca pessoal** – eu fui aprender isso depois –, mas aí é onde reside a beleza deste tema – a **sua marca tem que ser a sua essência**. O que é aquilo que você faz naturalmente? Ainda bem que a natureza aqui facilitou um pouco as coisas, me ajudou desde o princípio a me relacionar com os outros de maneira consistente e construir uma reputação positiva.

Se **lance em projetos** que lhe permitam conhecer outras funções, outras culturas, pois, além da enorme contribuição que você pode fazer, lembre-se da chance de **desenvolver** *soft skills* **importantes por trabalhar com pessoas muito diferentes** com objetivos comuns.

Minhas reflexões

Expressei a vocês aqui exemplos da ciência e da arte relacionados ao tema de Carreira e Estratégia e, antes de finalizar, queria compartilhar **dois pontos de reflexão**:

Voltando no tema digital e os impactos nas carreiras com estimativas de vidas profissionais mais longas e de qualidade – é um fato que **adaptar-se, aprender coisas novas, se atualizar constantemente é o que determina uma reinvenção estratégica de carreira bem-sucedida.** Não tem fim de carreira. Não existe uma única carreira, o sucesso do passado não significa o sucesso de hoje ou de amanhã. Mudou o significado de aposentadoria, as pessoas estão falando de 2ª, 3ª carreira e com idade cronológica avançada.

Já pensou sobre isso, leitor? Quais são as áreas em que você tem aptidão, mas que ainda não teve chance de deixar florescer?

O outro tema é que nunca foi tão crítico **cuidar da nossa saúde emocional**. As transformações constantes, num ritmo acelerado, exigência de aprender a lidar com tudo isso para seguir crescendo – quando não há um nível saudável de consciência pode levar o individuo a uma ansiedade demasiada, e até adoecer.

A gente não consegue fazer os avanços tecnológicos desacelerarem, mas sim investir no nosso autoconhecimento que nos ajude a **ressignificar essas emoções e cuidar para** não adoecer. Esse autocuidado ganhou muita relevância e na minha opinião deve fazer parte das ferramentas de qualquer um hoje em dia consciente de construir uma carreira alinhada com suas expectativas e a estratégia de maneira sustentável.

Não tenha pressa, **viva o presente**. A ansiedade, além de não lhe permitir curtir a jornada, pode atrapalhar seu foco para executar com qualidade, pode gerar autossabotagem e diminuir os aprendizados.

Cuide de si, da sua saúde, da sua família e **priorize aquilo que é importante para você**. **Se respeite** antes de todo mundo. E sempre **cuide das pessoas ao seu redor** também.

Desafios e aprendizados na transição de carreira: da Engenharia ao Recursos Humanos

Mariana Mancini

LINKEDIN

É diretora de Recursos Humanos e Diretora de HR Solutions para a a América Latina e colíder global da *ERG (Employee Resource Group)* Prime, cujo foco é diversidade etária. Com mais de 12 anos de experiência progressiva em cargos de liderança em Recursos Humanos, atualmente lidera um grupo de HR Business Partners em diferentes países e sites, e também lidera o time de Relações Trabalhistas e Sindicais para a região. Antes deste cargo, atuou por quatro anos como Consultora do Centro de Excelência de Aquisição de Talentos. Antes deste papel em *Talent Acquisition*, trabalhou como HR Business Partner/líder de HRBPs na América Latina por sete anos, atendendo a todos os negócios e funções da Dow e da antiga Dow AgroSciences. É engenheira de Alimentos com pós-graduação em Administração de Empresas e Certificado em Gestão de Marca Empregadora. Mora no Brasil, é casada e mãe de um menino lindo e de uma menina fofa, além de também ser mãe de dois cãezinhos adoráveis.

— RH? RH de... Recursos Humanos? É isso mesmo, filha? – perguntou meu pai.

— Sim, pai. RH. Estou fazendo uma transição de carreira – respondi.

— Mas por quê? Você não estava gostando do seu trabalho? Descobriu que não gosta de ser engenheira? Você estava com problemas na empresa e iam te mandar embora? Ou nessa função você vai trabalhar menos e assim você pode pensar em filhos? – tenta analisar ele, visivelmente surpreso.

— Não é nada disso... decidi aproveitar a oportunidade.

Ele me olha com uma cara de desconfiado, e meu marido pergunta, distraído, sobre um dos vários jogos de futebol que aconteceriam naquele fim de semana – o que foi suficiente para mudar de assunto.

Transição de Carreira

Minha mudança para RH foi assim, inesperada. Mas muito acertada: o que poderia ser apenas uma passagem se transformou em uma carreira de complexidade ascendente, com muito aprendizado, realizações e um sentimento de que gero mais impacto aqui do que quando eu "era" engenheira. Já são mais de 12 anos de RH, e sou uma das pessoas mais apaixonadas por esta profissão que conheço. Já passei por posições diferentes de *Business Partner* (escopos Brasil e América Latina), *Talent Acquisition* com escopo Global e agora sou diretora de RH para a América Latina na Dow.

Essa transição não foi apenas surpreendente, mas também repleta de desafios de adaptação a um novo campo de atuação e a um grupo de trabalho totalmente diferente. Mas valeu a pena: teve muito crescimento (pessoal e profissional), que só foi possível graças à minha curiosidade e vontade de aprender – características que foram me colocando à frente de oportunidades interessantes.

O início de carreira

Ao terminar a faculdade de Engenharia de Alimentos na Unicamp, passei em um programa de *trainee* muito concorrido na época: o da então gigante Parmalat. Este foi o único momento na minha vida profissional em que eu trabalhei com alimentos. Após a Parmalat, fui trabalhar com desenvolvimento de embalagens de cosméticos na Natura, e de lá entrei na Dow para trabalhar com desenvolvimento de resinas para embalagens. Isso mais de 16 anos atrás.

Comecei como engenheira de aplicações para embalagens, no negócio de Plásticos da Dow. Após cerca de dois anos, fui promovida a líder do time do qual eu fazia parte, e nem podia acreditar na minha sorte. Eu estava crescendo, rápido, e tendo uma oportunidade incrível de me tornar gestora de pessoas. Meu chefe na época, o Carlos Costa, foi fundamental no processo de me elevar e me fazer acreditar em mim mesma – porque eu olhava para as pessoas do meu time e pensava que todos sabiam muito mais de tudo do que eu. Ficava muito na dúvida de como eu poderia agregar para eles. Enfrentei o desafio de liderar os que eram meus pares, ter que tomar decisões sobre assuntos sem ter todos os dados nem conhecimento profundo, e lidar com a incerteza sobre as novas responsabilidades.

Até que uma pessoa do meu time passou a ter problemas de desempenho bastante significativos, e eu tive que planejar, me preparar e executar o desligamento. Nesse momento, soube que existia uma figura chamada *Business Partner,* em RH, que poderia me ajudar a navegar este momento difícil da jornada de um líder. Assim, me aproximei do RH para aprender tudo o que eu "sabia que não sabia" sobre como fazer uma demissão. Recebi bastante acolhimento e ouvi algumas coisas da minha BP que me fizeram ter muito mais confiança, e enfrentar o desafio mais preparada.

Alguns meses depois, fui realocada como líder de outro grupo – maior, mais complexo e de maior exposição. Isso representou uma promoção e me garantiu um lugar de liderança junto às aplicações de maior representatividade em receita para a Dow. Estava muito contente com este passo e começando a imaginar que eu poderia ter bastantes opções no negócio de Plásticos na América Latina, inclusive fora da área técnica. Eu e meu marido começamos a conversar sobre a melhor hora para ter filhos (que, para mim, estava chegando rápido). Porém, não muito tempo depois disso, o Carlos me chamou para dizer que estavam me cogitando para uma posição em Recursos Humanos. Uma função muito bacana, oportunidade incrível. Esse processo despertou a Síndrome da Impostora em mim, e duvidei seriamente se eu merecia uma oportunidade tão diferente (como se eu não estivesse trabalhando, liderando times e trazendo resultados até então). A liderança da empresa estava me enxergando de uma maneira muito mais positiva do que eu via a mim mesma. Fico me perguntando em que outras ocasiões essa síndrome falou mais alto e me fez não avançar ou tomar caminhos diferentes...

Mudar ou não mudar? Eis a questão

Meu chefe me explicou que a função de RH queria pessoas com experiência e vivência como clientes, e que a ideia seria que eu fizesse uma passagem em RH para depois voltar para o negócio. E de repente eu, recém-promovida, teria que decidir mudar totalmente de carreira – ou recusar o que parecia ser uma oportunidade incrível.

Fiz meu próprio *due diligence*. Conversei com pessoas de Recursos Humanos dentro e fora da Dow, pessoas que fizeram mudanças radicais de carreira... e quebrei a cabeça tentando imaginar como era o dia de uma pessoa de RH. Pré-pandemia, certo? Então a pessoa chega às 8h e faz o que até às 5h? Sem clientes para visitar, testes para fazer, relatórios para escrever?

Neste processo, descobri que todas as pessoas que trabalhavam em RH eram apaixonadas pelo que faziam. Então, pensei: minha própria empresa está me dando a oportunidade de mudar de carreira, e fazer algo que, minimamente, vai me agregar demais como líder. Mas entendi que o risco era muito mais meu: além da possibilidade de eu não fazer um bom trabalho (o que seria um problema para mim e para a empresa), existia um risco de eu não **gostar** do trabalho (o que seria um problema muito maior para mim). Então, meu *due diligence* passou muito também pelo plano de contingência e por entender e ficar em paz com o fato de que, se tudo desse errado, eu teria que arcar com as consequências – que poderiam incluir terminar a relação com a Dow.

Aqui faço uma pausa para comentar que esse processo de pensamento não passou muito pela possibilidade de dar tudo certo (como felizmente deu). Eu só conseguia pensar em cenários negativos de "e se" (autossabotagem nível intenso). O lado bom disso é que esta análise bastante crítica me fez pensar em diferentes planos B e, com total apoio do meu marido, criei coragem para entrar de cabeça nessa empreitada. Tive forças para enfrentar os desafios, meus medos e todas as incertezas associadas a isso.

Isso foi há 12 anos. Nunca quis voltar para o negócio.

Aprendendo na Prática

No início, foi bastante difícil entender como gerar impacto, e o que os clientes internos esperavam de mim. Logo que eu cheguei no RH, perdi minha mãe, e a diretora que tinha me trazido acabara de anunciar que estava saindo da Dow - o que me fez ter um começo bem mais emocionalmente frágil e com muito menos suporte direto do que eu deveria ter ao fazer uma mudança tão radical. Sentia-me bastante sozinha e exposta, tendo que entender das funções que atendia, e aprendendo a fazer RH *on-the-job*. Aprendendo com meus clientes. Lembro que a primeira vez que fui escrever meus objetivos para o ano foi um suplício – o que colocar de mensurável no meu plano de metas? Como é a linguagem a ser usada?

Então, comecei a praticar a habilidade de relacionamento interpessoal e como usar uma característica forte que eu tenho – a vontade de aprender - a meu favor, a favor de me desenvolver e criar laços rápidos. Porque, analisando friamente, era como se eu tivesse mudado de empresa: como não atenderia o negócio de Plásticos, eu tive que conhecer 100% das pessoas com quem passei a trabalhar. Ninguém me conhecia, eu nunca tinha trabalhado com as áreas que atendia. Então, tive que criar toda a minha base de contatos novamente.

Mas tinha uma grande vantagem: eu já conhecia a cultura. E estava usando esta mudança de carreira como uma oportunidade intensiva de alavancar meu próprio autoconhecimento, para aproveitar ao máximo o tempo que ficasse em RH.

Com uma abordagem humilde, de curiosidade por conhecer tudo (funções, estruturas, objetivos, missões de cada área, líderes, funcionários, dores, fortalezas), eu fui escutando muito, absorvendo tudo, e desenhando essa nova Dow na minha cabeça. Em paralelo, em cada reunião de RH eu prestava muita atenção aos meus pares, e fui percebendo quais tinham características tão diferentes das minhas que seriam muito úteis para me desafiar; e quais poderiam me ajudar, porque tinham a habilidade de *coaching* bem desenvolvida. Descobri nesse processo algumas pessoas que têm uma capacidade incrível de transformar o complicado em simples, e sempre recorria a elas quando me via com problemas muito complexos. E, assim, fui solidificando relacionamentos na função e construindo laços intencional e estrategicamente para poder me posicionar, rapidamente, como uma líder de RH.

Desenvolvimento Profissional e Adaptação

Quanto mais o tempo passava, mais eu percebia o quanto podia usar minhas fortalezas na função que estava desempenhando – e, com isso, cada dia gostava mais do que eu fazia. Sou uma pessoa muito diplomática (a típica libriana), então estou sempre buscando mediar conflitos e achar o ponto comum. Claro que, no limite, esta característica pode significar evitar conflitos e optar por soluções fáceis; mas, como tenho consciência deste ponto, tendo a saber evitar esta armadilha. Meu senso de justiça, combinado com bom senso, são características que me ajudam muito na hora de analisar as demandas de cada funcionário, o que podemos fazer por cada indivíduo considerando o todo, quando é hora de dizer não, e quando é hora de desafiar a organização – ou a própria função de RH.

O trabalho clássico do *Business Partner* é representar o RH quando sentado no time de liderança do cliente, e representar o cliente quando dentro de RH. Sempre gostei bastante desta dualidade a acredito que ter vindo de fora de Recursos Humanos me ajudou a ter vantagem para entender esta dinâmica e a desempenhar este papel bem relativamente rápido.

Entrei no RH como BP das funções de governança. Após cerca de um ano neste trabalho, tive meu primeiro filho. Durante minha licença-maternidade, participei de um processo para liderar o RH da Dow AgroSciences[1] (DAS) e, ao voltar, fui anunciada. No período em que fui RH da DAS, cresci e me desenvolvi demais como profissional - a cultura do negócio era faminta por boas práticas e eu, mãe recente, sentia que estava muito mais madura e com muito mais que contribuir.

Após um ano e meio na DAS, fui convidada para voltar aos negócios alinhados à Dow para a maior posição de HRBP, que cuidava da área comercial e outras funções (exceto Manufatura). Lembro-me muito de dizer ao líder que me fez o convite que não estava preparada, não tinha suficiente estofo, e ele me dizia: "Mariana, não tenho nenhuma dúvida que você consegue". Mais uma vez, outros acreditando mais em mim do que eu mesma.

Esta função era muito importante e bastante complexa, e, ao tomá-la, eu acabei conhecendo a parte da população da Dow com que ainda não tinha tido contato. Durante esta função, nasceu minha segunda filha. Voltei de licença-maternidade para a mesma função (diferentemente da primeira vez), e a experiência foi bem diversa. Então, comecei a pensar que já estava com cerca de sete anos de funções de BP, sempre é claro com complexidade ascendente, mas... eu estava me especializando em ser generalista. Meu lado engenheira começou a falar alto, e eu me sentia muito incompleta por não ter nenhuma área de RH na qual eu tivesse algum grau de profundidade.

Então surgiu uma oportunidade e eu tomei uma função global de Talent Acquisition: eu era responsável por desenhar a estratégia corporativa, estabelecer as prioridades e definir políticas, trabalhando com as equipes de TA ao redor do globo. Nesta época, fizemos uma reflexão como companhia: estávamos

---

[1] Dow AgroSciences era o negócio agrícola da Dow, antes da fusão com DuPont. Dow e DuPont uniram-se em uma fusão de iguais em 2018, separando-se em três empresas: Dow, DuPont e Corteva (empresa que reúne os negócios agrícolas da Dow e DuPont).

investindo em Inclusão e Diversidade há mais de 30 anos, de maneira muito robusta nos últimos cinco anos. E os resultados eram visíveis em inúmeras métricas (participação em ERGs, reputação, etc.), mas não conseguíamos mover o ponteiro em termos de representatividade de mulheres globalmente. Então, nosso CEO, Jim Fitterling, pediu uma intervenção no processo de recrutamento – o objetivo era garantir que candidatos diversos sempre tivessem chances de ser entrevistados. A partir daí, o papel do líder seria (como sempre foi) o de contratar o melhor candidato ou a melhor candidata, independentemente de quem fosse.

Neste momento, minha equipe foi ativada e liderei a pesquisa por práticas para tornar o recrutamento mais inclusivo, de ponta a ponta. Foi um processo de extremo aprendizado, durante o qual aprendemos com as melhores companhias (fizemos muitas reuniões de *benchmarking* com pessoas do mundo inteiro), lemos inúmeros estudos de caso de institutos de pesquisa das melhores práticas de RH, aprendemos bastante sobre o sistema que usamos (Workday)... Deste trabalho nasceu a estratégia de recrutamento inclusivo que usamos na Dow. Desde que foi implementada, vemos tendência de aumento na contratação de mulheres e outras minorias – aumento pequeno, porém constante, que era nosso objetivo.

Este trabalho em TA me proporcionou mais uma vez usar minhas fortalezas: minha abertura a escutar opiniões fez com que as propostas que apresentamos em resposta ao problema que o CEO nos pediu para resolver fossem sempre muito robustas, que já tinham sido analisadas criticamente por muitos ângulos diferentes e por *stakeholders* bastante desafiadores. Minha curiosidade fez com que o processo de aprendizagem fosse leve e divertido, e aprendi bastante sobre como posicionar as ideias para que fossem compradas.

Liderando como diretora de RH na América Latina

Depois de quatro anos neste trabalho global, eu voltei ao geográfico para ser a diretora de RH da América Latina. Hoje sou líder de uma organização grande, com pessoas em países diferentes, que são capazes de transformar a experiência das pessoas a quem atendem. Tenho muito orgulho do meu time: são profissionais extremamente competentes, que amam o que fazem e a quem admiro muito. Se não fosse pelo modo como construímos as coisas juntos, eu não me divertiria tanto no meu trabalho hoje. Mas vejo que a capacidade de desfrutar tanto desta relação, ainda que hierárquica, veio com a minha maturidade. Assumir este time após a trajetória que tive, exposta aos desafios que enfrentei, depois de ser mãe duas vezes, com muitos acertos e erros no trabalho... tudo isso ajuda a construir a profissional que sou hoje, e molda meu estilo de liderança.

Daqui para a frente... meu objetivo é seguir trazendo impacto positivo para a organização. Fazer com que as pessoas tenham oportunidades iguais de desenvolvimento, maximizar o alcance que os bons líderes devem ter, ajudar os líderes que precisam a se fortalecer.

Se serei reconhecida? Na função de *Business Partner,* aprendi que o reconhecimento muitas vezes não é direto: dificilmente alguém agradece porque aquela conversa que tivemos naquele momento abriu os olhos do líder para tomar uma decisão que mudou a vida de um time inteiro para melhor. Mas a gente sabe nosso impacto, e o tempo me ensinou a me sentir bem com isso.

Minha jornada de transição de carreira me ensinou a superar desafios, aprimorar minhas habilidades de liderança e fortalecer minha resiliência diante das adversidades. Cada experiência ao longo do caminho contribuiu para meu crescimento pessoal e profissional, permitindo-me fazer a diferença na organização.

A combinação de desafios profissionais e maternidade também foi incrível para mim: navegar por tudo ao mesmo tempo me deu mais autoconfiança e uma capacidade de distinguir, de maneira muito nítida, "o urgente do importante do desejável". E esta é uma habilidade que tem feito bastante diferença na minha formação como líder: me sinto mais completa e capacitada para enfrentar os desafios futuros com confiança e determinação.

Foco e conexão: como estar conectado com sua essência e seu talento contribui para o sucesso de sua carreira

Marília Cordeiro Paiva Ganem Salomão

LINKEDIN

Psicóloga formada pelo Instituto Brasileiro de Medicina e Reabilitação (IBMR) no Rio de Janeiro e pós-graduada em Gestão e Recursos Humanos pela Escola de Negócios (IAG) da PUC-RJ. Com mais de 23 anos de experiência corporativa, quase 20 deles na área de Recursos Humanos, fez diversos cursos e especializações em Psicologia Organizacional, Gestão e Liderança. Iniciou sua carreira corporativa na FARM, onde fundou a área de RH e atua até hoje como diretora de Gente, Gestão e Sustentabilidade. Ao longo de sua jornada, desempenhou um papel fundamental na transformação da empresa: alavancou o modelo de gestão, fomentando o *mindset agile*; avançou com a frente de D&I, construindo uma cultura diversa e inclusiva; incentivou o movimento de inovação e constante atualização criativa da marca; lidera atualmente o *redesign* organizacional global da marca. Especialista em aceleração de negócios e em desenvolvimento de grandes lideranças e times, é reconhecida por sua habilidade em inspirar e capacitar indivíduos a alcançarem seu pleno potencial.

A busca pelo autoconhecimento

Acredito que a construção da minha carreira tenha começado aos 15 anos, quando minha mãe resolveu me colocar na psicóloga, pois estava numa fase rebelde. Foi o início de um desenvolvimento pessoal que eu não poderia imaginar o quão valioso seria para minha vida profissional. Tão logo iniciei as sessões, sentia um conforto gigante em conseguir dar contorno e estruturação para minhas angústias e ideias.

Já inicio com uma dica muito relevante: existem mil formas de se investir no autoconhecimento, seja com programas de desenvolvimentos, *coaching*, mentoria, leituras, testes psicológicos. Certamente é o investimento de maior rentabilidade que podemos fazer por nós.

Entendi a partir dessa experiência que eu queria trabalhar com pessoas, ajudando-as a se estruturarem, a serem felizes. A paixão por este processo foi tão grande, que alguns anos depois me formei como psicóloga, inicialmente acreditando que atuaria na área clínica, mas descobrindo ao longo da faculdade uma nova paixão, a Psicologia Organizacional.

Não posso negar que para além de uma satisfação gigante com a estruturação de áreas, processos e a felicidade das pessoas, a entrega, o resultado e a alta performance foram atributos descobertos em um valor muito importante e hoje consciente pra mim: a realização.

Marília Cordeiro Paiva Ganem Salomão

Tenho 23 anos de vida profissional, atuo hoje como diretora de Gente, Gestão e Sustentabilidade em uma empresa multinacional no ramo de Varejo de Moda. Iniciei nesta mesma empresa em que estou hoje com 17 anos de idade, atuando na área comercial e cada passo, erros e acertos foram fundamentais para a construção da carreira, linda, na minha visão. Brinco com meus colegas de trabalho que meu *slogan* é "De Vendedora a Diretora".

Imaginem a nova geração de profissionais trabalhando na mesma empresa por todo esse tempo? Quantas reinvenções eu tive que construir ao longo deste tempo? E é aí que moram muitos segredos, conquistas, aprendizados e vivências que pretendo dividir com vocês neste breve texto e fazê-los acreditar que sim, é possível construir caminhos conectados à sua essência, potencializando o talento que vocês têm, dentro de uma organização. Ah, e claro, sendo muito feliz.

Certa vez meu líder de muitos anos me perguntou, quando eu já era *head* de Gente & Gestão desta empresa, como eu havia me desenvolvido tanto. Imediatamente a minha avaliação sobre onde havia sido o maior ganho em desenvolvimento foi a busca pelo meu autoconhecimento. Sem dúvida, dentro de outras mil coisas que fiz nesse sentido, a análise de quase 25 anos, foi este investimento que contribuiu muito na minha carreira.

Para além do autoconhecimento, hoje quando leio artigos que falam sobre uma das maiores dificuldades dos profissionais que estão nos níveis "C-level" ser a baixa inteligência emocional, eu agradeço não ter desistido dessa busca, mesmo quando minha mãe, ao ver que eu só "piorava na terapia", rs, resolveu encerrar as sessões. Nesta época, meu pai havia tido um revés nos negócios e a situação financeira da família não era das melhores.

Precisei, por conta desse cenário, desde cedo, saber o que eu queria, ou até mesmo precisava, e "correr atrás". Agradeço muito a educação e o amor que recebi dos meus pais e a não perfeição deles e da vida, por terem sido ingredientes fundamentais na minha formação. Foco e força sempre foram a minha marca registrada. Certa vez, tivemos uma dinâmica na empresa onde liderados trariam uma palavra que representassem seus líderes, e a minha por quase unanimidade foi FORÇA.

Mas por que o autoconhecimento é tão relevante e porque estar conectado a sua essência pode ajudar você a conquistar uma carreira de sucesso? A resposta, apesar de simples, não é tão fácil de ser alcançada, já que requer um investimento que geralmente não gera um resultado instantâneo e em curto prazo.

Por muitas vezes na sua carreira você terá que decidir, dentre bifurcações, a estrada a seguir e para saber o melhor caminho. O ideal é que você saiba qual é a sua verdade, onde você se torna única, em qual atuação você sempre será o melhor recurso humano e principalmente a pessoa mais realizada e feliz. Pois seguramente, se você escolher o caminho conectado ao seu talento, o sucesso será consequência.

Decisões cruciais

A minha primeira escolha de caminho de carreira foi quando eu já estava na empresa há cinco anos, atuando como gerente de loja, no 6º período da faculdade e pensando no estágio que eu deveria fazer. Foi quando meu líder, que já não aguentava mais eu pedir para ele implantar um RH na empresa, me ligou no meio do Natal e perguntou:

– Você precisa responder rápido: você está indo muito bem como gerente e a loja que abrirá em breve será sua – era uma loja de enorme potencial de venda, meu salário certamente dobraria – ou, em janeiro do ano seguinte, nós teremos o RH, e você começará como estagiária – com certeza ganhando menos da metade do que eu recebia no momento. – O que você decide?

E foi aí que tive de decidir pela primeira bifurcação, onde estar conectado com o que você deseja e não se seduzir pela atração imediata que naquele momento era algo muito tentador, o salário, é fundamental para trilhar seu caminho de sucesso e felicidade profissional.

Essa decisão só foi possível pela estrutura que eu já havia conquistado na estrada do autoconhecimento. As pernas não deixaram de tremer, mas a resposta foi que eu me sentiria promovida indo para a vaga de estágio na última área da empresa a ser implantada: o Recursos Humanos.

Antes de seguir com essa história, não poderia deixar de citar que duas mulheres e líderes que admiro muito foram fundamentais nesse convite para o RH. A consultora que implantou o RH na empresa e me indicou após ter me conhecido em um curso "in company" e ter sido, depois do meu líder da época, a primeira pessoa a apostar no meu potencial. E a sócia da empresa que fez a pergunta mais incrível de todas no momento em que eu estava sendo indicada: "Ela faz análise?" Quando eu soube dessa pergunta, entendi que ali era mesmo o meu lugar.

Foi a partir dessa indicação e ao preenchimento do pré-requisito nada convencional que o convite para implantar a última área da empresa, o tão sonhado Recursos Humanos, aconteceu. Agradeço a generosidade de cada um em ter me ensinado, mais do que conteúdos e conceitos, sobre humanidade. Aliás, eu realmente tive muita sorte com o time de líderes que já passaram e ainda estão na minha vida.

E, assim, iniciei minha jornada, sendo desenvolvida por uma consultoria que tinha como meta me preparar para uma cadeira de coordenação, ao longo de dois anos. Uma outra dica relevante é aproveitar cada minuto de aprendizado, mesmo que este seja "on the job" e por isso pareça disfarçado. A consultora que me desenvolveu dizia que eu era a pessoa que mais "sugava" o conhecimento deles.

Ter foco, saber o que se quer e ter força para alcançar são fundamentais para uma carreira de sucesso, mas não é tudo, pois muitas vezes é preciso ter estratégia para construir sua carreira. Estar sempre com o olhar adiante, prevendo o próximo passo a dar e qual estrada seguir é também fundamental para uma carreira de sucesso.

Uma decisão muito importante que também tive que tomar, com um ano de formada, está relacionada ao desenvolvimento, outro ponto fundamental para se ter sucesso profissional. A resolução seria simples, se não fosse o fato de ter que decidir se eu continuaria atendendo meus pacientes na clínica no período noturno, dado que eles estavam num processo fluido e queriam continuar, ou se permanecia apenas no RH, onde já atuava como coordenadora.

A deliberação parecia não ter urgência, se não fosse o fato de a minha responsabilidade gritar no sentido de investir em uma especialização em uma das áreas, clínica, sendo nesta em Psicanálise ou em gestão de pessoas, com foco no RH.

Desenvolvimento contínuo

Decidi então entrar no MBA em Gestão e Recursos Humanos e consequentemente encaminhei os pacientes para outros profissionais e foquei o meu desenvolvimento na carreira de RH. De lá para cá já fiz algumas formações e cursos de liderança e gestão de pessoas e busco sempre me atualizar com o que há de mais moderno na área.

Acredito que o segundo maior investimento que podemos fazer, para além do autoconhecimento, seja na educação e desenvolvimento e compartilho com vocês uma crença que sempre guiou minha carreira. Invista continuamente parte do seu salário, bônus ou prêmios em conhecimento, pois certamente este, além de se tornar um ativo seu, voltará em forma de crescimento na sua carreira.

Cheguei ao cargo de gerente com 28 anos e até esse momento eu ainda não tinha entendido o valor do trabalho coletivo, principalmente com pares. Era uma profissional focada na alta performance do meu time e sempre com uma avaliação excepcional da minha liderança sobre meu trabalho. Eu trabalhava para meu time e meus líderes.

Fui evoluindo muito como líder, e a ferramenta que mais me ajudou foi o *feedback*. Quando entendi o valor de um bom *feedback* vindo de quem trabalha contigo todos os dias, principalmente o time direto e como não se impactar negativamente com a crítica, a ponto de não absorver e evoluir e entendê-la como um presente, o jogo virou.

Consegui, a partir dessa ferramenta, iniciar o desenvolvimento das minhas *soft skills* e ir entendendo profundamente, ainda no campo do autoconhecimento, porque eu tinha alguma barreira, por exemplo, em trabalhar de forma colaborativa e menos individual. Não foi difícil entender com base na minha história e necessidade de evolução que o excesso de foco talvez faça a gente não priorizar a troca e a parceria.

Aos poucos fui entendendo que aquela frase clichê de que, "se você quer chegar rápido vá sozinho, mas, se quer chegar mais longe, vá junto", era profundamente importante, inclusive no caminho de ser mais feliz e realizada no trabalho. E nisso a cultura da empresa em que estou ajudou bastante. Somos um coletivo e o sucesso vem dele também, antes de qualquer coisa. Foi aí que comecei a olhar para os meus pares como parte do meu time também, fundamentais para a entrega do meu trabalho.

Quando cheguei na posição de *head* de Gente & Gestão, comecei também a sentir mais forte a necessidade do relacionamento interpessoal, persuasão, habilidades de negociação no geral, coisas que aprendi desde a época da faculdade, quando precisava negociar saídas e faltas por conta do trabalho. E mais do que tudo a me vender, a minha primeira e talvez mais importante atividade laboral aprendida.

Sim, pois quanto mais você cresce profissionalmente, e

principalmente sendo líder, você precisa vender suas ideias, seus planos, vender a si mesmo e vender o seu time. Um bom líder trabalha para impulsionar seu time, desenvolvê-lo, fazê-lo desabrochar e brilhar. É sobre iluminar, antes mesmo de se promover. Sem falar que, para crescer, você precisa formar sucessão, inevitavelmente.

E essa promoção de si mesmo, que também é importante, nasce de uma forma mais madura e consistente quando o autoconhecimento é acionado para a construção da sua marca pessoal, com autenticidade, destacando suas habilidades. Se o conteúdo for autêntico, a tal promoção se torna fluida e discreta, saindo pelos poros com muita facilidade.

Quanto mais você cresce na carreira, mais complexas se tornam as interações e os desafios e sem dúvida o processo de *coaching* que solicitei ao CEO da companhia, como autodesenvolvimento, me ajudou muito a caminhar de forma consistente para uma cadeira de Diretoria. Foi neste processo que pude me sentir mais segura para lidar com questões políticas e corporativas de uma organização que crescia exponencialmente e se tornava cada vez mais intrincada.

Pude evoluir no processo de delegação e formação de sucessão no meu time, amadurecer a minha liderança e fortalecer ainda mais os caminhos corretos para a construção da minha carreira. Um bom líder precisa cuidar da sua reputação, da reputação do seu time, tendo a ética como guia e a atenção na maximização dos talentos, colocando as pessoas nos lugares certos para que elas performem no seu máximo potencial. E por último, e não menos importante, trabalhar sempre para seus líderes e pares terem sucesso também.

O início da jornada de um líder precisa ser na construção de seu time e, mais uma vez, tudo começa por iluminar cada talento e ajudá-los a se conhecer melhor pessoalmente e como essa conexão se dá no âmbito profissional. Parece um processo simples, mas de fato não é, pois em algumas situações, que por acaso já vivi, você percebe talentos em pessoas que ainda não se conectaram com ele.

Parece simples iluminar também esses talentos, mas exige muita habilidade no apontamento desse caminho e paciência em respeitar o espaço e tempo do outro. A partir desse passo bem-sucedido, conhecer como um complementa o outro dentro do time e precisa das trocas para entregar resultado, também se torna fundamental.

Certa vez reconheci um talento incrível no time, mas a profissional ainda estava no início de sua carreira. Encontrei nela um potencial grande para uma posição de liderança e aos poucos fui sugerindo essa busca pelo autoconhecimento e fazendo provocações com cautela para ela se ver nessa carreira. Minha felicidade foi que, um certo dia, depois de mais de um ano, ela me disse que havia descoberto que queria ser uma líder. E hoje a vejo cada vez mais realizada neste papel.

Se pararmos pra pensar, entregar resultado através de um profissional não é trivial e principalmente quando este outro precisa de uma interação quase que perfeita com seus pares para que tudo flua. A missão de um líder de um time de alta performance não é fácil e exige muita atenção, disciplina, foco, resiliência e vontade de acertar.

Liderança e Alta Performance

Durante a minha carreira meu foco sempre foi formar times de alta performance e desde a minha primeira posição de liderança, mesmo com um ferramental ainda rudimentar, a busca pelos complementos me guiava nessa construção.

Outro processo que considero ter sido fundamental foi a mentoria que a empresa ofereceu para o *board* de diretores. Foi com este processo que pude sofisticar meus conceitos sobre onde eu me tornava única, onde minha paixão reverberava de uma forma avassaladora e ajudava assim a construir a minha marca pessoal e profissional.

Hoje tenho clareza de que amo projetos de transformação organizacional, principalmente aqueles profundos, de mexer na cultura da empresa. Tive a oportunidade de ser uma agente de transformação em ao menos três projetos relevantes na minha jornada, que ajudaram a empresa numa transformação de cultura. Um relacionado ao *mindset "agile"*, outro sobre Diversidade e Inclusão e o mais recente sobre Inovação. Temas mais do que atuais no mundo criativo e de Talentos Humanos.

Lembro-me de um momento em que senti um reconhecimento pelas minhas habilidades e certamente esse gesto vem de uma percepção de quem eu sou na essência e o que eu posso entregar. Lembram-se da tal da força? Pois bem, este último projeto era bastante desafiador, no qual toda alta liderança da empresa passou em imersão quatro dias discutindo o tema e ao final, realmente no último minuto, a fundadora e Diretora Criativa da marca perguntou: "Mas quem vai nos ajudar a dar tração nesse grande projeto?" E todos ali presentes dirigiram o olhar pra mim, sem emitir uma só palavra.

Minha felicidade foi tão grande ao ver que as minhas reflexões sobre onde estariam as minhas forças, minhas paixões e como eu poderia contribuir mais estavam alinhadas e sendo percebidas pelos meus pares. Era um reconhecimento a uma construção que eu estava trilhando.

Essa foi mais uma oportunidade que tive de atuar de forma mais estratégica, contribuindo diretamente para o resultado do negócio e sem dúvida gerou muito desenvolvimento e reconhecimento para mim e minha equipe. Pude a partir desse projeto e de outros desenvolver minhas habilidades e fazer evoluir a formação do time.

Para fechar essa breve história, compartilho uma ação simples que costumo fazer sempre que há um time e um desafio para ser realizado. É a reflexão sobre qual o papel de cada um naquele projeto. Parece simples, mas posso afirmar que quando você pergunta para a pessoa onde ela acredita que pode contribuir, no primeiro momento não é fácil responder.

Mas a resposta, quando vem com aquela conexão de que tanto falei, chega, quase ninguém é capaz de fazer aquele papel que a pessoa se empoderou para realizar. Um não pode dizer o papel do outro, apesar de tentador, pois precisa vir de dentro, ser verdade e estar conectado ao talento individual de cada um.

Uma vez todos a postos, as experiências que tenho têm sido incríveis, nas quais, para além de entrega e de resultados, muitos reconhecimentos e sentimentos de realização preenchem os profissionais envolvidos, como num verdadeiro show. Aplausos, corações preenchidos e time unido!

Além dos limites: uma jornada de determinação e fé no mundo da tecnologia e liderança

Michele Coutinho

LINKEDIN

Gerente de Gente & Gestão no Próximo Degrau. Formada em Psicologia e pós-graduada em Liderança e Inovação pela Fundação Getulio Vargas (FGV). Atua há 19 anos em Recursos Humanos. Atualmente está à frente da Gerência de Gente & Gestão, onde responde por todos os sub processos de RH e Bem-Estar e Qualidade de Vida, incluindo a criação de estratégias de gestão de pessoas, implementação de programas como Avaliação de Desempenho; Pesquisa de Clima, Desenvolvimento de Liderança, Cultura Organizacional, Endomarketing, Contratações eficientes, Reter, Atrair e Engajar, KPIs de G&G, entre outros. Focada em gerar um ambiente de trabalho que garanta que a organização tenha as pessoas certos, no lugar certo, no momento certo, e que essas pessoas sejam adequadamente desenvolvidas e engajadas para impulsionar o sucesso e o crescimento sustentável da empresa.

"Às vezes somos testados pela vida não para mostrar nossas fraquezas, mas para descobrir nossas fortalezas."

Desafiando os meus limites, tracei minha jornada executiva com determinação e resiliência, transformando obstáculos em oportunidades.

Traçando caminhos: da insegurança à determinação

Registro aqui as empresas as quais fizeram parte do meu legado: MSA RH, Oi Telecom, EBX Holding, MODEC Serviços de Petróleo do Brasil, Grupo Neoenergia, Grupo Hinode, Grupo IBE, LadyMorais Human Capital e Próximo Degrau.

Iniciei minha carreira em Recursos Humanos cheia de inseguranças, mas com a certeza de que havia feito a escolha certa; trabalhar para pessoas, cuidar e orientar, só não sabia ainda como faria isso.

Nos últimos períodos do curso de Psicologia, estava inclinada a atuar na área clínica. Meu primeiro estágio como "terapeuta" foi dentro da faculdade.

A primeira paciente que atendi tinha exatamente a mesma questão de vida que a minha! Não dei conta. Sem a maturidade suficiente, decidi que ali não era o meu lugar. Comecei a me interessar por Psicologia Organizacional e a buscar oportunidades na área. Participei de um processo para estagiar como recrutadora. Entrei de cabeça e logo estava apaixonada pela área. Desde então, minha carreira vem se solidificando, marcada por uma ampla gama de experiências em empresas de diversos segmentos, me proporcionando uma compreensão profunda das complexidades e nuances inerentes à gestão de talentos em diferentes contextos organizacionais.

Ao longo desses anos, fui me encantando por cuidar de pessoas, participar da evolução de suas carreiras, dar as mãos nos momentos difíceis e comemorar as vitórias. Testemunhei e me adaptei às evoluções contínuas no campo de RH, desde os métodos tradicionais até as abordagens mais inovadoras, como a digitalização dos processos de recrutamento, o desenvolvimento de programas de bem-estar e a implementação de estratégias de engajamento e retenção de talentos.

A evolução na carreira: superando obstáculos e abraçando desafios

A gestão não fazia parte dos meus planos. Eu gostava muito de trabalhar na carreira Y, especialmente com T&D. Adorava criar do zero programas de estágio e *trainee*, por exemplo. Mas, com o passar dos anos, conforme vou contar a você, leitor, ao longo da minha jornada, liderar foi inevitável. Não foi um caminho rápido, mas o suficiente para me preparar para todos os desafios que viriam junto com essa cadeira.

Montei uma estratégia para executar com eficiência todos os desafios que estariam por vir. Dediquei-me muito, estudei, mergulhei em temas sobre liderança, tendências, procurei desenvolver habilidades interpessoais e aprofundei conhecimento nas áreas chaves de RH, não apenas o conhecimento raso, mas aquele que suporta você a dar direcionamento e tomar decisões. Aprendi a focar na resolução de problemas, gestão de conflitos, ter resiliência, e, é claro, aprendizado contínuo.

Percebi que precisava cultivar diariamente habilidades interpessoais que facilitassem a construção de relacionamentos sólidos com colaboradores em todos os níveis hierárquicos. Entendi que as habilidades citadas acima, aliadas a um profundo interesse em entender as necessidades e aspirações dos colaboradores, me tornariam uma líder eficiente, e um catalisador de mudanças positivas dentro das organizações em que atuo.

Confesso que já senti vontade de desistir, desacreditei da minha capacidade de realizar, me senti despreparada, mas nunca desisti. Desistir não faz parte do meu DNA. E quando isso acontecia, procurava maneiras de me reinventar. É assim que trabalho, sempre mostrando ao meu time que desistir não pode fazer parte do nosso dia a dia. Precisamos nos reinventar sempre. O importante é não deixar pelo caminho projetos, iniciativas e tarefas.

Atuei muito tempo em todos os subprocessos de RH, o que sem dúvida me deu sustentação para crescer e chegar à posição de liderança. Entender como os processos funcionam como um todo, qual estratégia está por trás e como executá-los com eficiência a ajudará a colocá-los em prática e, principalmente como líder, orientar seu time embasada por conhecimentos vivenciados na prática.

Tenho uma inquietude nata. Venho de uma família de comerciantes e é claro que este perfil empreendedor sempre esteve nas minhas veias e em alguns momentos ao longo da minha carreira isso aflorou. Quando você tem seu próprio negócio, precisa desenvolver habilidades importantes para fazer seu empreendimento girar e isso pode ser revertido para o ambiente corporativo facilmente. Por exemplo, você se torna o financeiro, o marketing, a jornalista, o DP, a recrutadora, a vendedora, o comercial, sem contar com características como resiliência, visão e criatividade, gestão do tempo e prioridades, habilidades de comunicação, tomada de decisão, foco no cliente, entre outras.

Michele Coutinho

Reinventando-se: do empreendedorismo à liderança em RH

Eu vivenciei o empreendedorismo em três momentos da minha vida, mas o RH sempre esteve presente neles. Eu sou apaixonada por moda, desde criança, porém nunca encarei como uma profissão, era um prazer voltado para minha vida pessoal. Contudo, em um determinado momento da minha vida, decidi, junto com uma amiga, criar uma marca de sapatos artesanais. Trabalhei nesse projeto em paralelo com RH por quase dois anos. Em alguns momentos pensei em migrar de carreira, mas a paixão por atuar no desenvolvimento de pessoas não permitia. Abracei os dois e segui.

Empreender não é simples. Infelizmente nosso projeto teve fim. O Brasil teve mais uma de suas crises financeiras, os nossos fornecedores não deram conta e não conseguimos seguir. Aqui se vão muitos aprendizados! Lidar com a frustração foi o maior deles. Aliás, o quanto precisamos aprender diariamente a nos frustrarmos, não poder seguir com nossos projetos, seja por falta de apoio de nossos líderes, de orçamento ou até mesmo de coragem para lidar com tantas dificuldades ao longo do caminho. Mas é preciso olhar para frente, recalcular a rota e seguir.

Já precisei fazer isso algumas vezes durante minha carreira. Inclusive neste momento que cito acima. Em paralelo com o projeto pessoal, eu atuava como *business partner*, responsável por levar as principais práticas de RH para o escritório de expatriados, com culturas completamente diferentes das nossas. Lidei muito com a diversidade, buscando disseminar na empresa valores fundamentais de equidade, respeito e justiça que sustentassem essas práticas.

A partir de então, recalculei minha rota e voltei a focar 100% da minha energia em RH, mas agora com habilidades mais aguçadas.

Um ano depois, comecei a trabalhar como *BP* em uma empresa de Energia, apoiando e conduzindo implantação de diversos projetos, lidando novamente com a diversidade de cultura, por atuar em diferentes regiões do Brasil e sempre apoiando a inclusão. Tema importante, que faz parte do dia a dia de profissionais de RH. Como tal, precisamos garantir um compromisso genuíno com a construção de uma cultura inclusiva e diversificada em toda a organização.

Nesta fase da minha vida, novamente o empreendedorismo bateu à minha porta. Aproximadamente dois anos depois, recebo um e-mail: "Abertas as inscrições para o curso de Fashion Management – IBMEC". Cliquei no link e me inscrevi. Fiz o curso, me formei, na sequência fiz outros cursos da área, porque, como sempre digo ao meu time: "Estudar e acompanhar as tendências precisa fazer parte da sua trajetória profissional" e finalmente me senti pronta para atuar na profissão. Estudar traz segurança, você se posiciona, dá opinião com propriedade, faz críticas. Sempre estimulo meu time a seguir seus instintos, expor ideias, dar sugestões, colocar em prática o que pensam. Não dá para saber se vai dar certo se não se expuser, se prontificar a fazer. É preciso ter iniciativa e execução.

Logo no início, comecei a ter clientes na consultoria. De segunda a sexta eu era RH e nos finais de semana, consultora de Imagem e Estilo. Claro que não deu certo. A demanda como consultora durante a semana aumentou e optei por continuar no RH. Mais um sonho vivenciado, mas interrompido. Bem menos frustrada e com mais bagagem e histórias para contar. Assim deve ser em qualquer área em que você atue. Com certeza, minimamente, você terá a oportunidade de vivenciar seus sonhos.

Lições aprendidas: resiliência, empatia e inovação

Poucos meses depois, por questões pessoais, me mudei para São Paulo.

Na transição Rio de Janeiro x São Paulo, acionei meus contatos. Reencontrei a ex-diretora da empresa em que eu ainda atuava. Ela estava morando em São Paulo e maravilhosa como sempre, Lady Morais, na época diretora de RH, me disse: "Tenho uma vaga de gerente de *BP*. O lugar é longe, no interior de São Paulo e não tem o *glamour* de trabalhar em frente ao Pão de Açúcar, mas é um ambiente muito bacana para trabalhar". Não pensei duas vezes, peguei um voo para São Paulo e participei da seleção. Fiquei na posição por dois anos. Vivenciei muitos desafios profissionais. Conheci pessoas incríveis, trabalhei com um time maravilhoso, que me ajudou a construir muitas coisas, um book de realizações. Dica de ouro: construa seu *networking* e tenha certeza de que ele abrirá portas para você em muitos momentos da sua vida; crie vínculos.

Mas muitas coisas mudaram ao longo desses dois anos. Lady saiu do mercado corporativo, assumi seu lugar, diversas reestruturações e a pandemia de Covid-19 se aproximando. Em março de 2020, fui desligada. Era a primeira vez na vida que vivenciava aquele processo. É um soco na boca do estômago. Mas depois entendi. Nada na vida acontece por acaso, e naquele momento a frase "Temos que ter cuidado com a cadeira em que sentamos, muitas vezes ela pode ser grande demais para você!" fez sentido. Eu entendi que a pandemia foi um empurrão, mas, na verdade, a cadeira de interina de diretora de RH para uma empresa daquele tamanho, naquele momento, era grande demais para mim. É importante reconhecer as derrotas, saber que fazem parte do nosso processo de desenvolvimento profissional e pessoal.

Logo depois a pandemia explodiu. Nosso futuro era incerto, empresas congelando vagas, demitindo, fechando. Após três meses, fui contatada por um parceiro, que já havia trabalhado em outras ocasiões. Atuamos por seis meses em um projeto de Cultura de Liderança, até que recebi a proposta de assumir a posição de diretora de RH nesta empresa. Um superdesafio, que me deixou extremamente lisonjeada e que, é claro, levantou minha autoestima novamente. Infelizmente, a empresa era em Campinas, e não era viável para mim, naquele momento, realizar tal movimento.

Voltei a estudar. Fiz uma pós-graduação em Liderança e Inovação na FGV. Queria estar antenada e acompanhar as mudanças pelas quais o mundo passaria pós-pandemia e estar pronta para entrar novamente no mercado de trabalho. Estudar precisa ser um processo contínuo e percebia na prática o quanto fazia diferença na minha vida. Essa pós me mostrou que uma liderança eficaz é aquela que possui uma combinação de habilidades técnicas, emocionais e interpessoais, e que estar comprometida em inspirar, motivar e desenvolver sua equipe para alcançar o sucesso organizacional de forma ética, preparada, antenada com as últimas tendências e práticas é fundamental para o sucesso na posição. Logo depois comecei outra formação em Consultoria de Imagem e Estilo. Voltei a atuar, agora em São Paulo. Contratei uma agência de MKT, criei minha identidade, defini minhas estratégias de atuação e fui. Depender das redes sociais para se posicionar no mercado é bem difícil. Precisa de paciência e disposição para postar todos os dias. Eu estava em um momento bacana, em ascensão. Mas, de repente, tudo mudou. Minha vida deu um giro de 360°.

Integrando vida pessoal e profissional: em busca do equilíbrio e da realização

Dia 15/02/2022, houve uma tragédia na minha vida pessoal. Sou natural de Petrópolis, cidade serrana do Rio de Janeiro. Morei lá até meus 20 anos de idade e então me mudei para o Rio para trabalhar e fazer minha faculdade de Psicologia. Meu objetivo era me formar e ter uma carreira, longe da minha cidade natal.

Petrópolis, para quem não conhece, é uma cidade que sofre demais com as chuvas e enchentes. Naquele dia 15, houve uma chuva muito forte, e no final daquela tarde a casa em que moravam meu irmão, minha cunhada e meus dois sobrinhos foi levada por uma enorme barreira. Sobreviveu apenas a minha sobrinha, Gabriela, na época com 17 anos. Minha vida foi ao chão. Como seria dali para frente? Minha sobrinha sobreviveria a todas as cirurgias por que passou? E minha mãe? Sobreviveria à notícia de ter perdido seu filho, nora e neto? Foi tanta dor, medo, incertezas, mas que não me paralisaram. O medo me impulsiona, não me paralisa. Respirei fundo, pensei neles, na Gabriela, na minha mãe, no meu filho e em tudo que eu precisaria dar conta a partir daquele dia.

Gabriela sobreviveu. Olhei para frente, tomei decisões, fiz escolhas.

Voltei ao mercado corporativo, onde acreditava ter "estabilidade" financeira, que o empreendedorismo, no início, não proporciona. A insegurança de não conseguir dar conta de tudo fazia parte da minha vida, mas não desisti. Voltei ao mercado de RH. Lady apareceu e me ofereceu trabalhar com ela, em sua consultoria de RH. Eu confesso que quando toda poeira baixou, quando consegui levantar e respirar, fiquei por algum tempo estagnada. Só pensava em cuidar da minha mãe e da Gabi. Em dar conta delas. Esqueci de mim, da minha vida, dos meus sonhos e projetos. Mas Lady me puxou, me fez enxergar que só conseguiria cuidar de tudo, que a partir daquele momento fazia parte da minha vida, se eu saísse daquele lugar.

Saí. Comecei a trabalhar com ela, vivenciei vários projetos, até que fui procurada para participar de uma posição de *head* de RH, com o objetivo de implantar a área do zero. Voltei a ter a sensação maravilhosa de realizar, mesmo com aquele frio na barriga, com tantas expectativas em cima de você.

Acertei e errei nesse caminho. Implantei sistemas que não entregavam, reestruturei a área, implantei ações que muitos nunca haviam vivenciado, criei uma área de Bem-Estar e ainda fiquei responsável por Operações.

Estou sempre em busca de fazer alguma diferença na vida das pessoas, especialmente daquelas que atuam diariamente ao meu lado, para que juntos, em equipe, possamos galgar e gerar os melhores resultados. Mas isso não acontece de um dia para o outro, o comprometimento e entrega precisam ser construídos, seu time precisa se sentir parte, ter autonomia, ser desenvolvido. O dia a dia nos engole e, se não nos policiarmos, trabalhamos exaustivamente em nossas rotinas e paramos de trazer boas práticas, tendências de mercado e consequentemente ficamos para trás.

Um bom exemplo de desenvolvimento de equipe é pensar em estratégias simples, tangíveis de realizar, mas que possam gerar grandes resultados. Implantei junto a minha equipe uma meta mensal para cada um deles. Assinei a *VOCÊ RH*, uma fonte muito rica de conhecimento para nossa área, e compartilhei a revista digital com todos eles. Mensalmente, um deles deveria preparar algum tema e resumidamente compartilhar com o restante do time, gerando conhecimento não só para ele, mas para o time como um todo. Deu certo, perceberam rapidamente os ganhos e hoje faz parte do nosso DNA.

A vida foi voltando ao curso. Empreender, me colocar no lugar do outro, cair e levantar, errar e correr para consertar, focar a solução, ser apaixonada por cuidar de pessoas, vê-las crescer, sonhar, mas principalmente realizar, fazem quem sou hoje. Aquietei, amadureci e segui em frente.

Aprendi muitas lições ao longo da minha jornada profissional e pessoal. Entendo e enxergo perfeitamente a importância de sempre buscar alinhar minha carreira com as minhas paixões, com meus propósitos, com o que me move. Nossa vida pessoal, nossos sonhos, metas estarão sempre atrelados a nossa vida profissional. É uma engrenagem única, que precisa estar alinhada, em sintonia. Por que, afinal, o que vem primeiro? A felicidade ou o sucesso? O que precisa acontecer para sermos realmente realizados e felizes? Precisamos estar felizes para alcançar o sucesso? Ou precisamos ter sucesso para sermos felizes?

Busque em você essa resposta, ela lhe dará direção, gana para seguir. Acredite, saber o que a move levará você ainda mais longe.

Minha Carreira, sua Inspiração

Natália Biagi Lima

LINKEDIN

CEO e fundadora da GHOW Consulting, uma consultoria especializada em HRaaS (HR as a Service), internacionalização de empresas, mentoria executiva, gestão de crise e reestruturação operacional. Além de sua atuação como investidora e membro de conselho em startups, é coautora dos livros "Mulheres no RH" (volumes II, III e IV) e membro do grupo de mentoria no Mulheres do Brasil em Equidade Racial.

Minha jornada começou na área de Recursos Humanos sem ter uma ideia clara de qual carreira seguiria. Durante o colegial, ouvi a música "Everybody's Free To Wear Sunscreen", de Baz Luhrmann, um diretor australiano. Na época, precisava decidir para qual faculdade aplicar, o que implicava escolher uma profissão definitiva. A música ressoou em mim, especialmente o refrão que diz:

> Don't feel guilty if you don't know what you want to do with your life. The most interesting people I know didn't know at 22 what they wanted to do with their lives. Some of the most interesting 40-year-olds I know still don't.

Essa citação me trouxe conforto ao mostrar que é normal sentir-se incerto sobre o caminho profissional ou a direção de vida a seguir. Desafia a ideia de que o sucesso depende de ter um plano claro desde cedo e ressalta que nunca é tarde para explorar novos caminhos.

Passados mais de 20 anos desde então, continuo a refletir sobre essas palavras. Quando penso na minha carreira, percebo que estou apenas começando e, mais importante, estou livre para seguir caminhos não convencionais.

Convido vocês a abraçarem as incertezas da vida e compartilho como construí minha carreira em Recursos Humanos (e ESG). Aprendi que as melhores oportunidades surgem com estudo e *networking*. Cultive seus contatos, pois todas as oportunidades profissionais que tive vieram de conexões, muitas vezes imprevistas, que fiz ao longo do caminho.

Educação é a chave

Educação é a chave para o crescimento profissional e pessoal. Minha trajetória reflete essa crença fundamental: iniciei meus estudos em Desenho Industrial e explorei cursos de Leis Internacionais, Empreendedorismo e Administração de Empresas antes de concentrar-me em Recursos Humanos. Essas experiências me proporcionaram uma perspectiva ampla e valiosa, integrando *design*, internacionalização e habilidades empreendedoras ao meu percurso.

Com uma formação em Gestão de Recursos Humanos e ESG, complementada por MBAs em Administração Estratégica e de Recursos Humanos, e Administração de Negócios Exponenciais, adquiri uma compreensão abrangente das melhores práticas em gestão de RH e ESG. Além disso, meu compromisso com o desenvolvimento profissional é evidente em meu papel como mentora de transição de carreira e minha contribuição para o Comitê de Igualdade Racial do Grupo Mulheres do Brasil. Também me orgulho de ser coautora de três edições do livro *Mulheres no RH* (2022/23/24), onde compartilho *insights* sobre o papel evolutivo das mulheres no ambiente de trabalho.

Para seguir evoluindo, é crucial manter-se atualizado sobre o mercado e as inovações tecnológicas. Como profissional de RH, meu objetivo é ser resolutiva, utilizando dados para ser um parceiro estratégico da empresa, contribuindo não apenas para o bem-estar dos colaboradores, mas também para o crescimento financeiro e estratégico da organização. A tecnologia e sistemas inteligentes desempenham um papel fundamental nesse processo, capacitando-me a antecipar e responder eficazmente aos desafios do mercado e às necessidades da empresa.

Mantenha uma mente ativa e aberta às novidades do mundo

e de diferentes mercados. Assim, você se tornará um profissional valorizado, capaz de enxergar além das atividades tradicionais de Recursos Humanos e contribuir de forma significativa para o sucesso organizacional.

Minha trilha

Minha trilha iniciou-se em consultoria americana, onde coordenei Gestão de Relocações, proporcionando um entendimento profundo de expatriação internacional e mobilidade global.

Minha trajetória profissional reflete um percurso dinâmico e diversificado, no qual atuo como CEO e consultora de RH na GHOW Consulting, especializada em HRaaS (*Human Resources as a Service*). Meu foco está em apoiar empresas em rápido crescimento ou em fases de fusões e aquisições, liderando a internacionalização e reestruturação de áreas estratégicas.

Desempenhei papéis-chave que moldaram minha expertise. Como gestora de Pessoas/Cultura & ESG em uma empresa internacional do mercado financeiro. Como gestora de RH para a América Latina & Caribe em uma organização canadense adquirida por uma corporação americana, participei de uma aquisição de aproximadamente U$5 bi na qual a empresa teve uma significante alteração organizacional, implementei processos de RH eficazes em sete países e desenvolvi programas de ESG impactantes globalmente.

Em uma multinacional americana de telecomunicações, assumi a responsabilidade crucial de estruturar o departamento de RH no Brasil após uma aquisição, focando em projetos de RH e garantindo conformidade com auditorias. Em uma mineradora indiana, como gerente de RH e Desenvolvimento de Negócios, conduzi a abertura de escritórios em Santiago, São Paulo e Salvador, supervisionando projetos estratégicos de RH e mudanças organizacionais durante um período de crescimento significativo.

A variedade de setores em que atuei, incluindo consultoria, telecomunicações, imobiliário, *cannabis* medicinal, *health tech*, *legal tech*, mercado financeiro, Saas e construção, foi estrategicamente escolhida para seguir meu interesse central nos negócios. Isso me possibilitou adaptar as estratégias de RH às demandas de diferentes mercados, contribuí diretamente para o crescimento financeiro e organizacional.

Cada passagem marcou uma fase importante em minha trajetória. Estou ansiosa para os desafios futuros, ciente de que a história está apenas começando.

Início promissor: desafios e oportunidades

Minha trajetória no RH teve início em 2007 na Accenture, uma multinacional de consultoria, onde entrei no departamento de Relocation, responsável pela mobilidade internacional de profissionais expatriados. Essa foi uma das primeiras oportunidades que recebi, reforçando a importância do *networking* em minha carreira. Fui recomendada para a posição devido ao meu domínio do inglês, um marco significativo que delineou meus futuros desafios e paixões na área de RH, cultura e diversidade.

No dia a dia, interagia com pessoas de diversas partes do mundo, estabelecendo conexões com consulados e embaixadas. O trabalho não se limitava apenas à emissão de vistos; envolvia também aspectos altamente subjetivos. Além da documentação necessária, ajudava os colaboradores com orientações sobre comportamento, vestimenta, preparação para entrevistas e adaptação aos primeiros dias no escritório, além de oferecer suporte às famílias que os acompanhavam nessa jornada.

A empatia desenvolvida para lidar com esses desafios aparentemente simples gerou resultados significativos para o departamento. O que antes era visto como uma função operacional foi transformado pela nossa equipe em uma potencial unidade de negócios lucrativa.

Embora não tenha acompanhado diretamente a concretização desse plano, em 2009 avancei para o cargo de coordenadora de Novos Contratos e Desenvolvimento de Negócios, seguido pela posição de gerente de RH em uma mineradora indiana. Essas experiências subsequentes continuaram a moldar minha visão e habilidades no campo dinâmico de Recursos Humanos.

Aproveitando as oportunidades: uma jornada de crescimento

Numa conversa pelo Orkut com um amigo de infância, recebi uma mensagem intrigante: "Quem quer mudar para o Peru?" Sem hesitar, respondi "Eu!" e reativei o contato com esse amigo após sete anos. Depois de algumas conversas e entrevistas, ingressei na área de Desenvolvimento de Novos Negócios.

Cerca de dois anos depois, dei um passo significativo para o setor de Recursos Humanos. A gestora anterior da área aceitou uma nova oportunidade justo quando a empresa adquiriu um negócio no Amapá, deixando-nos sem departamento de RH durante essa transição. Aceitei o desafio e concentrei meus esforços no projeto emergente: fazer a gestão de RH de uma empresa adquirida com mais de 1.500 funcionários, realizar uma avaliação completa das lideranças e fortalecer a Marca Empregadora da empresa, com projetos de ESG, tanto internamente quanto na comunidade próxima à planta de mineração.

Foi nessa empresa que minha trajetória profissional começou a se definir. Fui cativada pela constante necessidade de enfrentar desafios e pela oportunidade de aprender a trabalhar com pessoas. Lidar com indivíduos já é um desafio por si só; colocá-los em ambientes incertos e competitivos revela verdadeiramente sua natureza.

"O homem nasce bom e a sociedade o corrompe." Jean-Jacques Rousseau

Essa citação do filósofo e escritor francês Jean-Jacques Rousseau ressoa profundamente com o que penso, pois reflete o impacto que o ambiente, a liderança e as relações têm sobre o ser humano. É um lembrete poderoso do papel crucial que uma gestão de RH eficaz desempenha no contexto organizacional.

Essa jornada tem sido uma fonte contínua de aprendizado e crescimento pessoal, solidificando minha paixão por Recursos Humanos e meu compromisso em criar ambientes de trabalho que promovam o melhor das pessoas e das organizações.

Habilidades interpessoais: chaves para o sucesso

Cada indivíduo é único, e no campo de Recursos Humanos essa compreensão é fundamental. A habilidade de formar equipes eficazes é crucial para o sucesso de uma empresa. Utilizamos metodologias como o DISC e diferentes estratégias de entrevistas para avaliar comportamentos, auxiliando no recrutamento e na construção de equipes dinâmicas.

O desenvolvimento contínuo das habilidades interpessoais é essencial para aumentar a eficácia tanto no ambiente de trabalho quanto na vida pessoal. Aqui estão habilidades-chave, conhecidas como *soft skills*:

- Autoconhecimento
- Empatia
- Comunicação eficaz e comunicação não violenta
- Resolução de conflitos
- Adaptabilidade
- *Networking*
- Habilidades sociais
- *Feedback*
- Autocontrole
- Escuta ativa

Investir nessas áreas não só fortalece suas habilidades interpessoais, mas também contribui significativamente para seu desenvolvimento profissional e pessoal.

Desafios de gênero e estratégia de carreira a longo prazo

Você já ouviu falar na expressão "Menina do RH"? Infelizmente, também já ouvi comentários como "Nossa, você tem pedigree!". Diante dessas situações desrespeitosas e de tantas outras que enfrentei, aprendi a não me importar com opiniões não construtivas. Como profissional de RH, lidamos com uma diversidade de pessoas e devemos manter um padrão de profissionalismo inabalável.

É essencial ser estratégica nas decisões e pensar no longo prazo. Lembro-me sempre da música de Baz Luhrmann "Everybody's Free To Wear Sunscreen". O que importa é seguir adiante, se aventurar e realizar o que faz sentido para VOCÊ.

Desde cedo, aprendi a avaliar as empresas antes de aceitar uma proposta. Para mim, a cultura organizacional, o ambiente, as pessoas e, é claro, os desafios e oportunidades de crescimento financeiro e intelectual são fundamentais. Sempre me envolvi profundamente nos negócios das empresas em que trabalhei, pesquisando seu potencial e entendendo como o RH poderia contribuir de forma estratégica.

Como avaliar?

Utilize a internet e seus contatos a seu favor. Verifique o desempenho financeiro da empresa, suas comunicações recentes, a reputação da alta liderança e o progresso dos colaboradores.

Em todas as minhas mudanças de empresa, fui motivada pelo desconhecido e pela oportunidade de adquirir experiência exponencial em um curto período de tempo. Conforme acumulei mais experiência, conseguia entregar resultados com maior agilidade e competência. Portanto, medo e insegurança nunca tiveram espaço na minha mente. Abracei as oportunidades que surgiram e me aventurei pelo mundo do Recursos Humanos.

Uma das aventuras que me trouxe grande alegria foi a transição de uma empresa de capital aberto americana no setor de infra estrutura de telecomunicações para uma gigante canadense do setor de cannabis que estava abrindo o mercado com um planejamento de crescimento ambicioso. Ansiava ampliar minha experiência internacional, mas minha liderança considerava meu mercado no Brasil a segunda maior receita da empresa e, portanto, de extrema relevância e visibilidade, e não via necessidade de expandir a minha atuação para outros países. Após diversas conversas, decidi sair para um mercado completamente diferente: o de *cannabis* medicinal. Deixei um ambiente seguro, onde muitos se aposentam, para uma empresa que ainda estava em fase inicial. **Foi a melhor decisão da minha vida!** Em apenas quatro meses, expandimos para sete países, meu conhecimento cresceu exponencialmente, e tive a oportunidade de trabalhar com profissionais incríveis, com quem mantenho respeito e amizade até hoje.

Conclusão? Não tenha medo de arriscar. O que é incerto talvez seja a melhor coisa que você pode fazer por sua carreira e vida pessoal.

Gerenciando equipes com liderança e empatia

Conquistar o *goodwill* das pessoas envolve ganhar sua confiança, respeito e apoio por meio de uma reputação positiva e ações que demonstrem consideração genuína pelos outros e compromisso com o bem-estar coletivo. Esta é a minha abordagem para liderar equipes. Trabalho com e para as pessoas, começando por uma avaliação cuidadosa da cultura organizacional, do momento da empresa e das dinâmicas individuais, para então construir relacionamentos sólidos.

Acredito firmemente que tudo pode ser comunicado com respeito. Com meu time, pratico uma comunicação aberta e transparente. Em algumas ocasiões, inclusive, auxiliei uma funcionária a se preparar para uma entrevista. Estabelecemos uma base de confiança mútua, o que a levou a me procurar com dúvidas sobre seu futuro na empresa. Encorajei-a a explorar suas opções, mesmo que isso significasse considerar outras oportunidades. Ela fez a entrevista, optou por continuar conosco e desde então tem-se destacado, aplicando o que aprendeu em nossos anos de colaboração. Sinto um grande orgulho por ter contribuído para seu desenvolvimento.

Cultivar gratidão é fundamental

Na qualidade de mentora, vejo minha função como uma oportunidade de retribuir o que recebi ao longo da carreira. A troca de experiências e conhecimento é enriquecedora, e ao expandir nossos horizontes devemos sempre estender uma mão para ajudar aqueles que precisam. O impacto positivo que podemos ter na vida das pessoas é o que alimenta nossa alma, especialmente no campo de Recursos Humanos.

Compartilho uma reflexão final... Lembro-me de um poema que me tocou profundamente na adolescência, *"The Road Not Taken"*, de Robert Frost. "A Estrada Não Percorrida". O poema explora a decisão do narrador diante de uma bifurcação na estrada, onde ele lamenta não poder seguir ambos os caminhos, mas escolhe um, consciente de que essa escolha moldará seu destino:

"Two roads diverged in a yellow wood,

And sorry I could not travel both

And be one traveler, long I stood

And looked down one as far as I could

To where it bent in the undergrowth ..."

Assim como no poema, em nossas vidas, tentamos visualizar até onde cada caminho pode nos levar, sabendo que a incerteza é a única constante. As decisões que enfrentamos moldam nosso caminho futuro. Portanto, agradeça, abrace o desconhecido, esteja preparado e aventure-se com a certeza de que cada passo a(o) guiará em direção ao seu verdadeiro caminho.

O RH sentado na cadeira estratégica das organizações – com o colaborador no centro de maneira genuína

Roberta Serafim

Filha do Roberto e da Sandra, suas grandes inspirações em liderança, é apaixonada por pessoas e tem uma carreira generalista em Gente e Gestão, com mais de 20 anos de experiência. Trabalhou por mais de uma década na Falconi Consultores de Resultado, onde teve a oportunidade de colaborar com organizações de variados segmentos e tamanhos, atuando com soluções em planejamento estratégico, aumento de receita, redução de despesas, redesenho de processos e gestão de projetos. Passou por empresas como Copa Energia e Grupo Casas Bahia e, hoje, é diretora de Gente e Gestão na Leo Madeiras. Orientada a resultados, acredita que um RH estratégico é aquele que está completamente alinhado ao negócio, falando sua linguagem e preparando o ambiente e as equipes para o alcance de resultados.

Prazer, meu nome é Roberta Serafim e sou apaixonada por pessoas e resultados: ou seja, amo pessoas e sua capacidade de gerar resultados e transformar organizações.

Durante grande parte da minha trajetória profissional, estive imersa no universo de consultoria de resultados, onde a eficiência e o desempenho são pilares fundamentais. No entanto, algo que começou a me incomodar profundamente foi uma máxima comumente aceita: a crença de que os colaboradores têm um "tempo de vida útil" dentro das empresas. Era considerado normal que, após um certo período, a produtividade diminuísse e os colaboradores deixassem a organização, sendo facilmente substituídos por novos membros. Essa visão gerava em mim uma inquietação crescente. Foi então que percebi a necessidade de aliar meu foco em resultados com uma crença genuína: são as pessoas, o time, que verdadeiramente constroem os resultados. A partir desse ponto de inflexão, surgiu a inspiração para explorar mais profundamente esse universo e colocar o RH sentado na cadeira estratégica.

Com essa percepção, dei início a uma nova fase em minha carreira, assumindo o papel de gerente de Recursos Humanos Estratégico. Meu objetivo primordial era não apenas destacar, mas também demonstrar de maneira tangível a importância crucial das pessoas para o alcance dos resultados organizacionais. Esse compromisso com uma abordagem estratégica centrada nas pessoas se tornou o cerne da minha atuação profissional. Hoje, orgulhosamente, ocupo o cargo de diretora de Gente e Gestão em uma jornada contínua para promover uma cultura empresarial que reconheça e valorize verdadeiramente o potencial humano como o principal impulsionador do sucesso corporativo. Hoje, posso dizer que a área está realmente sendo considerada estratégica, não só por me permitir estar ao lado de toda a liderança executiva, mas sim por estar participando ativamente das discussões de negócios, agregando valor de maneira ativa. É o RH sendo chamado frequentemente pelas diversas áreas de negócio para contribuir nas discussões de resultados, reforçando a importância da gestão de pessoas como pilar fundamental para o sucesso organizacional.

Mas, apesar do exposto acima e do nome comumente utilizado hoje em dia – RH Estratégico – a discussão sobre como o RH pode ocupar essa cadeira estratégica ainda é constante. Essa questão emerge frequentemente nas mesas de debate empresarial, evidenciando a evolução contínua do papel do RH. Em um cenário corporativo em constante mudança, o RH é chamado a ser um parceiro estratégico, contribuindo diretamente para o crescimento e sucesso da empresa. No entanto, ainda há uma resistência significativa em algumas empresas e certos gestores que não compreenderam completamente o verdadeiro potencial do RH estratégico.

Então, meu objetivo aqui é compartilhar com vocês um pouco dos aprendizados que tenho nessa jornada, colocando o RH nesse local que lhe é de direito.

1. Centralidade no colaborador – comece escutando o colaborador

A centralidade no colaborador é um conceito essencial para o sucesso organizacional, tão importante quanto a centralidade no cliente. Na realidade, deveríamos falar o tempo todo em centralidade na pessoa. Colocar o colaborador no centro significa reconhecer e valorizar cada indivíduo dentro da empresa, entendendo seus objetivos, necessidades e aspirações. Esta abordagem genuína vai além de benefícios superficiais, buscando agregar valor real e duradouro ao desenvolvimento humano e profissional de cada colaborador e alinhando objetivos pessoais com a estratégia da empresa, promovendo um ambiente onde ambos crescem e prosperam juntos.

Olhar a centralidade no colaborador de maneira genuína requer uma compreensão profunda de suas necessidades e motivações. Mas por onde começar? Minhas experiências têm me mostrado que precisamos ser simples, fazer o básico bem feito. Comece escutando o colaborador.. Mas escute ativamente, criando um canal aberto e transparente de comunicação. Escutar de verdade envolve mais do que simplesmente ouvir; trata-se de sentar, conversar e realmente compreender o que cada colaborador tem a dizer. Essa prática fortalece o vínculo entre a equipe e a liderança e também proporciona *insights* valiosos sobre como melhorar o ambiente de trabalho e as políticas internas.

Mas, nesse caminho, como escalar essa escuta ativa quando temos muitos colaboradores? Como podemos ser mais ágeis e cada vez mais assertivos? Tenha uma área de *people analytics* robusta (área que atua na coleta, análise e utilização dos dados com foco na melhor compreensão e melhoria do desempenho dos colaboradores e a eficácia da gestão de pessoas). Os dados falam, os números gritam! A importância desse tema nas empresas hoje é inegável; os dados sempre foram a base de decisão de várias áreas e, em pessoas, não poderia ser diferente: as decisões precisam ser tomadas com base em evidências, e não em suposições ou intuições. Ter a capacidade de coletar, analisar e interpretar dados dos colaboradores é crucial para transformar dados em informações, e estas em ações que gerem valor. Uma área de *people analytics* forte permite identificar tendências, prever necessidades e ajustar estratégias de acordo com os *insights* obtidos. Desta forma, a empresa pode criar um ambiente de trabalho que não só atende às necessidades dos colaboradores, mas também impulsiona o desempenho organizacional como um todo.

2. Organize os dados de uma maneira lógica – a experiência do colaborador

Como uma amante e defensora de planejamento e execução, tenho trabalhado na minha rotina sempre entendendo, primeiramente, o que é essa experiência do colaborador (e aqui reforço que é um processo de estudo e entendimento contínuo). Entender que essa experiência é, na verdade, uma jornada é fundamental para sermos mais assertivos. Um importante aprendizado que tive ao buscar esse entendimento é não confundir experiência/jornada com ferramentas e sistemas que pesquisam clima/engajamento. Pesquisas são sim muito importantes, porém devem ser entendidas como ferramentas que nos ajudam na análise e definição de ações. A jornada é algo muito maior, que deve nos ajudar a responder à seguinte pergunta: *Mais do que salário, e se o ambiente de trabalho que oferecemos for único, onde o talento explora seu potencial máximo em um lugar de confiança mútua de forma que, mesmo depois de deixar a organização, o ex-colaborador torne-se um embaixador da marca e da cultura?*

2.1 Fortaleça sua marca empregadora e tenha os talentos no seu banco de atração

Entenda que esta etapa começa na marca empregadora e se entende até a entrada do colaborador. É nesta etapa que a empresa precisa entender/buscar/despertar o sentimento de desejo e garantir o diálogo entre a identidade da marca e a cultura da empresa. Para isso, vamos a alguns exemplos de práticas efetivas:

a) tenha uma identidade clara e autêntica, onde a essência (valores/princípios) é compartilhada, dando não só clareza, mas estabelecendo expectativas realistas sobre o ambiente de trabalho;

b) entendendo a dinâmica do mundo em que vivemos atualmente, tenha presença digital forte, compartilhando histórias de sucesso dos colaboradores, mostrando os bastidores do trabalho e promovendo a cultura da empresa. Nos dias de hoje, a realidade, a autenticidade têm sido pontos de diferencial, pois ajudam a criar vínculos, a conhecer o ambiente onde será possível viver histórias;

c) tenha *influencers* em seu próprio grupo de colaboradores. São eles que vão compartilhar suas experiências positivas e trarão depoimentos verdadeiros (não falas decoradas, sugeridas);

d) descreva suas vagas de maneira transparente;

e) preocupe-se com um processo de recrutamento humano, que olhe nos olhos; a cultura, o brilho no olho mostram um pouco de como as pessoas se comportam no dia a dia – muito mais que habilidades técnicas, é o comportamento que vai fazer a diferença no dia a dia.

2.2 Crie o sentimento de pertencimento desde a primeira integração na empresa – *onboarding* não pode durar só uma semana

O *onboarding* tem como principal objetivo não só apresentar a empresa, sua estrutura física ou seu organograma. Ele deve ser visto como uma alavanca de cultura e, por isso, deve permitir que o novo colaborador passe, independentemente do tempo, por todos os rituais da empresa – somente depois disso deveríamos dizer que o colaborador está realmente integrado. Ou seja, o *onboarding* eficaz é aquele que vai além das apresentações e dos treinamentos iniciais. É um processo que pode durar meses, proporcionando ao novo colaborador uma compreensão profunda da cultura organizacional, da essência da empresa e do seu papel dentro do time.

Quando um funcionário sente que pertence à empresa desde o início, ele se torna mais engajado, produtivo e leal, reduzindo assim as taxas de rotatividade. Se possível, duas práticas simples podem fazer a diferença: ofereça mentorias/acompanhamentos – designar mentores ou *buddies* que possam guiar os novos colaboradores durante sua integração é uma prática valiosa, pois esses mentores ajudam a responder dúvidas, facilitar a adaptação e integrar o novo colega ao time; estabeleça canais de comunicação abertos e encoraje o feedback constante – isso ajuda a identificar e resolver rapidamente e quaisquer dificuldades ou dúvidas que possam surgir, promovendo uma integração mais suave e eficaz.

2.3 Foque o desenvolvimento continuado e compartilhado – o colaborador também precisa ser sedento por conhecimento

Em um mundo cada vez mais dinâmico e competitivo, é fundamental focarmos no desenvolvimento continuado e compartilhado. Isso significa oferecer oportunidades de aprendizado e incentivar uma cultura em que o conhecimento é constantemente buscado e compartilhado. Minha pergunta aqui é sempre a seguinte: o ambiente em que o colaborador vive permite esse desenvolvimento? Mas aqui acho que vale a empresa entender que o desenvolvimento não se dá somente nas salas de aula, mas também nas ações diárias. Por isso, crie um ambiente propício à vivência da coletividade, da colaboração, das discussões saudáveis, do fomento à inovação, do fomento à troca de ideias, da diversidade.

Existem várias práticas que permitem a criação desse

ambiente, mas tem uma que gosto bastante e que, se implementada do jeito certo, traz resultados espetaculares: a criação de grupos de trabalho multidisciplinares: formar equipes compostas por membros de diferentes áreas e com diversas habilidades e experiências. Esses grupos podem trabalhar em projetos específicos ou resolver problemas complexos, promovendo a troca de ideias e a colaboração entre setores que normalmente não interagem. Esse tipo de prática não só estimula a inovação como também valoriza a diversidade de perspectivas e competências.

2.4 Entenda que as pessoas gostam de ser reconhecidas – a importância da compensação e do reconhecimento

Trabalhar a estratégia de cargos e salários é um desafio atual, trazido pela diversidade de negócios, pelo conceito de ecossistema, pela necessidade de estruturas mais horizontais ou por projetos. Mas somente o "pagamento" pelo intelecto é suficiente? Nesse cenário, as práticas de reconhecimento são aliadas importantes. Vamos lembrar de Maslow? O indivíduo é motivado tanto pela realização de suas necessidades básicas quanto pelas sociais e de estima.

O reconhecimento é um poderoso instrumento para atender a essas necessidades mais elevadas. Quando os colaboradores são reconhecidos por suas contribuições e desempenho, sentem-se valorizados e respeitados. Esse reconhecimento pode ser formal, através de prêmios e bônus, ou informal, através de elogios e *feedbacks* positivos. Esse tipo de valorização fortalece os laços sociais dentro da empresa, promovendo um ambiente de trabalho mais colaborativo e harmonioso. Além disso, o reconhecimento contribui para a construção da autoestima. Sentir-se apreciado e ver seu trabalho sendo notado pelos líderes e colegas de trabalho aumenta a confiança e a satisfação pessoal. Esse aumento na autoestima, por sua vez, alimenta um ciclo virtuoso de motivação e produtividade, no qual os colaboradores se sentem mais inclinados a continuar se esforçando e contribuindo para o sucesso da organização.

2.5 Não se esqueça do momento de saída – o respeito deve ser trabalhado em todas as etapas da jornada

O *offboarding* é uma parte essencial do ciclo de vida do colaborador e deve ser tratado com o mesmo cuidado e atenção que as fases de recrutamento e *onboarding*. Um processo de *offboarding* bem gerido pelo RH contribui para a manutenção de uma boa reputação da empresa, coleta de *feedback* valioso, continuidade do trabalho e redução de riscos. Um processo de *offboarding* bem conduzido reflete positivamente na imagem da empresa – colaboradores que saem de maneira positiva tendem a falar bem da organização, atuando ainda como embaixadores da marca, o que pode atrair novos talentos, retroalimentando a jornada do colaborador.

3. E voltamos à análise dos dados

Bem, essas são etapas simples, mas ao mesmo tempo complexas, que demandam ricos planos de ação. E, para que esses planos sejam assertivos, as decisões precisam ser baseadas em fatos e dados. Sim, para cada uma dessas etapas podemos/devemos ter indicadores finalísticos claros. Afinal, gestão de pessoas deve ser pautada em fatos e dados. Vamos ver o que a escuta ativa e os números nos dizem? Vamos definir os indicadores corretos para cada uma das etapas? Vamos transformar dados em informação? Os indicadores, como o próprio nome diz, indicarão se estamos no caminho certo. Eles poderão nos mostrar:

- Como a nossa marca está posicionada no mercado?
- Como é o alinhamento da cultura dos novos colaboradores com a empresa?

- Qual a percepção dos colaboradores nos primeiros meses de empresa? O colaborador consegue perceber a cultura no dia a dia?
- Quais são os motivadores/detratores da cultura no período de *onboarding*?
- Aonde devemos investir em desenvolvimento?
- Como os colaboradores se sentem: reconhecidos, motivados, o que está gerando insatisfação?
- Como está a saúde mental dos colaboradores?
- O que precisa ser melhorado para reduzir o *turnover* e aumentar a produtividade?

Bem, esses são só alguns exemplos de indicadores que na minha jornada já acompanhei ou acompanho. Meu convite é para que todos, por meio da escuta ativa dos colaboradores, possam entender os passos para a criação da relação de confiança que conduzirá a empresa no caminho de uma jornada fluída e da melhor experiência do colaborador. No caminho, genuíno, do colaborador no centro.

Navegando por experiências & desenvolvimento – Um legado

Rochelli Kaminski

LINKEDIN

Experiência consolidada há mais de 20 anos na área de RH.

Graduada em Administração de Empresas com Master Degree em Gestão Estratégica de Recursos Humanos pela Universidade Paul Valery, Montpellier, na França. MBA Executivo pelo Insper/SP. Certificada em Coaching pelo ICC e especialização em ESG pela FIA/ SP.

Atuação no exterior e no Brasil em empresas multinacionais, nacionais e familiares de diferentes segmentos: financeiro, varejo, serviços e indústria. Liderou diferentes desafios de *turnaround*, plataformas de gestão, fusões e aquisições, além de gerir os demais subsistemas da área de RH. Perfil generalista, competência e habilidades solidificadas no entendimento das complexidades de uma organização, gestão de pessoas, orçamento e desenvolvimento humano, em relação à percepção do quanto as pessoas impactam os resultados obtidos e esperados, agregando significativamente valor ao negócio com comprovada melhoria de produtividade e clima organizacional.

Há mais de nove anos como diretora de Recursos Humanos na Nauterra (antes Gomes da Costa). E também membro voluntário do Conselho de Desenvolvimento Social da Prefeitura de Itajaí/SC.

"Feliz aquele que transfere o que sabe e aprende o que ensina." Cora Coralina

Minha jornada em Recursos Humanos começou antes de eu perceber. Ao perder meus pais, cuidei dos meus irmãos e administrei os caminhões que meu pai deixou. Aos 15 anos, aprendi a negociar, oferecer empregos e fechar contas. Na adolescência, escolhi aprender e crescer diante das dificuldades. Fui um exemplo para meus irmãos, mantendo os valores dos meus pais. A coragem me ajudou a enfrentar desafios e seguir em frente, mesmo com medo.

Para entrar no mercado de trabalho, fiz Tecnologia em Hotelaria, onde aprendi a gerenciar pessoas e serviços. Isso me direcionou para a gestão de pessoas. Depois, fiz uma pós-graduação em Gestão de Turismo e Hotelaria pela Furb e trabalhei em diversas áreas do setor, consolidando minha experiência.

Contudo, tinha um sonho que vibrava dentro de mim, o de ter uma experiência fora do país. E foi aos 19 anos, ainda em fase de término do meu projeto final da pós-graduação, que mudei para a França. De certa forma estar realizando um sonho de infância e com um pouco menos da "responsabilidade" pelos meus irmãos (a esta altura já estavam mais ou menos direcionados/organizados) também me gerava uma sensação enorme de liberdade e poder de escolha pelo que queria muito fazer e ser.

Na França, fui aceita em uma universidade pública – Paul

Valery Montpellier III – e concluí o curso em Administração de Empresas, além de um Master Degree em Gestão Estratégica de Recursos Humanos. Para realizar este objetivo e me manter no país, trabalhei muito nas horas vagas, como atendente, babá, faxineira, entregando jornais ... Quanto ao idioma, já iniciei estudando no Brasil de forma autônoma.

Foi assim que começou minha história, ou melhor, foi assim que me consolidei na área de Recursos Humanos. Há mais de 20 anos que decidi por esta carreira que está alinhada com meu propósito de vida, o de deixar um legado, de impactar positivamente as pessoas e saber que estou neste caminho é muito gratificante.

Minha experiência em RH na "carteira de trabalho" iniciou-se de fato na França, em Montpellier. Meu primeiro estágio foi em uma empresa que oferece soluções para *outsourcing*, recrutamento e seleção entre outras atividades. Minha responsabilidade era recrutar e selecionar num período conhecido como o *"boom dos call centers"*. Nadine era o nome da minha gestora... ela cobrava ritmo, disciplina, controle dos candidatos e muita organização. O negócio era tão recente que não existia desenho de perfil, formato de entrevistas... Lembro que desenvolvi *role-playing* com cenários diferentes para melhor avaliar a resiliência e adaptação dos candidatos à atividade, que na sua maioria eram estudantes fazendo atividades extras para compor a renda. Neste local deixei um pouco do que aprendi e experimentei com processos seletivos desenhados e testados para este segmento. Esta experiência foi também objeto de estudo para meu projeto de final de curso da minha graduação. Ainda hoje guardo alguns livros e estudos da área de *call center*. Estudar o negócio, independentemente da área de atuação no RH, sempre foi a melhor estratégia para atender o cliente.

Ao concluir meu estágio, tive a oportunidade de me desenvolver num *fast food*. Iniciei como atendente, mas logo aproveitei a oportunidade para me desenvolver e ensinar colegas. Como assistente do gestor era responsável por formar meus colegas no atendimento. Imaginem uma brasileira ensinando franceses e estrangeiros que lá tinham oportunidade de fazer um extra?! Poder ensinar o que tinha aprendido com alguém ou até experimentado foi uma grande realização. Tinha também responsabilidades mais administrativas como fechar o ponto eletrônico, realizar escalas de trabalho, fazer pagamento de extras entre outros. Todavia, o mais marcante para mim foi minha atuação na formação dos jovens colegas de trabalho. Por que fui escolhida para este *job*? Segundo o gestor da época, eu trazia leveza e fazia as atividades com qualidade e segurança. Rebobinando a fita... e com um olhar um pouco mais amplo, se eu tivesse que listar alguma competência necessária naquela época, elegeria a excelência operacional, pois se algo precisa ser feito que seja da melhor maneira possível. Até hoje acredito muito na excelência do dia a dia, na necessidade de revermos o que foi feito e buscar melhoria e, na intenção que colocamos para as atividades que fazemos – da mais simples à mais complexa –, que sejam sempre realizadas com excelência, com alto nível de qualidade, eficiência e resultado positivo.

Ainda na França, e com certeza a experiência mais relevante para o início da minha carreira, foi quando tive a oportunidade de atuar em uma Petroquímica. Iniciei como estagiária, mas logo fui efetivada para um projeto diferenciado. Lá, eu tinha uma missão muito particular, o de mapear competências técnicas, críticas para a organização e viabilizar por meio de um programa de formação a transferência dos conhecimentos. Mais do que conhecimento em Recursos Humanos eu necessitei de muita empatia, pois descobri nas pessoas o medo da aposentadoria, do vazio após anos de trabalho. Experimentei a "dor" das pessoas que estão saindo para a aposentadoria. De uma parte tínhamos profissionais despreparados para enfrentarem o "mundo lá fora" e, de outra, a empresa que precisava preparar jovens para assumirem posições chaves dentro de uma petroquímica. Que missão! Precisava acolher estas diferentes gerações e buscar extrair o melhor de cada uma aproximando-as, promovendo entre elas a transferência do conhecimento, algo tão importante para uma indústria em que cada detalhe pode fazer toda diferença em relação à segurança diante do risco químico.

Também pude perceber quanto é importante em uma organização garantirmos uma pirâmide de idade mais saudável, equilibrada e o quanto os conflitos geracionais podem comprometer os resultados de uma organização. Além da empatia, gestão de conflitos, relacionamento interpessoal, a capacidade de influência e persuasão foram fundamentais na construção de um projeto de mentoria, *job rotation* e integração de jovens para incentivar as trocas. Nesta etapa da minha carreira tive um grande mentor, o Dominique. Ele era quem me oferecia orientações, conselhos, *feedbacks*, mas também foi quem me empoderou, me fazia acreditar no meu potencial. Foi assim que eu recebi um reconhecimento que ainda hoje me orgulho ao compartilhar. Na época Dominique me incentivou a participar de um processo interno de seleção para um Programa de Trainees que formava potenciais para gerirem petroquímicas menores ou projetos específicos ao redor do mundo. Após um longo processo seletivo fui a única selecionada a participar da final deste programa nível Europa, era a única "representante" das petroquímicas da França. Ao mesmo tempo que estar na final representou para mim uma grande conquista, foi também uma enorme frustração ao não ser selecionada. Apesar disso, aprendi muito durante o processo, sobretudo a perseverar diante das adversidades. Um dos motivos pelos quais não fui selecionada foi meu nível de inglês, que era muito básico perto dos demais candidatos. O resultado negativo me impulsionou a buscar mais domínio do idioma. Diante disso, decidi passar uma rápida temporada na Austrália e conquistei a primeira certificação do Cambridge (FCE).

Com experiência na França, sonho de infância realizado, francês fluente e maior domínio do inglês, decido retornar ao Brasil. Meu destino foi São Paulo, não conseguia me imaginar retornando para minha cidade natal, Ijuí – uma cidade pequena no noroeste do Rio Grande do Sul.

Minha maior oportunidade na área de Recursos Humanos, assim que retornei, foi em uma grande instituição financeira. Só tenho a agradecer. Carla, a gestora que me contratou, foi uma figura essencial em minha trajetória profissional; ela contribuiu para meu desenvolvimento permitindo que eu aplicasse minhas habilidades e conhecimentos da melhor maneira possível: desenvolvendo jovens *trainees* para uma financeira de segmento específico para classes C, D e E. Naquela época, este formato de financeira fazia muito sucesso no Brasil. Estes jovens, que vinham de diferentes locais do país, chegavam em São Paulo atraídos pelo sonho de um lugar ao "sol", com toda certeza me identificava com o projeto e com todos estes jovens também, pois, assim como eles, também buscava conquistar meu espaço. Avaliar um programa que estava em andamento, trazer mudanças inovadoras e melhorar os resultados, estes eram alguns dos desafios que tive. Iniciamos revisitando todo o processo seletivo e o apoio de toda a equipe diretiva para o sucesso deste projeto fez toda diferença.

Ainda hoje tenho contato com alguns *ex-trainees* que agradecem pelos *feedbacks*, pelos treinamentos, pela orientação que receberam ao escolher uma ou outra agência/cidade para darem início à carreira profissional. Ensinei, me desenvolvi e aprendi muito nesta instituição financeira. Gestão por competências, definição de valores organizacionais, atitudes desejadas, 9 box, comitê de calibragem... eram conceitos e práticas ainda em estágios iniciais na maioria das empresas no Brasil, porém, nesta instituição, já eram difundidos, éramos reconhecidos no mercado como pioneiros na implementação de projetos inovadores. Alguns pontos marcantes que guardo desta experiência além da formação de uma centena de jovens potenciais foi o processo prévio à venda desta instituição, destacando o cuidado com a comunicação interna e preparação da instituição para essa importante etapa.

Nesta fase da minha carreira profissional, embora estivesse muito feliz na instituição financeira, eu tinha a aspiração de poder atuar em uma empresa francesa no Brasil. Afinal, foram quase sete anos vividos naquele país, a saudade e a identificação eram grandes. Até que a "lei da atração" trabalhou a meu favor... A Carla, aquela gestora responsável em abrir as portas para mim quando cheguei no Brasil, me convidou para gerenciar uma área de treinamento desenvolvimento organizacional de uma empresa francesa do setor alimentício. Uma multinacional com raízes familiares que prestava serviços de alimentação em outras empresas. Ou seja, lá eu tive a oportunidade de aproveitar muitos conhecimentos e aprendizados, desde o idioma, cultura até as competências tão valorizadas no segmento hoteleiro. Que experiência! Iniciei levando para esta empresa o que melhor fazia: desenvolver pessoas por meio de um programa de desenvolvimento de gestores (administradores de contrato), o famoso PDA ou programa de *trainees*. Do segmento financeiro ao segmento de serviços. A técnica era a mesma, o que fez a diferença foi a imersão no negócio, entender como a empresa operava em todos os níveis, desde operações diárias até as estratégias. Assim, foi possível identificar as necessidades específicas e desenvolver iniciativas que realmente impulsionaram o crescimento e sucesso da empresa.

Esse programa foi só o início de uma longa jornada de entregas focadas no desenvolvimento humano e organizacional. Destaco aqui a importância de termos "multiplicadores internos", colaboradores que possuem habilidades, conhecimentos, influência para formar e disseminar informações, boas práticas e cultura aos demais membros da equipe. São verdadeiros mentores a serem seguidos, inspirando os demais. Que orgulho tenho do time que formamos e do legado construído. Como já dizia Walt Disney, *"Você pode sonhar, criar, desenhar e construir o lugar mais maravilhoso do mundo ... ainda assim precisará de PESSOAS para tornar o sonho realidade"*.

Aqui outra importante experiência que levo para a vida pessoal e profissional foi quando a empresa dobrou o número de colaboradores em um processo de M&A (*merger and acquisition*) – a área de Recursos Humanos teve um papel fundamental desde o *due diligence* até integração pós-transação, garantindo que os aspectos humanos e culturais fossem considerados e gerenciados. Trabalho em equipe, muita organização, gestão de conflitos, gestão de orçamento, gestão de mudanças e flexibilidade foram algumas das competências desenvolvidas ao longo deste processo. Liderar um time responsável por este processo foi um grande desafio e exigiu muita resiliência e capacidade de escuta. Mapear e reter os profissionais chaves e críticos num processo como este tornaram-se o foco da área. Quem não podemos perder de ambas as empresas? Por quê? O que podemos fazer? Qual impacto possuem no negócio? Quais motivos a manteriam ou não na empresa em processo de M&A? Qual plano para estes profissionais, A, B ou C?

Enquanto isso, segui buscando me desenvolver. Concluí um MBA Executivo pelo Insper no qual, além de me manter atualizada e construir uma rede de contatos profissionais, pude desenvolver habilidades, perspectivas e oportunidades na minha carreira profissional.

Casei-me, engravidei e me separei... Como mãe solo, em um primeiro momento me senti como Alice no País das Maravilhas, insegura sobre qual caminho tomar. No entanto, decisões e escolhas foram tomadas considerando os impactos na minha vida pessoal e profissional. Nem tudo foi como desejava. Certa do desafio e meu comprometimento em encontrar o melhor equilíbrio entre minhas responsabilidades como mãe e na vida profissional, escolhi mudar para Santa Catarina. Esta foi a melhor decisão e escolha feita para mim e minha filha. Reconheço que cada lágrima derramada, medo enfrentado, pressão social e culpa sentida fizeram parte do meu crescimento, tudo isso me fortaleceu ainda mais como mulher, mãe e profissional.

Do segmento de serviços que "alimentava a indústria" passo para a indústria, uma fábrica de alimentos, empresa que tem paixão pelo mar e compromisso pela terra. Há nove anos e alguns meses estou em uma organização que admiro muito. Talvez por isso no título deste capítulo está a palavra "navegando" ... isso remete para onde estou.

Após ser mãe, executiva, responsável pela estratégia de gestão de pessoas de uma indústria formada por maioria de mulheres, uma das iniciativas de que me orgulho muito por ter implementado foi a extensão da licença-maternidade e na sequência paternidade. Os índices de absenteísmo eram altos logo após retorno da licença-maternidade e, consciente das necessidades de uma mãe recente junto ao filho, implementamos esta iniciativa que faz toda a diferença para muitas famílias.

Outro desafio que passamos e a área de RH ocupou um lugar importante na tomada de decisão foi a pandemia. O capital humano é a essência para o sucesso de uma empresa e, em momentos de crise, em que o nervosismo, a ansiedade e a insegurança ficam mais predominantes, o papel da área de RH foi decisivo. Enquanto a maioria das empresas realizava desligamentos, pela característica do nosso negócio, não podíamos parar, portanto, o desafio em reter e atrair mais pessoas era enorme. Minha capacidade de liderança foi verdadeiramente posta à prova. Conhecer os colaboradores e estar próximo a eles ajudou na compreensão sobre o modo de agir e pensar em momentos de crise como foi este. Enfrentamos (eu e toda a equipe de RH que esteve comigo durante este período) desafios na adaptação às mudanças constantes na legislação, pressão da mídia e órgãos públicos e sobretudo na busca constante e incansável pelo bem-estar de todos. Preservar e cuidar da saúde tornou-se uma prioridade crucial.

Aprendemos mais sobre empatia, praticamos a colaboração, o apoio uns aos outros em nossa jornada diante das dificuldades. Tornamo-nos referência para lidar com situações tão delicadas e hoje sabemos que o RH não deve voltar atrás.

Acredito que aquelas organizações que conseguiram aprender e evoluir com a crise da Covid-19 foram mais bem-sucedidas com a retomada e com o surgimento do "novo normal". Aprendemos, crescemos e nos tornamos melhores versões de nós mesmos cuidando do nosso maior ativo: as pessoas.

Ser protagonista e resiliente às adversidades são competências que fizeram e fazem parte da minha vida. Ano passado o reconhecimento do mercado validou o impacto positivo do meu trabalho, ficamos entre os RHs Mais Admirados da Regional Sul, resultado de uma pesquisa quantitativa e qualitativa, com mais de 380 mil votos computados. E, ainda, recebi pela segunda vez o prêmio de Melhor RH Sul, premiação que tem o objetivo de reconhecer os mais relevantes gestores de recursos humanos de localidades no Sul.

Sou apaixonada por Gente & Gestão, pelo RH e escolhi a frase de Cora Coralina como destaque deste capítulo pois ela encapsula lindamente a essência de desenvolver o ser humano. Ao transferir o que sabemos, estamos compartilhando nosso conhecimento e experiência com os outros, capacitando-os a crescerem e alcançarem seu potencial ao máximo. Ao mesmo tempo, ao ensinarmos estamos sempre aprendendo – seja através da troca de ideias, da perspectiva dos outros ou do processo de ensino em si. Sou muito grata por toda minha trajetória até aqui e sigo navegando por experiências e desenvolvimento, deixando meu legado.

Olhar sobre pessoas

Roseli Motta

LINKEDIN

Natural de Ribeirão Preto, interior de São Paulo. Mãe da Camila e avó dos felinos Fred e Leo, que já se foram, e Valentina e Chico, que seguem alegrando sua vida. Filha da Romilde, com 86 anos, e do Rubens, não mais entre nós. Irmã do Rogério, Roberto e Ricardo. Psicóloga Organizacional graduada pela USP, com especialização em Gestão Empresarial (USP) e Gestão de Pessoas (FAAP). *Coach* formada e certificada pelo *ICC – International Coaching Community*. 32 anos de vivência nas áreas de Recrutamento e Seleção, Treinamento e Desenvolvimento, Comunicação Interna e Externa, Gestão de Cultura e Mudança, Carreira e Sucessão, em empresas nacionais e multinacionais dos ramos Sucroenergético, Químico, Farmacêutico e Alimentício. Por 11 anos, ocupou a posição de gerente Corporativa de Desenvolvimento Humano e Organizacional e Comunicação na Adecoagro, atendendo às três unidades do setor sucroenergético no Brasil com mais de 7.000 colaboradores e colaboradoras. Atualmente é cofundadora da íris, olhar sobre pessoas, atuando em todos os subprocessos de desenvolvimento humano e organizacional.

Raízes e desafios

O que você quer ser quando crescer? Quantas vezes fomos indagados e também fizemos esta pergunta de resposta difícil, especialmente quando somos tão jovens. Temos que escolher uma carreira quando nem sabemos ao certo quem somos. Escolher ser RH é uma missão, um propósito. Muitas organizações têm muito corpo, alguma mente e pouca alma e é preciso que RH seja a mola mestra que guia e inspira as pessoas, que auxilia a definir qual o melhor caminho a seguir quando estamos em uma encruzilhada. Desenvolver uma relação de confiança com todos e todas dentro e fora da organização, independentemente da posição que ocupam, é fundamental. Sabe aquela história de você pular com um paraquedas que outra pessoa dobrou? Isto é confiança. E no contexto do RH, é ter certeza que o outro pensa nas pessoas como ser humano e não apenas como colaborador ou colaboradora.

Sim, é preciso estudar muito, é preciso conhecer o negócio a fundo, é necessário fazer uma imersão em si primeiro, em uma jornada de autoconhecimento e em seguida mergulhar na essência das pessoas, estar próximo, transformar temas complexos em equações mais simples de degustar, ser curioso, fazer perguntas poderosas e ajudar no entendimento das situações. Enfrentamos dificuldades, claro, mas somos firmes nas premissas que nos fazem ser, de fato, um integrante da área de gente e gestão, da área de pessoas, da área de RH.

Pouco importa a nomenclatura da área. Muito importa a verdade que você vive e transmite. Eu sempre pensei desta forma e fui amadurecendo em cada vivência, sempre extraindo lições aprendidas em cada uma delas. Acredito fortemente na fala de Carl Jung: "Conheça todas as teorias, domine todas as técnicas, mas ao tocar uma alma humana, seja apenas outra alma humana". Isto é RH. Vamos entender melhor?

Determinação e propósito

A decisão de cursar Psicologia na USP em Ribeirão Preto foi um momento marcante para mim. Devido a restrições financeiras e familiares, não podia sair da cidade, então, ao descobrir que a USP oferecia o curso de Psicologia, me encantei imediatamente e decidi que era o caminho certo a seguir. Já tinha a ideia de me especializar em Psicologia Organizacional, embora não soubesse exatamente o que isso envolvia. Sabia apenas que queria ajudar as pessoas a realizarem seus objetivos dentro das organizações, pois sempre tive interesse em entender comportamentos e atitudes.

Passei no vestibular em janeiro ou fevereiro de 1987. Naquela época, era comum arrecadar dinheiro nas ruas com os calouros, sob orientação dos veteranos. Com muito medo e vergonha, mas determinada, participei dessa tradição. Neste dia, parou um carro, um homem baixou o vidro manualmente e me parabenizou ao ver "USP" na minha testa. Ele estava prestes a me dar uma nota, mas quando mencionei que cursaria Psicologia, ele recolheu o dinheiro e, de forma agressiva, disse: "Cria vergonha nesta cara. Psicologia não é curso, aliás, é... curso vago". Fiquei devastada, mas aprendi uma grande lição: a verdadeira transparência é a combinação de sinceridade e cautela. A comunicação violenta pode destruir sonhos.

Apesar do impacto e da dor, não pensei em desistir. Chorei, mas estava determinada a seguir em frente. Meu sonho era real, fruto de esforço e inspiração. Ninguém tinha o direito de julgar minhas escolhas. Como disse Leonardo Boff, "todo ponto de vista é a vista de um ponto", e o ponto de vista daquele homem era apenas um entre muitos.

Quando me formei, algumas pessoas disseram que eu trabalharia para servir ao capital e explorar os trabalhadores. Respondi que não! Acreditava que capital e trabalho precisam coexistir e que eu iria implementar práticas que harmonizassem essa relação desgastada. E foi isso que fiz nos últimos quase 32 anos.

Aqui entra o propósito, a meta, o foco, a resiliência e a determinação. Eu sabia aonde queria chegar e já entendi nessa época que querer não é poder. Querer mais fazer acontecer é igual a poder. E haja resiliência. Cai, desanima, levanta, retoma. Mesmo sem ter ideia de quem era Alvin Tofler na época, já experimentava a necessidade e a beleza que é aprender, desaprender para reaprender e aprender cada vez mais. Esta lição nunca esqueci. Saber para onde se quer ir encurta distâncias, reduz desperdício de tempo e tempo é vida. "Ou você tem uma estratégia ou é parte da estratégia de alguém."

Transformando realidades

Umas das primeiras empresas em que trabalhei era um encanto. Produtos alimentícios: balas, biscoitos (alguns falam que é bolacha... mas seja lá o que for, era uma delícia). Ali na Cory já entendi que poderia fazer o que prometi quando me formei. As pessoas realmente importavam. O CEO da empresa era humano, gentil, acolhedor. Eu entrei em outra atividade, mas logo me direcionaram para cuidar dos CCQs, tão comuns na época, os famosos Círculos de Controle de Qualidade. Lá se chamava QI – Qualidade e Integração. Os colaboradores e colaboradoras eram estimulados a ir a fundo nos problemas e a encontrar as soluções. Mais lições aprendidas: muitas vezes ouço gestores e gestoras falando que as pessoas devem ser parte da solução e não do problema. Sempre achei que esta frase não combinava com o que acreditava e com o que aprendi nesta segunda empresa em que trabalhei. Ali eu já auxiliava as pessoas a entenderem a fundo o problema, a encontrar a causa raiz das situações, para só depois apontar as alternativas, as soluções. Como fazer *brainstorming* (a famosa tempestade de ideias, o famoso toró de palpites), como gerar ideias e soluções para algo que nem sabemos o que é, para algo que não conhecemos, para um problema que não definimos e não entendemos? As pessoas devem ser envolvidas nos problemas e situações do dia a dia, nas decisões que afetam seu trabalho, elas sabem como ninguém como resolvê-los. Sabem, pode acreditar.

No período em que estive na Faber-Castell também conseguimos ajudar a transformar vidas que queriam ser transformadas. Auxiliamos na jornada, juntos e juntas, alta direção, gestores e gestoras, RH. Conseguimos entender o que as pessoas sabiam e queriam ensinar. O que as pessoas queriam aprender. Juntamos saberes, construímos conhecimento, mudamos realidades, atingimos resultados.

Fui pouco a pouco lapidando conceitos sobre gestão de pessoas e colocando em prática algo em que acreditava: podemos até chamar as pessoas de mão de obra, só não podemos acreditar que isto é uma verdade. Precisamos de mãos, cabeça e coração à obra. É fundamental mudar a concepção de que apenas a alta direção gera ideias, gera informação para um monte de corpinhos executar. A informação flui em todas as direções, a estratégia não deve ficar em um cofre escondido como um dado confidencial, porque quem vai fazer a estratégia ser cumprida, sair do papel, são as pessoas, é a nossa gente.

Sempre tive uma crença impulsionadora, desde antes de ingressar na universidade e depois, nas empresas nas quais trabalhei, ela virou realidade: **Resultados só são obtidos com e através das pessoas.** Sei que pode parecer senso comum, oratória, mas não é: as empresas podem comprar novas tecnologias e implementar a Agricultura e Indústria 4.0, 5.0, 6.0, ter a melhor máquina, a mais moderna, mas são as pessoas daquela organização que farão a diferença, sempre. Trabalhar com zelo, com orgulho de pertencer, entender o propósito, conhecer as metas e saber como pode contribuir para alcançá-las ou superá-las, acertar, errar sim e entender o que aconteceu e o que fazer para nunca mais cometer este mesmo equívoco, inovar, criar, se relacionar, trabalhar cooperativamente e não competitivamente... só o humano é capaz. Quanto mais *tech*, mais *touch* é preciso ser, é um fato e é real.

É preciso que as pessoas, em todos os níveis da organização, conheçam o que se espera delas e o que e como podem fazer para atingir os objetivos desejados. É preciso falar mais com as pessoas e não das pessoas. É preciso olho no olho, é necessário gerar um ambiente com segurança psicológica, valorizando o reconhecimento, a autonomia e a justiça e nisto os gestores e gestoras são os atores principais, são os protagonistas, têm credibilidade com seus times e eles e elas é que são responsáveis pelo engajamento. Não é possível delegar esta tarefa ao RH, à área de Gente & Gestão. Esta área é facilitadora, cria estratégias e ferramentas que contribuem e auxiliam as lideranças a extraírem das pessoas o que elas têm de melhor.

Em 2002 fui conhecer o setor sucroenergético. Queria muito, já que desde pequena ouvia sobre ele em Ribeirão Preto, a capital do agronegócio. Entrei em uma usina de açúcar, etanol e energia e na primeira semana de trabalho as pessoas diziam que talvez tivesse tomado uma decisão equivocada porque meu estilo não combinava com a "empresa". Aprendi desde muito cedo que nada é tão ruim que perdure a vida toda e sou daquelas que veem o copo meio cheio, mas sem romantismo. Naquele mesmo dia em que ouvi isto, fui convidada para uma reunião com quem? Com a alta direção. Pensei que seria meu fim. Mas foi diferente e entendi que não precisava mostrar o que não sou ou falar o que não acredito para ser aceita. Precisaria auxiliar a colocar em pratos limpos as crenças limitantes e a compreender os vieses inconscientes para ser útil nesta jornada de transformação. Mais uma lição aprendida: o nosso papel em Gente & Gestão, em RH, é ajudar os gestores e gestoras a entenderem o quanto somos melhores com e na diversidade, o quanto todos ganham com a inclusão. Aqui falo não só sobre os marcadores de gênero (muitas vezes era a única mulher em sala), de religião, de raça-etnia, de deficiências, gerações etc., mas também da diversidade de estilos, de pensamentos, de sentimentos, de formas de enxergar a vida e os problemas. Respeitar a essência de cada um e de cada uma gera conexão, felicidade, confiança, engajamento e tudo isto gera resultados positivos para todas as partes interessadas, afinal, entendo que são as diferenças que potencializam nossas capacidades e nos fazem crescer, ser melhores, evoluir.

Na brincadeira, as pessoas diziam que o setor sucroenergético "vicia", e não é que é verdade? Já são 22 anos só neste segmento. Passei também pela Bunge, empresa sensacional e que me proporcionou amizades para toda a vida e, depois, foram 11 anos na Adecoagro, onde solidifiquei todas as minhas vivências, todas as lições aprendidas e desenvolvemos programas excepcionais com o apoio da alta direção e com o grande maestro de tudo, o diretor de Gente & Gestão, Ronaldo Mendonça, uma pessoa sensível, genuína, forte, valorosa e que pensa nas pessoas de verdade. Nesta empresa ninguém senta em um banco de máquina, manuseia uma ferramenta, senta em uma cadeira de escritório ou faz gestão de pessoas sem estar minimamente capacitado para atuar com segurança, com qualidade, com respeito e alegria. Consegui, junto com meu time, meus pares, meu líder direto, a alta direção e todos os demais gestores e gestoras, fazer a diferença para as pessoas, criando projetos que realmente agregaram valor à vida delas. Esta empresa é formada por gente incrível que quer participar ativamente do dia a dia e levar a organização para onde ela merece estar: no topo. E é preciso gerar espaço para elas, de fato, vivenciarem o negócio de forma robusta e transparente.

Simples? Fácil? Longe disto. Mas sempre acreditei que nós de RH temos a responsabilidade de ajudar a alta direção a tomar as melhores decisões para o negócio, nem sempre falando o que querem ouvir. É nosso dever deixar claro que determinada decisão pode ser ruim para as pessoas, para a empresa. Não dá para sermos respeitados se não estamos dentro do negócio de forma verdadeira, integrada e se não conhecemos a fundo o DNA da organização. Não faz sentido criarmos programas e definirmos ferramentas que são modismos ou que interessam apenas a nós mesmos. Trabalhamos lado a lado com os gestores e gestoras, analisando suas necessidades e desenvolvendo formas de implementar as estratégias desenhadas pela organização, junto com nossa gente. O RH deve atuar de forma estratégica e isto significa contribuir para que as pessoas estejam no centro do negócio e caminhar no mínimo ao lado, mas de preferência à frente, orquestrando o que é necessário ser feito para garantir a sustentabilidade, a perenidade da organização e o sucesso de todas as partes envolvidas. Aprendemos a trabalhar de forma colaborativa, compartilhar responsabilidades, respeitar a diversidade de ideias e o diálogo construtivo com todos, considerar as contribuições de cada um, sem ficar preso às nossas próprias crenças. Colocamos em prática a competência adaptabilidade, criando estratégias para que os gestores e gestoras atuem como agentes de mudança por meio das próprias palavras, ações e prioridades, afinal a velocidade da mudança é impressionante e não podemos freá-la. Uns decidem se adaptar e aí é dolorido porque vivemos correndo atrás de algo que já aconteceu. Outros preferem antecipar e alguns, como eu, preferem criar o futuro que querem viver. O próprio nome diz: Mudança - ou você muda ou você dança! Não temos escolha.

Liderança afetiva e inclusiva

Durante minha trajetória, aprendi que o que é ruim passa, mas o que é bom passa também. Sabemos que a gestão do tempo é estabelecimento de prioridades e quais são elas, quais prioridades colocamos na nossa jornada? A roda da vida precisa girar com equilíbrio, para mantermos nossa sanidade mental e física. É trabalho, nunca disse que não era. Mas, se perder a diversão, se for triste e penoso, não faz sentido. Sabemos que a origem da palavra trabalho em diferentes vocábulos está associada a desgraça, dor, doença, dificuldade. Pode reparar: quando algo está desafiador, difícil de executar, falamos que está dando trabalho. Nossa missão incansável de fazer o trabalho proporcionar prazer, propósito e felicidade é meta de todo dia e de toda a companhia.

Por fim, quero contar algo mágico e fundamental na minha vida: em 1989 tive a alegria de conhecer a maternidade. Nasceu aquela criança linda, de olhos da cor do céu ensolarado, bem abertos, um olhar agradecido e meigo e que despertou o melhor que há em mim. Sendo mãe entendi a perfeição que é ser imperfeito e que reconhecer nossas vulnerabilidades não é fraqueza. Temos várias: errei, acertei, errei de novo e mais uma vez acertei e será assim até o fim. É assim sempre.

Só com afeto, só com interesse genuíno pela história e pelos sonhos das pessoas, olhando para elas de verdade, entendendo onde estão e aonde querem chegar, compreendendo o que as desafia, o que faz os olhos delas brilharem, o que se passa na sua cabeça e no seu coração, só conciliando os objetivos de cada parte é que será possível construir "um casamento feliz, sem divórcio em curto prazo", retendo os talentos e contribuindo de maneira assertiva para o crescimento de cada um, de cada uma, proporcionando desenvolvimento constante, que é um caminho sem volta e uma estrada sem fim. A liderança com afetividade conecta, entrelaça, une, engaja e traz "alma" para as organizações.

Em fevereiro de 2024 fiz uma transição de carreira. Estava me preparando para isto e com o apoio da Adecoagro e do meu gestor Ronaldo esta hora chegou. Um pouco mais cedo do que planejava, mas no momento certo. São 32 anos de vivência intensa, com uma imersão profunda neste universo encantador das pessoas nas organizações, são 32 anos com um olhar focado para pessoas, com pessoas, de pessoa para pessoa. Depois de quase quatro décadas daquele "pedágio" fatídico que fiz nas ruas de Ribeirão e ouvi palavras depreciativas sobre a carreira que escolhi, afirmo que a Psicologia e a minha forma de atuar em RH mudaram minha vida e a de muitas e muitas pessoas que encontrei pelo caminho, em todos os níveis hierárquicos, de diferentes cargos e áreas. E, com toda esta vivência enraizada, materializei a íris, uma empresa que está nascendo para cocriar o que para nós significa somar ideias, agregar propósitos, abandonar a vaidade, concentrar esforços, reunir grandes profissionais, unir visões e entregar um trabalho que de fato faça sentido.

Uma pessoa sem história não transforma vidas cheias de histórias. E por que contei as minhas aqui? Porque não seria possível falar da contribuição que fiz para a estratégia de gestão de pessoas nas organizações sem evidenciar como as vivências, os conhecimentos e trocas que permearam minha jornada até aqui possibilitaram a construção de um olhar diferenciado sobre pessoas. Podemos seguir juntos, construindo um mundo mais diverso, inclusivo, próspero e com propósito, onde cada um e cada uma acredite que é insubstituível na sua essência, no seu jeitinho de ser, com seus sonhos e sua vida bem vivida.

Quer falar comigo? Será um prazer bater papo, tomar um café, trocar ideias.

A difícil escolha de uma vida

Samantha Politano

LINKEDIN

Atuante na área há quase 30 anos, atualmente como diretora de recursos humanos da BMW Group no Brasil. Casada com José Bahia, executivo na área financeira, e mãe da Sophia e do José Pedro. Formada em Administração de Empresas, pós-graduada em Recursos Humanos estratégicos pela USTJ, pós-graduada em Gestão de Pessoas pela PUC e MBA em Gestão Estratégica de Negócios pela USP, mestre em Economia e Mercados pela Universidade Mackenzie. Fluente no idioma inglês, com três certificações internacionais, uma pelo CIPD (Instituto Britânico de Desenvolvimento Humano), com diploma em gestão de Recursos Humanos, Gestão Estratégica de Recursos Humanos pela Metropolitan School of Business and Management UK, e curso de extensão na área de humanidades, pela Universidade de Harvard.

O ano era 1993, em uma manhã ensolarada de outubro, que por pura coincidência é o mês do meu aniversário, por isso eu lembro tão claramente todos os anos. Eu estava em uma fila imensa para aquela que seria a primeira decisão profissional, a escolha do curso universitário e, imagine, era apenas o início de uma longa jornada que já fez mais de 30 anos...

1. Comece olhando para cima, mire o mais alto que você quiser

Eu nunca fui uma pessoa muito exigente com as coisas, mas sempre tive bom gosto. Sempre soube diferenciar uma boa música quando a ouvia, um bom vinho quando experimentava, uma bela paisagem, e isso não tem absolutamente nada a ver com o preço pago, apenas ter o melhor que eu posso dentro da minha condição financeira, selecionar com qualidade e não por quantidade, para mim isso é olhar para cima! Assim eu criei um modelo de qual profissional eu gostaria de ser um dia, olhando para cima sempre, e imitando os caminhos que deram certo para as outras pessoas. Antes do LinkedIn esse trabalho era bem mais difícil, o acesso a essas pessoas era complexo e eu tinha uma certa vergonha de perguntar. Depois que a internet se popularizou tudo ficou mais fácil, ler os livros que essas pessoas liam, assistir aos filmes ou às peças que essas pessoas comentavam, seguir os mesmos canais, perceber seus hábitos, copiar sua forma de pensar e analisar situações e problemas, e agora o mais impactante, seguir os seus mentores, "beber" da mesma fonte e criar o meu modelo mental de crescimento, isso mudou o meu mundo.

Não se espelhe em quem você não quer se tornar, não se importe com a opinião de quem não chegou aonde você quer chegar.

2. Escolha quem seguirá ao seu lado, seja crítico nas suas escolhas

"Diga-me com quem tu andas, e eu te direi quem tu te tornarás." Olha que coisa engraçada, não existe retroalimentação se os pensamentos são opostos! Construir relacionamento é estar disponível, sendo leal à amizade, mas principalmente aos seus princípios.

O hábito corporativo mais tóxico é a fofoca. Se você ainda não sabe com quem quer andar, escolha quem tem pensamentos de crescimento, afinal qual é a lógica em alguém perder tempo falando e cuidando da vida do outro? Qual o sentido em perder horas de vida que poderíamos estar determinando para algo positivo e bom para nós mesmos em conversa que não vai gerar nenhum resultado? Quando Pedro fala de Paulo, na verdade sei mais de Pedro do que Paulo. Sábio! Se somos a junção das seis pessoas com quem mais convivemos, seja seletivo, seu tempo é precioso e cultivar uma amizade com qualidade demanda tempo.

Fique perto das pessoas que possuem os hábitos que você quer ter.

3. Olhe sempre além do horizonte, sua carreira é uma longa jornada

Admire alguém a ponto de admirar apesar dos seus defeitos! Olhe para o horizonte e copie a vida de alguém altamente próspero e você terá prosperidade em sua vida apenas modelando seu estilo, seu pensamento, sua conduta, seu modo de pensar. Eu sempre tive grandes mentores(as) para me guiarem ao horizonte nos mais diversos momentos da vida, mesmo sem às vezes avisá-los, eu apenas copiava. Ser um profissional bem-sucedido exige grandes esforços e uma determinação incansável. O tempo para o desenvolvimento deve ser tratado com o mesmo afinco com que você cuida de todos os outros tópicos de sua vida, olhe além do horizonte e determine aonde você quer chegar, e em um pedaço de papel escreva com uma caneta azul todos os passos que você precisa dar, com o máximo de riqueza de detalhes, quebrando os ciclos por semestre, se possível determine um orçamento para isso, o valor é o que menos importa nessa fase. Coloque ali exatamente os cursos a que precisa se dedicar, as leituras que precisa fazer, os *podcasts* que vai ouvir e acompanhar, os jornais que vai ler e o mais importante, quantas horas por semana você inexoravelmente irá dedicar para ser o que deseja. Coloque esse papel em um lugar visível e leia-o em voz alta pelo menos uma vez por semana. Acredite, isso fará com que seu cérebro compre o seu futuro.

Tire de perto tudo o que rouba o seu tempo. Todos os dias tenho meus momentos para refletir, rabiscar e atualizar o meu diário de bordo com meus pensamentos e reflexões. Todas as noites, anoto os meus aprendizados e meu agradecimento, o cérebro esquece muito rápido aquilo que aprende, mas absorve dormindo tudo o que você refletiu e escreveu. Acorde e antes de mais nada agradeça, medite por cinco minutos, releia sua gratidão de ontem, isso irá determinar o equilíbrio do seu cérebro, acredite, o seu dia será mais ponderado se você não cair na tentação de olhar o celular na primeira hora do dia, demore pelo menos duas horas para ler suas mensagens, tome café, mas comece com um pouco de água primeiro, seu cérebro é como um motor a combustão, para entregar sua melhor performance precisa de aquecimento, se puder faça exercício ao menos duas vezes por semana, senão puder, caminhar já funciona.

4. Não espere ter o dinheiro e o tempo suficientes para começar o seu desenvolvimento, se você não se desenvolver jamais terá ambos

O seu desenvolvimento tem muito mais a ver com o seu esforço, determinação, cuidado, foco, sangue, suor e lágrimas do que com sua conta corrente, creia. Já parcelei pós-graduação em 18 meses e levei 24 meses para conseguir pagar, mas fiz mesmo assim. Já paguei curso parcelado em cartão de crédito, usei parte de minhas economias para um certificado internacional e não estou aqui afirmando que esse meu modelo funciona para você, apenas estou dizendo que nem sempre foi fácil, eu já deixei de viajar ou de trocar de carro (e mais de uma vez) para investir em uma formação, e acredite, recebi críticas por isso. Não tem fórmula correta, mas tem um princípio importante, cuidado com o conteúdo que você vai consumir. Selecione muito sua fonte, o conteúdo tem que ser de qualidade, porque o seu tempo é o ativo mais precioso que você tem, não o dinheiro que você vai investir. O que você faz com as 48 horas do seu final de semana? Utiliza fugindo da vida que você tem ou investindo no futuro que você quer ter? Ouvi isso do Ricardo Basaglia (CEO da Michael Page) há alguns anos e foi libertador!

Lembre-se: a quantidade de horas é igual para todo mundo.

5. Acorde cedo, tome água, coma saudável, treine, mantenha sua cabeça no lugar, e não ligue para o resto, fuja de gente chata!

Como que alguém que não tem a vida que você quer ter, não chegou aonde você quer chegar, não consegue sequer estar onde você está, pode com um simples comentário tirar a sua paz? Eu não consigo entender. Se eu me importo com a opinião de alguém, lógico que sim, mas só se esse alguém me importar. Caso contrário, não ligo mesmo, aperto um botão no meu cérebro chamado deletar, você também tem esse botão, use-o com sabedoria e sem parcimônia. Acorde cedo porque isso lhe dá mais horas úteis em seu dia. Tome água, o cérebro precisa de água para funcionar! Tome uma boa taça de vinho diariamente, afinal, todo mundo merece! Se você está fadigado, se não consegue ter criatividade, não tem energia, provavelmente está desidratado ou sem vitamina. Cuide de sua cabeça como o órgão mais importante do seu corpo, treino o meu cérebro como eu treino os meus músculos. Invista o seu melhor dinheiro em tudo aquilo que você coloca para dentro do seu corpo, coma, beba, adquira conhecimento na melhor qualidade possível, creia, isso faz muita diferença no seu desempenho físico e intelectual.

Estude algo completamente diferente da sua área, isso vai lhe abrir um novo horizonte.

6. Invista em você e treine a maior habilidade de todas, seja um bom negociador

A sua aparência profissional, o seu estilo e seu comportamento serão a sua marca registrada e todos lembrarão de você, seja pelo bom gosto ou não... Profissionalmente falando, alguns cuidados são fundamentais. Falar e escrever corretamente ainda continuam sendo parte fundamental de um bom profissional, essa moda nunca passa. Hoje em dia o mundo corporativo anda muito mais leve, e isso é uma evolução. Poder utilizar roupas mais confortáveis, sapatos que não nos apertam é libertador, mas cuidado, isso não quer dizer que você pode ir trabalhar como se estivesse no almoço de domingo em sua casa. Escolha o seu estilo, perceba como as pessoas que chegaram aonde você quer chegar se vestem, quais ambientes frequentam, como pensam, como falam, como se comportam, quais os seus gatilhos mentais, o seu *mindset* de crescimento precisa estar alinhado com todo o resto, pois o cérebro sempre busca essa reconfirmação. Confesse, todas as vezes que você se prepara mentalmente e fisicamente você não se sente mais seguro para qualquer desafio? Isso não tem a ver com gastar dinheiro com roupas de marca ou adereços de luxo, precisa ter elegância, vá para o básico.

Uma arte? Negociar. Aprenda logo cedo a entender os cenários, as pessoas envolvidas e utilizar sabiamente as técnicas de negociação para atingir o melhor ponto no ganha-ganha. Invista tempo em aprender como se comunicar, influenciar e liderar melhor as pessoas, aprenda a fazer apresentações eficientes e cativantes, peça para participar de negociações difíceis, não fuja dessas lições, isso fará parte das suas habilidades para um crescimento sólido.

Se você não sabe negociar, comece hoje!

7. Ame problemas, seja organizado e economize tempo!

Cada problema para mim é uma oportunidade de melhoria de processo, de desenvolvimento de pessoas, o problema é quando temos muitos deles chegando a toda hora e pouco tempo para raciocinar sobre a causa raiz deles, isso nos estafa, aí tem algo errado, atenção! Reveja o processo. Tenho um time grande, então é natural que os problemas ao final do funil cheguem em mim, resolvidos ou não. Não se iluda! Todos os dias teremos problemas para resolver. Aliás, é para isso que estamos aqui, e se não tivermos nenhum problema é sinal de que o nosso time os está escondendo de nós, agradeça sempre que um problema chegar até você, isso é sinal que alguém confia na sua capacidade de resolução, confia no seu discernimento e julgamento, existe um ambiente seguro e de confiança entre vocês, não reaja de maneira ruim, acolha esse problema (e a pessoa) e logo o problema será a raiz da solução de algo muito maior, um fortalecedor de laços.

Lembre-se: o problema não é ter que matar um leão por dia, o problema são as antas que precisamos vencer pelo caminho. Aprenda com os problemas.

8. Viva um propósito, elimine o ego e pratique a gratidão

O maior inimigo de um executivo definitivamente mora dentro dele mesmo, o ego. Como é difícil lidar com o ego conforme vamos crescendo em nossas vidas profissionais. O ego é a resposta imediata do nosso sucesso, e quando ele é maior que o nosso propósito, o fim começa a corroer a sua carreira. Cargo e título são passageiros, transitórios, podem ser diferentes dependendo do tamanho da empresa, concepção de cargos e salários, mas o propósito de sua entrega todos os dias e a qualidade de como você a faz será sempre sua marca registrada e isso independe de salário, bônus, pacote de benefícios, isso só depende de você. Empodere-se da sua carreira, entregue como estagiário como você gostaria de receber se fosse CEO, não importa, seja a sua melhor versão. Eu sempre entreguei o meu melhor, e quando não fui reconhecida, o que eu fiz? Segui para o próximo desafio. Lembre-se do mais difícil, você não precisa ser a pessoa favorita nem a mais legal para crescer, precisa ser a mais competente na sua função, ser justa mais do que ser boa, ser a pessoa a que todos recorrem quando um conselho precisa ser dado ou uma decisão precisa ser tomada. Esse é o verdadeiro poder! Tenha bom humor e seja grato, lembre-se sempre que você não é aquele cargo, apenas o está ocupando temporariamente.

Seja o profissional mais confiável da organização, comece controlando o seu ego.

9. A única certeza que temos é que nem tudo dará certo

E tudo vai dar certo, ou não. A resiliência e a positividade foram sem dúvida as minhas maiores companheiras nessa longa jornada. Jamais duvidei que um dia eu chegaria aonde o meu coração sempre me disse, mas fácil não foi nem rápido. Construir uma estrada profissional sólida e bem pavimentada demanda tempo e quilometragem, lógico que você pode ser um gênio e se tornar CEO de uma grande multinacional antes dos 30 anos, e eu não duvido disso, mas tem coisas na vida que apenas a experiência da estrada nos ensina. Sempre pensei que aprender coisas diferentes da nossa rotina nos faz muito mais sábios e completos. Adoro estudar filosofia, sociologia, estoicismo, tudo o que me tira do senso comum da área de recursos humanos, tudo o que me remete a pensar sem nenhuma caixa em volta. Com isso a única certeza que tenho é que, se tudo der errado, eu ainda tenho muito conhecimento dentro de mim para oferecer para a sociedade e isso é gratificante. Não seja especialista em um único parafuso, seja a caixa de ferramentas completa e o mundo terá outro significado para você. E se tudo der errado? Não desanime, comece de novo. Na vida eu nunca perdi, todas as vezes que um projeto deu errado, eu vivi o luto, me questionei, chorei, mas decidi pegar o ensinamento e aprender rapidamente com ele, afinal, ser inteligente e aprender rápido faz uma grande diferença na vida. O que já foi fator decisor em um fracasso de uma empresa foi o que me abriu portas em outra empresa, acredite! Aprenda rápido e pare de ficar na "sofrência", esse lugar não combina com o sucesso.

10. Curta a viagem, ela é curta demais

A viagem é tão curta que precisamos deixar por escrito. O mais importante é gostar de toda a jornada sem jamais infringir os seus princípios e valores, poder olhar para trás e ter orgulho de toda a sua história, mesmo dos tropeços vividos, das bobagens feitas, conseguir rir até com as próprias burrices, afinal quem nunca fez uma bela bobagem ou tomou uma péssima decisão? Se todas as vezes eu agi de acordo com o que eu acreditava? Lógico que não! E isso foi ótimo, porque várias vezes eu acreditava em coisas erradas. Ah e aí vai uma última dica, quanto mais você se desenvolve, aprende coisas novas, lê e acessa materiais mais ricos, mais você muda de opinião e está tudo bem.

Mudar de opinião é sinal de que você tem inteligência e está se permitindo adquirir novos conhecimentos. Mas se você me perguntar se alguma vez eu feri meus princípios, não, porque eles são caros demais para mim. De alguma forma eu sempre acabo encontrando uma alternativa para fazer a coisa certa, mesmo que seja dizer não a um alto executivo, ou travar uma bela batalha dentro da corporação, não importa, se isso vai ferir meus princípios preciso entregar todo o meu sangue, suor, lágrimas e trabalho para não ser vencida, porque a minha viagem tem um nome gravado nela e esse nome é o meu maior legado, o nome que eu mais cuido, o nome que será a lembrança que todos terão de mim, o nome ficará de herança para meus filhos depois que a minha viagem terminar, o meu.

No final, três dicas que sempre funcionaram comigo? A primeira é que eu não consigo evitar que coisas ruins me aconteçam, mas eu consigo treinar meu pensamento para reagir da melhor maneira possível (e mais rápida). A segunda dica é que você não precisa ser a pessoa mais inteligente da sala ou com os maiores detalhes sobre o assunto, mas necessita ter sabedoria para fazer as melhores perguntas, aquelas que vão levar às melhores respostas e a terceira, bem essa é a melhor ... resiliência emocional, essa é a maior habilidade que um profissional de qualquer geração deve ter e a mais difícil de ser desenvolvida.

Superando desafios e construindo liderança

Selda Pessoa Klein

LINKEDIN

Diretora de Relações Humanas e Sustentabilidade. Graduada em Psicologia, com MBA em Gestão de Negócios e especialização em Psicologia – Gestalt-terapia. Atua há mais de 20 anos na área de RH, liderando processos de transformação e evolução cultural. Trabalha com o objetivo de humanizar as empresas e as relações de trabalho. Apoia a diversidade, inclusão e equidade nas organizações. É defensora dos direitos femininos, da valorização e empoderamento das mulheres.

Minha jornada no RH

Cursei Psicologia e iniciei minha trajetória profissional com o propósito de ajudar as pessoas a lidarem com suas emoções para serem mais felizes, e a vida me trouxe a oportunidade de trabalhar em RH. Comecei atuando em seleção de executivos, quando percebi a importância de entender o comportamento dos profissionais ante as necessidades das empresas.

Trabalhei no mercado financeiro, onde aprendi sobre a dimensão política das organizações e a necessidade de construir líderes que gerem resultados, cuidando do clima organizacional e da cultura da empresa.

Gerenciei a área pela primeira vez quando me tornei mãe, o que me mostrou a potência da maternidade na vida das mulheres.

E finalmente ingressei no varejo, segmento pelo qual me apaixonei pelas suas particularidades e diversidade.

Em síntese, diria que todas as experiências podem trazer aprendizados, e que conhecendo nossa paixão podemos exercê-la em tudo que fazemos.

Educação e desenvolvimento profissional

Comecei na área procurando entender cada processo, suas

origens e razões de existir. Compreendi que os processos de RH existem como parte de uma engrenagem maior, para a qual precisam colaborar. E que eles devem servir a outras pessoas, serem úteis e relevantes para os líderes e colaboradores.

A fim de obter conhecimento básico de finanças e marketing, entre outros, cursei MBA em Gestão Empresarial, o que me levou a olhar os temas de pessoas também do ponto de vista dos negócios.

Fiz especialização em Psicologia (Gestalt-terapia) e diversos cursos relacionados à gestão de pessoas. Nos últimos anos me interessei por Sociologia, *cool hunting* e futurologia – todos os conteúdos contribuíram para o meu trabalho. Estudar exige investimento e tem seu lado exaustivo, mas faz diferença para quem quer construir uma carreira sólida.

Construindo uma base sólida no RH

Para ser um líder de RH precisamos refletir sobre o que queremos para o futuro das pessoas nas organizações, e trabalhar por isso todos os dias.

Desde o início da carreira percebi que, embora o comportamento humano fosse o principal fator de sucesso de qualquer negócio, esse não era um assunto falado abertamente.

A frase "contratamos pelo conhecimento técnico e demitimos pelo comportamento" é ainda uma realidade, e trazer ao debate o aspecto comportamental exige determinação e habilidade do líder de RH. Pessoas engajadas entregam mais e têm maior compromisso, mas esse raramente é o primeiro tema da pauta, e perde espaço nas discussões diante de qualquer crise. Portanto, como líderes de RH, temos o papel fundamental de "bancar o humano e o subjetivo", em um mundo onde a objetividade domina as discussões.

Outro aprendizado foi cuidar das minhas relações dentro da empresa a fim de garantir meu próprio engajamento e apoio ao meu trabalho e carreira. Minha primeira gestora falava de modo agressivo e precisei explicar a ela que não me sentia bem com aquela abordagem. Tornamo-nos próximas e nunca deixei de tratar essas questões. Hoje oriento as pessoas a cuidarem de suas relações – não há como delegar essa tarefa e é fundamental que seja feita.

Sempre estive próxima dos líderes, e observei que a empatia precisa ser em relação aos que decidem e aos impactados pelas decisões. Como profissionais de RH devemos trafegar em todos os níveis da organização, buscando compreender as pessoas.

Trabalhei em uma empresa que enfrentou desafios financeiros e naquele contexto os líderes se tornaram autoritários, os times se ressentiram e o clima organizacional foi impactado. Entendi seus motivos e me coloquei no lugar de escuta e apoio. Aos funcionários procurava levar a clareza de que o momento exigia decisões difíceis. Empatia genuína é ouvir e entender todos os lados, o que leva o RH a atuar como *sounding board* da organização, apoiando as diversas pessoas não só em momentos de crise, mas também no cotidiano.

Desenvolvimento de habilidades interpessoais

Existem competências fundamentais para trabalhar em RH, uma área com responsabilidades de naturezas muito diferentes. O que mais me ajudou ao longo dos anos foi: ter clareza dos meus valores; atuar com ética; pedir e ouvir *feedbacks* e ser imparcial (não importa quem está falando e sim o que está sendo dito).

Em RH cuidamos dos recursos e das relações humanas e somos guardiões da cultura da empresa. Cuidar dos recursos humanos requer foco em soluções e resultados, clareza de custos e saber usar dados para propor e tomar decisões; as relações humanas exigem empatia e saber gerenciar conflitos, com isenção e neutralidade; cuidar da cultura demanda conhecimento do negócio e visão de longo prazo.

RH é uma área de pessoas e processos. Olhar somente para as pessoas pode causar ou incentivar injustiças, pois nossos processos servem para garantir coerência e conexão entre as pessoas e o negócio. Por outro lado, focar apenas os processos pode fazer com que deixemos de enxergar os seres humanos aos quais servimos.

E uma capacidade que precisa ser desenvolvida para gerir pessoas, implementar projetos e influenciar mudanças, em qualquer área, é a comunicação. O ambiente corporativo tem suas características, como a necessidade de economizar tempo e recursos financeiros e de tomar decisões rápidas e assertivas, exigindo uma fala mais direta, com menos detalhes e ilustrações.

Lidando com desafios de gênero

Grande parte das mulheres da minha geração optou por se dedicar a ser mãe e esposa ou a carreiras fora do mundo corporativo. Tendo em vista a pressão social que enfrentamos dentro das empresas, compreendo essa decisão.

Minha preocupação é que, ao abrir mão de nossa carreira, também abrimos da nossa autonomia financeira e da nossa liberdade.

Em minhas primeiras experiências profissionais, lidei com cantadas e insinuações, das mais inadequadas às mais sutis. Aprendi a enfrentar essa realidade e não permitir que acontecesse, sem deixar de construir pontes e relações no trabalho. Não me intimidava ou afastava, tratando como natural o que hoje sei que não é, e consegui evitar situações de assédio sem precisar me tornar violenta ou fechada. Nessa época, ser delicada e se preocupar com a aparência eram "coisas de mulher", não compatíveis com posições de liderança, que pressupunham dureza e agressividade.

Nunca deixei de ser mulher da forma que sou, de me emocionar com as pessoas, de recusar embates agressivos. Preferia não ultrapassar certo nível de carreira a abdicar dessas características;

acredito que se tentasse teria aberto mão da minha saúde emocional. Isso me custou um tempo maior para ser validada em posições executivas e em fóruns mais masculinos, ou, usando a expressão correta, mais machistas.

Também me dou conta, hoje, que de fato existe a cultura do silêncio em muitas organizações, em que homens em posições de poder são protegidos, mesmo quando assumem comportamentos intimidadores, especialmente os mais sutis. Mas existem empresas onde o assédio não é aprovado. Como mulheres devemos procurar esses lugares para desenvolver nossas carreiras, pois nem sempre poderemos mudar os ambientes em que o machismo já está enraizado.

Acredito, sobretudo, no enorme valor da liderança feminina. Se tivemos uma educação social que nos dificultou a ascensão profissional, essa mesma educação nos traz competências fundamentais para a gestão das pessoas e dos negócios. Aprendemos a cuidar das relações, o que é essencial para gerir conflitos. Podemos exercer nas empresas o que aprendemos a fazer na vida, como filhas, esposas, mães, irmãs.

Tive escuta e conselhos essenciais de outras mulheres, no trabalho e em muitas outras dimensões da vida. Sou grata e faço o mesmo, sempre que tenho a oportunidade. Entendo que devemos compartilhar os desafios de ser mulher nas empresas e na vida, e como superá-los.

Como líderes, temos a possibilidade e a responsabilidade de ajudar outras mulheres, orientando, abrindo caminhos, olhando nossas colegas como seres humanos integrais, sustentando que questões familiares, afetivas e financeiras são tão importantes quanto discutir uma tarefa ou projeto.

Como líderes podemos exercer influência nas decisões das mulheres com as quais interagimos e nas decisões das empresas para mudar essa realidade, o que pode ser o mais importante aspecto para o real empoderamento feminino.

Estratégia de carreira a longo prazo

Minha carreira foi uma junção de vontade, planejamento, decisões e acasos, tendo como fatores relevantes a paixão, necessidades financeiras, autorrespeito e coragem.

Apaixonada pelo comportamento humano desde cedo, a escolha pela Psicologia foi óbvia. Minha primeira decisão crítica profissional foi desistir da carreira clínica e migrar para o mundo corporativo, por **necessidade financeira**. Precisei encontrar, então, no mesmo espaço onde essa necessidade fosse atendida, a minha **paixão**. Ao me deparar com a complexidade humana das empresas, vi ali a oportunidade para exercer minha vocação.

A primeira dica que dou a qualquer profissional é que o aspecto financeiro é relevante. Mudanças devem ser planejadas, revistas ou postergadas levando isso em consideração. É possível trabalhar com o que amamos, e sermos remunerados por isso, se entendermos que não será na velocidade ou formato que gostaríamos. Ter essa clareza nos permite tomar decisões sustentáveis e investir em nossos sonhos.

A segunda dimensão relevante para mim foi o **autorrespeito**, que ajudou a me posicionar em situações em que algo foi contra valores importantes para mim. Também me auxiliou a não abrir mão de características genuinamente minhas a fim de me adaptar a pessoas ou ambientes, o que é fundamental para a saúde emocional.

Por fim, a **coragem**. Ao ouvir, pela primeira vez, que deveria desejar a melhor posição da minha área, estranhei, e não tive segurança ou autoestima suficiente para tomar essa decisão – a de querer. Mas, ao ser injustamente preterida, expressei meu desejo e decisão de assumir o cargo de Diretoria, o que me impulsionou a chegar aonde decidi. Assim, ressalto que antes da coragem de falar ou de fazer é preciso ter a coragem de querer.

Gerenciamento de equipe e liderança

Liderando pessoas, aprendi que é importante trabalhar com aquelas que estão engajadas na construção proposta. É necessário saber quem são e direcionar sua energia para essas pessoas, que contribuirão mais e influenciarão outras. Considero igualmente importante ter clareza do seu propósito e comunicá-lo. Busco trazer humanidade às empresas e sempre apoiei as pessoas nessa causa. Por exemplo, evitar demissões por baixa performance causada por problemas de saúde mental, ou combater situações de assédio moral e sexual. Minha conclusão é que, quando você enfrenta o problema e se posiciona, dificilmente perderá uma batalha correta do ponto de vista ético e humano.

Liderar de forma a motivar os outros e a nós mesmos exige: autoconhecimento, amar nossa escolha profissional; ser honesto e genuíno ao falar com as pessoas, pois relações só se constroem a partir da verdade; e procurar entender as fortalezas de cada um – esse é o melhor lugar de performance e felicidade das pessoas.

Inovação e adaptação no RH

Precisamos atuar para construir as soluções que atenderão à empresa e às pessoas para as quais trabalhamos, fazendo uso do que há disponível.

Na era das redes sociais é fácil saber as novidades nas diversas áreas. Por outro lado, não devemos apenas replicar o que os outros estão fazendo. Muitas vezes somos mais inovadores – ou, ao menos, autorais – se partimos da razão de existir da empresa, de suas raízes e das necessidades das pessoas.

Precisamos nos manter atentos e informados e inovar todos os dias, sem desperdiçar energia e recursos financeiros em modismos.

Mentoria e apoio à próxima geração

Resgatar nossas origens é fundamental na vida e na carreira. Lembrar de onde viemos, das dificuldades e aprendizados nos mantém humildes e cientes do caminho percorrido, com acertos, erros, orientação e apoio de outras pessoas. Com essa consciência, acho natural querer apoiar o crescimento dos profissionais mais jovens.

Ressaltei antes o potencial das mulheres para cuidar, algo que aprendemos desde sempre, ganhando bonecas ou sendo cobradas, socialmente, como mães. Podemos usar essa habilidade dentro das organizações, estando atentas às pessoas, mostrando interesse por elas além de seus trabalhos, querendo apoiá-las e orientá-las no que podemos.

Faço isso, por exemplo, ao ouvir uma mulher falar das dificuldades de conciliar as rotinas de mãe com o trabalho e contando como fiz isso. Cada experiência é única, mas uma atitude atenta e generosa pode ajudá-la encontrar sua solução. Compartilho minhas experiências e mentoro profissionais que me procuram.

Como líderes de RH, devemos refletir sobre o que queremos para o futuro das pessoas nas organizações e nosso papel na construção desse futuro, bem como formar os profissionais que darão sequência ao nosso legado.

Reflexões finais e recomendações

RH é uma área com temas complexos e subjetivos em ambientes onde a objetividade prevalece. Discussões de pessoas requerem tempo e reflexão, e o contexto corporativo exige agilidade e pragmatismo. É nessa ambiguidade, com suas belezas e dificuldades, que nós, profissionais e líderes de RH, atuamos.

É imprescindível a conexão com a causa humana para fazer um trabalho com propósito e significado na área. Na minha visão,

RH não é somente uma carreira, mas também uma escolha de causa. Quem pensa em trabalhar na área deve refletir sobre isso. Tendo esse propósito, qualquer um pode construir uma carreira em RH, com dedicação, resiliência e esforço, como em qualquer outra área. Enfatizo que as mulheres podem trabalhar e crescer na área que quiserem, inclusive conciliando carreira e maternidade.

Todas as áreas da vida são importantes, pois somos seres integrais. Isso inclui cuidar das relações pessoais, dedicando tempo a elas (minha filha foi a base da minha inspiração e ambição); da saúde mental, respeitando nossas características e necessidades; e também da saúde física.

Como mensagem final, reforço a responsabilidade que temos como líderes de RH, especialmente como mulheres, de humanizar as empresas, trazer nossas habilidades femininas para o cotidiano dos negócios, cuidar das relações e orientar e encorajar outras mulheres na construção de suas carreiras. Como agentes é transformação social podemos, com empatia e sensibilidade, desconstruir o machismo nas empresas onde atuamos, provocando ambientes cada vez mais inclusivos, e, consequentemente, mais saudáveis. Ao levar essa consciência às organizações impactamos um universo muito maior, pois o aprendizado chega às famílias e pessoas próximas dos nossos colaboradores, e, assim, com determinação e delicadeza, agimos para tornar o mundo um lugar melhor.

Construindo pontes:
uma jornada de aprendizado e crescimento

Silene Rodrigues

LINKEDIN

Assistente Social com pós-graduação em Economia e Gestão das Relações de Trabalho. Certificada em "Brain-Based Coaching" (Neurocoaching) pelo Neuroleadership Institute e "The Foundations of Happiness at Work" pela Universidade da Califórnia. Com mais de 25 anos de experiência em Gestão de Recursos Humanos, em empresas como Nike, Sephora e Adidas. É entusiasta e estudiosa das relações humanizadas no trabalho, buscando promover a diversidade no meio corporativo e nas relações pessoais como forma de desenvolver pessoas e negócios para um ambiente mais saudável e um mundo melhor. Também é mentora de mulheres que desejam ingressar no mundo corporativo e alavancar suas carreiras. Como *lifelong learner*, continua estudando temas relacionados ao comportamento humano e às questões de responsabilidade social corporativa, buscando aprimorar meu conhecimento em áreas como Inteligência Emocional no trabalho e ESG.

Da economia ao RH: uma jornada de descobertas

Não dá para falar da minha jornada no RH sem começar pelas minhas escolhas na juventude. Desde muito pequena, sempre soube que seria uma executiva, mas naquela época a carreira era mais fruto de trabalho duro do que de planejamento. Sempre fui apaixonada por Economia, essa era minha escolha ao terminar o ensino médio, ou colegial, como se chamava naquela época. Mas sabia que não estava preparada para um vestibular na USP e pensava em passar um ano fazendo cursinho para ter condições de ingressar numa universidade pública.

Minha previsão estava correta: em 1985 não passei para Economia na Fuvest, mas fui aprovada em uma ótima colocação para Serviço Social em uma universidade particular. Não vou mentir, só prestei vestibular para Serviço Social para demonstrar ao meu pai que não estava colocando todos os ovos em uma única cesta e pensei que aquele curso teria alguma relação com minhas preferências.

Uma vez aprovada, entrei e deixei o sonho da Economia de lado. Não foi uma escolha ruim, pois no final me identifiquei muito com o curso e decidi que queria trabalhar com menores infratores ou crianças com deficiência intelectual.

Como aconteceu com a história do vestibular, de novo os meus planos mudaram como que pelo acaso. Surgiu uma oportunidade de estágio em uma grande instituição financeira e fui uma das 12 escolhidas entre 400 candidatos. Foi assim que entrei na área de Recursos Humanos. Era 1988 e eu dava início a uma carreira bem-sucedida como estagiária de Serviço Social e Benefícios no mercado financeiro. Ao longo dos próximos sete anos, desenvolvi uma paixão por essa área, conheci profissionais seniores e muito bem preparados e aprendi muito com eles. Atuei para além do Serviço Social, aprendendo sobre os outros subsistemas de RH e então fui para o mercado.

Em busca do conhecimento: uma trajetória de autodescoberta

Lembram-se de que eu tinha o desejo de estudar Economia, mas fui parar numa graduação de Serviço Social? Pois é, o bichinho da Economia sempre ficou lá, adormecido, mas de vez em quando acordava e trazia de novo aquele desejo. Foi então que soube de uma pós-graduação em gestão das relações de trabalho e economia. Não perdi a oportunidade, me inscrevi e voltei para o banco da universidade em 2001, 12 anos depois da graduação.

O programa foi excelente para que eu tivesse uma melhor compreensão dos desafios econômicos e sociais enfrentados pelas organizações. Foi muito interessante também fazer conexões com profissionais de setores diversos, empresas públicas e até sindicalistas. Não menos inspirador foi poder conhecer mestres da Economia com nomes sólidos no mercado e nas esferas acadêmica e governamental.

Muito tempo se passou até que eu resolvesse me dedicar a algum outro programa formal, foi em 2017 que decidi investir em uma paixão, o Coaching. É importante ressaltar que, ao longo dos mais de dez anos que separam esses dois momentos, eu não fiquei parada, li muito, fiz conexões, cursos de curta duração, mas nunca mais tinha me dedicado a um programa de média duração. Depois de várias pesquisas, decidi por um programa de certificação em Neurocoaching – Brain-Based Coaching

(BBC), que utiliza Neurociência aplicada à Liderança e Coaching. O cérebro funciona de maneiras fascinantes e o entendimento de seu funcionamento é como uma chave de ignição que pode liberar o potencial dos indivíduos. Essa metodologia já foi ensinada para milhares de pessoas no mundo todo e, além de oferecer uma plataforma de preparação para quem, como eu, deseja se profissionalizar e conquistar o credenciamento na International Coaching Federation – ICF, a maior associação global de *coaches*.

E depois disso eu ressignifiquei um conceito que tinha sobre mim mesma, me achava uma pessoa curiosa e por isso estava sempre em busca de aprender coisas novas e acumular conhecimento por diferentes vias. Hoje eu me reconheço como uma *lifelong learner*, ou seja, alguém que busca continuamente aprender e adquirir novos conhecimentos ao longo da vida, reconhece a importância da aprendizagem contínua como um processo que não se limita à escola ou à juventude, mas que é valorizado ao longo de toda a vida. Eu, como uma *lifelong learner*, estou sempre aberta a novas experiências de aprendizagem, seja por meio de cursos formais, leitura, experiências práticas ou interações com outras pessoas.

No princípio de 2019 retornei à mesma instituição onde havia concluído o Neurocoaching para me certificar na ferramenta de *assessment* MBTI (Myers-Briggs Type Indicator), um teste de personalidade baseado na teoria dos tipos psicológicos de Carl Gustav Jung e projetado para ajudar as pessoas a elevar seu nível de autoconhecimento, especialmente suas preferências, como as diferenças entre si e as demais pessoas ao seu redor.

A pandemia chegou e ficamos todos confinados, ao final de 2020 eu sentia que precisava de algum estímulo diferente e, como as questões da felicidade e do bem-estar estavam muito afloradas e tinham a minha total atenção como líder de RH, decidi me aprofundar no tema. Foi quando ingressei no curso on-line "The Science of Happiness", ministrado pela Universidade de Berkeley, especificamente pelo Greater Good Science Center (Centro de Ciência do Bem-Estar) da Universidade da Califórnia, em Berkeley. Este programa explora as raízes de uma vida feliz e significativa e permite aos estudantes se envolverem com algumas das lições mais provocativas e práticas dessa ciência, descobrindo como a pesquisa de ponta pode ser aplicada às suas próprias vidas. Além de oferecer uma jornada para aumentar a sua própria felicidade e desenvolver hábitos mais produtivos, há também o aprendizado sobre gratidão, meditação e outras habilidades que podem contribuir para uma vida mais feliz e significativa.

Passados quase quatro anos, estou eu novamente estudando. Neste exato momento passando por dois programas distintos: "Understanding the Brain: Using Neuroscience to Deliver Better Business Results" pela "The Wharton School of the University of Pennsylvania", cujo objetivo é apoiar o entendimento de como acontecem as conexões sociais, a efetividade das equipes de trabalho, tomar decisões menos baseadas em emoções e desbloquear o poder criativo do cérebro. E qual a razão do meu interesse? Bem, em primeiro lugar porque, desde que fiz minha formação em Coaching, me enamorei totalmente da Neurociência e nunca mais parei de pesquisar; depois porque a forma como nosso cérebro opera tem impacto significativo em nossa felicidade, relações interpessoais e produtividade. Além disso, pensando nas organizações, ele impacta no processo de comunicação, trabalho de equipe, processo decisório e em nossa habilidade de avaliar as preferências e ações dos consumidores.

Eu disse dois programas ao mesmo tempo, sim. O segundo programa ao qual acabei de dar início é o Programa Avançado em ESG da Saint Paul em São Paulo, que debate e apresenta soluções para desafios cada vez mais presentes no cotidiano da alta liderança: o desenvolvimento de ações voltadas à inovação e à sustentabilidade e permite o aprofundamento da realidade ambiental e social no Brasil e no mundo, e seus impactos sobre as organizações e os negócios. O que está me deixando mais entusiasmada neste é que ele é presencial e, depois de tantos anos da pós-graduação, eu me vi novamente ocupando o banco de uma escola.

Acho que fica claro que minha trilha de aprendizado e desenvolvimento tem consistência e envolve aqueles temas que mais me apaixonam e estão relacionados com o ser humano e a sociedade. Vejam que, no final, o Serviço Social e a Economia estão presentes nessas minhas escolhas.

30 Anos em RH: da técnica às competências humanas

Ao longo de 30 anos dedicados a RH, construí uma base sólida, adquirindo experiência prática e conhecimento teórico.

Ter atuado nos diferentes subsistemas de RH me ajudou a desenvolver competências técnicas que me alavancaram e foram a plataforma de sustentação para o meu crescimento e avanço de carreira.

Mas claramente essas competências, embora possam ajudar a ascensão, não são por si só suficientes para a sustentação de uma carreira de sucesso. No trabalho, nos cursos, e em conversas com especialistas e executivos experientes eu pude aprender a importância da empatia, da comunicação eficaz e da habilidade de adaptação às mudanças constantes no mundo, na organização e no ambiente de trabalho.

Também aprendi que não existe estilo de liderança, se quero ser bem-sucedida, tenho que adotar a mentalidade de estilo de liderado, porque cada membro da equipe é diferente, com necessidades, anseios e aspirações distintas e é por isso que somos chamados de indivíduos.

O líder que não consegue se conectar com sua equipe e não tem a capacidade de entender qual é a melhor forma de liderar com cada membro do time para extrair o melhor e ainda deixar coisas boas na vida dessa pessoa, não consegue se manter por muito tempo em nenhum lugar.

O poder das perguntas

O desenvolvimento de habilidades interpessoais foi essencial para minha carreira no RH. Aprendi a ouvir ativamente, a resolver conflitos de forma construtiva e a inspirar e motivar equipes.

Acredito, porém, que uma das jóias que descobri ao longo do caminho e que garimpei lá na formação de Coaching foi a habilidade de fazer mais perguntas do que me preocupar em responder indagações.

Quando alguém chega com um dilema pedindo aconselhamento, é muito fácil irmos direto para a solução, dando recomendações que provavelmente seriam úteis para nós mesmos. A questão é que não é sobre nós, mas sobre o outro.

Então eu exercito minha mente para fazer perguntas poderosas que possam gerar *insights* no meu interlocutor e que ele mesmo encontra a melhor solução para o tema em que está trabalhando.

Rumo à igualdade de gênero

Honestamente, quando jovem eu desconhecia que havia sexismo, porque cresci e fui educada em um lar onde eu recebia todo apoio para estudar e cultivar uma carreira de sucesso. Portanto, quando comecei a trabalhar, eu não sabia reconhecer uma situação difícil vivenciada por mim ou por qualquer outra mulher. Acho que isso também está ligado ao fato de o machismo ser estrutural em nossa sociedade, então, comportamentos que hoje são inaceitáveis, eram perfeitamente normais e talvez até esperados há 15, 20 ou 30 anos.

Hoje, quando olho para trás, reconheço diversos momentos em que enfrentei desafios de gênero, mas aprendi a transformar esses desafios em oportunidades de crescimento de uma maneira intuitiva. Eu sempre tive uma autoconfiança elevada, graças aos meus pais e meus professores que sempre me reconheceram e incentivaram. Então, as situações estranhas que aconteceram quando eu era mais jovem e nem sequer tinha condições de classificar como sexistas ou machistas eu superei.

Desde há muitos anos trabalho pela igualdade de gênero e estou em constante movimento para promover um ambiente inclusivo onde todos se sintam valorizados pelo que são, da forma que são.

Pilares da minha carreira: uma estratégia

Minha trajetória até aqui foi marcada por escolhas conscientes e oportunidades que moldaram meu percurso profissional. A estratégia de carreira a longo prazo que desenvolvi foi fundamentada em três pilares: educação contínua, desenvolvimento de habilidades interpessoais e engajamento na promoção da igualdade de gênero.

Educação Contínua

Desde o início da minha carreira, busquei oportunidades de aprendizado que ampliassem minha visão e conhecimento. Além da graduação em Serviço Social, realizei uma pós-graduação em gestão das relações de trabalho e economia que me proporcionou uma compreensão mais profunda dos desafios enfrentados pelas organizações. Posteriormente, investi em uma formação em Coaching e certificação em Neurocoaching, o que me permitiu integrar a Neurociência à liderança e ao Coaching, agregando valor à minha atuação profissional.

Desenvolvimento de Habilidades Interpessoais

Reconheci cedo a importância das habilidades interpessoais no ambiente de trabalho. Aprendi a ouvir ativamente, resolver conflitos de forma construtiva e inspirar equipes. Além disso, desenvolvi a habilidade de fazer perguntas poderosas, que geram *insights* e promovem o autoconhecimento nos outros, contribuindo para o desenvolvimento pessoal e profissional das pessoas ao meu redor.

Engajamento na Promoção da Igualdade de Gênero

Embora tenha crescido em um ambiente favorável ao meu desenvolvimento profissional, reconheço que nem todas as mulheres tiveram a mesma oportunidade. Por isso, tenho trabalhado ativamente pela igualdade de gênero, promovendo um ambiente inclusivo em que todos se sintam valorizados. Ao enfrentar desafios de gênero ao longo da minha carreira, transformei essas experiências em oportunidades de crescimento, contribuindo para a construção de um ambiente de trabalho mais justo e igualitário.

Esses pilares têm sido a base da minha estratégia de carreira a longo prazo, guiando minhas escolhas e me capacitando para enfrentar os desafios e oportunidades que surgem ao longo do caminho. Acredito que a busca constante por aprendizado, o desenvolvimento de habilidades interpessoais e o engajamento na promoção da igualdade de gênero são fundamentais para uma carreira bem-sucedida e significativa no campo de Recursos Humanos.

Inovação e Adaptação no RH

No ambiente dinâmico do Recursos Humanos, a inovação e a adaptação são fundamentais para acompanhar as constantes mudanças no espaço de trabalho. Como profissional de RH, busco sempre estar atualizada com as últimas tendências e práticas da área para garantir que minha equipe e eu possamos oferecer o melhor suporte aos colaboradores.

A inovação no RH envolve a busca por novas formas de recrutar, selecionar, desenvolver e reter talentos. Estou sempre atenta a novas tecnologias e metodologias que possam otimizar esses processos, como o uso de inteligência artificial em recrutamento e seleção, ou a implementação de programas de aprendizagem on-line para o desenvolvimento dos colaboradores.

Além disso, a adaptação é essencial para lidar com as mudanças no ambiente de trabalho, sejam elas causadas por transformações digitais, mudanças culturais ou eventos inesperados, como a pandemia de Covid-19. Durante esse período desafiador, fomos forçados a adotar o trabalho remoto e implementar medidas de bem-estar para os colaboradores, demonstrando a importância de estarmos preparados para nos adaptar rapidamente a novas circunstâncias.

Em resumo, a inovação e a adaptação são pilares essenciais para o sucesso do RH em um mundo em constante transformação. Estar atualizado e aberto a novas ideias e práticas nos permite oferecer um suporte cada vez mais eficaz e alinhado com as necessidades dos colaboradores e da organização como um todo.

Mentoria e Propósito

Como mentora, busco incansavelmente compartilhar minha experiência e conhecimento com a próxima geração de profissionais de RH e de outras áreas. Acredito profundamente na importância de orientar e apoiar aqueles que estão no início de suas jornadas profissionais. Tenho tido a honra de guiar jovens negras e mulheres em desenvolvimento, e na empresa meu comprometimento em preparar os novos líderes atinge o mais alto padrão de qualidade, visando não apenas os resultados imediatos, mas também sua capacidade de apoiar e inspirar outros profissionais. Para mim, a mentoria é muito mais do que uma simples atividade; é a oportunidade de retribuir tudo de bom que recebi ao longo da minha carreira. É como se estivesse devolvendo ao universo a oportunidade e os benefícios que me foram concedidos. Além disso, a mentoria é, para mim, um verdadeiro propósito de vida.

Reflexões finais e recomendações

Minha jornada até o cargo de diretora e vice-presidente

de Recursos Humanos foi marcada por desafios e aprendizados significativos. Ao longo dos anos, acumulei uma série de lições que considero fundamentais para o sucesso profissional e que gostaria de compartilhar com vocês.

Uma das principais lições que aprendi é a importância de ter uma visão clara de seus objetivos e de trabalhar de forma consistente para alcançá-los. Desde o início da minha carreira, sempre tive em mente aonde queria chegar e isso me ajudou a manter o foco e a determinação mesmo nos momentos mais difíceis.

Outro ponto crucial é a necessidade de estar sempre aberto a aprender e a se desenvolver. O mundo corporativo está em constante evolução, e é fundamental estar atualizado e disposto a adquirir novos conhecimentos e habilidades. Investir em educação e desenvolvimento pessoal é um dos melhores investimentos que podemos fazer em nós mesmos.

Além disso, acredito que é essencial cultivar relacionamentos positivos e construir uma rede de contatos sólida ao longo da carreira. As oportunidades muitas vezes surgem através de conexões e parcerias, e ter um bom *networking* pode abrir portas importantes para o crescimento profissional.

Por fim, gostaria de ressaltar a importância de não se deixar parar por crenças limitantes. Muitas vezes, somos nossos piores críticos e acabamos nos sabotando antes mesmo de tentar. É fundamental acreditar em si mesmo e em seu potencial, e estar disposto a enfrentar desafios e superar obstáculos.

Em resumo, minha trajetória profissional me ensinou que o sucesso é resultado de uma combinação de determinação, aprendizado constante, relacionamentos sólidos e uma mentalidade de crescimento. Espero que essas reflexões possam inspirar e motivar aqueles que estão buscando alcançar seus próprios objetivos profissionais. Lembrem-se: o céu é o limite, desde que você acredite em si mesmo e esteja disposto a trabalhar duro para alcançar seus sonhos.

O poder de uma MENTORIA

uma aula na prática

Andréia Roma

Quem sou eu?

Sou a menina de oito anos que não tinha dinheiro para comprar livros.

Existe um grande processo de ensinamento em nossas vidas.
Alguém que não tinha condições financeiras de comprar livros,
para alguém que publica livros e realiza sonhos.

Sou a mulher que encontrou seu poder e entendeu que podia auxiliar mais pessoas a se descobrirem.

E você, quem é?
Qual o seu poder?

Entendi que com meu superpoder posso transformar meu tempo.

Encontre seu poder.

"Este é um convite para você deixar sua marca. Um livro muda tudo!"

Andréia Roma

Direitos autorais:
respeito e ética em relação a ideias criadas

CERTIFICADO DE REGISTRO DE DIREITO AUTORAL

A Câmara Brasileira do Livro certifica que a obra intelectual descrita abaixo, encontra-se registrada nos termos e normas legais da Lei nº 9.610/1998 dos Direitos Autorais do Brasil. Conforme determinação legal, a obra aqui registrada não pode ser plagiada, utilizada, reproduzida ou divulgada sem a autorização de seu(s) autor(es).

Responsável pela Solicitação:
Editora Leader

Participante(s):
Andréia Roma (Coordenador) | Lilia Vieira (Coordenador)

Título:
Mulheres no RH : edição poder de uma mentoria, vol. 4 : carreira e estratégia

Data do Registro:
24/09/2024 10:15:48

Hash da transação:
0x2a634f41fd759492a3405ec82c13cd7230817a684f3a96b2666cbc75aff06405

Hash do documento:
7ae185d7849e535ef2e56163750ba0554a02c8e7afbfa24c4d451e031c661d4c

Compartilhe nas redes sociais

clique para acessar
a versão online

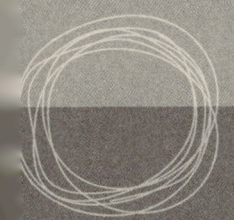

Os livros coletivos nesta
linha de histórias e
mentorias são um conceito
criado pela Editora Leader,
com propriedade intelectual
registrada e publicada,
desta forma, é proibida
a reprodução e cópia
para criação de outros
livros, a qualquer título,
lembrando que o nome do
livro é simplesmente um dos
requisitos que representam
o projeto como um todo,
sendo este garantido como
propriedade intelectual nos
moldes da LEI Nº 9.279, DE
14 DE MAIO DE 1996.

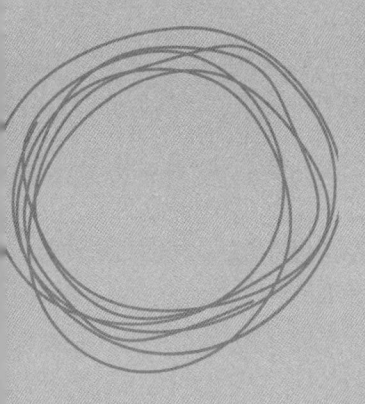

Exclusividade:

A Editora Leader tem como viés a exclusividade de livros publicados com volumes em todas as temáticas apresentadas, trabalhamos a área dentro de cada setor e segmento com roteiros personalizados para cada especificidade apresentada.

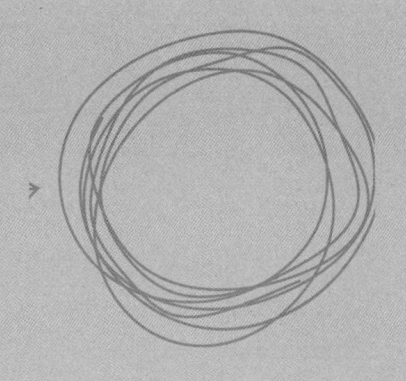

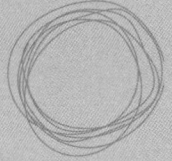

"Livros não mudam o mundo, quem muda o mundo são as pessoas. Os livros só mudam as pessoas."

Mário Quintana

"Somos o resultado dos livros que lemos, das viagens que fazemos e das pessoas que amamos".

Airton Ortiz

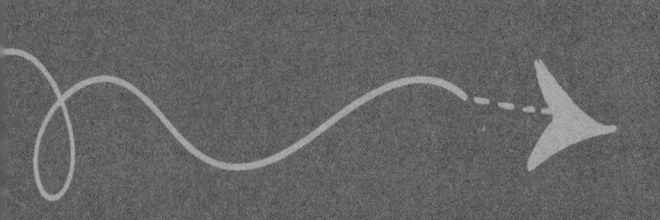

Olá, sou **Andréia Roma**, CEO da Editora Leader e Influenciadora Editorial.

Vamos transformar seus talentos e habilidades em uma aula prática.

435

Benefícios do apoio ao Selo Série Mulheres

Ao apoiar livros que fazem parte do Selo Editorial Série Mulheres, uma empresa pode obter vários benefícios, incluindo:

– **Fortalecimento da imagem de marca:** ao associar sua marca a iniciativas que promovem a equidade de gênero e a inclusão, a empresa demonstra seu compromisso com valores sociais e a responsabilidade corporativa. Isso pode melhorar a percepção do público em relação à empresa e fortalecer sua imagem de marca.

– **Diferenciação competitiva:** ao apoiar um projeto editorial exclusivo como o Selo Editorial Série Mulheres, a empresa se destaca de seus concorrentes, demonstrando seu compromisso em amplificar vozes femininas e promover a diversidade. Isso pode ajudar a empresa a se posicionar como líder e referência em sua indústria.

– **Acesso a um público engajado:** o Selo Editorial Série Mulheres já possui uma base de leitores e seguidores engajados que valoriza histórias e casos de mulheres. Ao patrocinar esses livros, a empresa tem a oportunidade de se conectar com esse público e aumentar seu alcance, ganhando visibilidade entre os apoiadores do projeto.

- **Impacto social positivo:** o patrocínio de livros que promovem a equidade de gênero e contam histórias inspiradoras de mulheres permite que a empresa faça parte de um movimento de mudança social positivo. Isso pode gerar um senso de propósito e orgulho entre os colaboradores e criar um impacto tangível na sociedade.

- *Networking* **e parcerias:** o envolvimento com o Selo Editorial Série Mulheres pode abrir portas para colaborações e parcerias com outras organizações e líderes que também apoiam a equidade de gênero. Isso pode criar oportunidades de *networking* valiosas e potencializar os esforços da empresa em direção à sustentabilidade e responsabilidade social.

É importante ressaltar que os benefícios podem variar de acordo com a estratégia e o público-alvo da empresa. Cada organização deve avaliar como o patrocínio desses livros se alinha aos seus valores, objetivos e necessidades específicas.

FAÇA PARTE DESTA HISTÓRIA
INSCREVA-SE

INICIAMOS UMA AÇÃO CHAMADA

MINHA EMPRESA ESTÁ COMPROMETIDA COM A CAUSA!

Nesta iniciativa escolhemos de cinco a dez empresas para apoiar esta causa.

SABIA QUE SUA EMPRESA PODE SER PATROCINADORA DA SÉRI MULHERES, UMA COLEÇÃO INÉDITA DE LIVROS DIRECIONADO A VÁRIAS ÁREAS E PROFISSÕES?

Uma organização que investe na diversidade, equidade e inclusão olha para o futuro e pratica no agora.

Para mais informações de como ser um patrocinador de um dos livros da Série Mulheres
escreva para: **contato@editoraleader.com.br**

ou

Acesse o link
e preencha
sua ficha de
inscrição

Nota da Coordenação Jurídica do Selo Editorial Série Mulheres® da Editora Leader

A Coordenação Jurídica da Série Mulheres®, dentro do Selo Editorial da Editora Leader, considera fundamental destacar um ponto crucial relacionado à originalidade e ao respeito pelas criações intelectuais deste selo editorial. Qualquer livro com um tema semelhante à Série Mulheres®, que apresente notável semelhança com nosso projeto, pode ser caracterizado como plágio, de acordo com as leis de direitos autorais vigentes.

A Editora Leader, por meio do Selo Editorial Série Mulheres®, se orgulha do pioneirismo e do árduo trabalho investido em cada uma de suas obras. Nossas escritoras convidadas dedicam tempo e esforço significativos para dar vida a histórias, lições, aprendizados, cases e metodologias únicas que ressoam e alcançam diversos públicos.

Portanto, solicitamos respeitosamente a todas as mulheres convidadas para participar de projetos diferentes da Série Mulheres® que examinem cuidadosamente a originalidade de suas criações antes de aceitar escrever para projetos semelhantes.

É de extrema importância preservar a integridade das obras e apoiar os valores de respeito e valorização que a Editora Leader tem defendido no mercado por meio de seu pioneirismo. Para manter nosso propósito, contamos com a total colaboração de todas as nossas coautoras convidadas.

Além disso, é relevante destacar que a palavra "Mulheres" fora do contexto de livros é de domínio público. No entanto, o que estamos enfatizando aqui é a responsabilidade de registrar o tema "Mulheres" com uma área específica, dessa forma, o nome "Mulheres" deixa de ser público.

Evitar o plágio e a cópia de projetos já existentes não apenas protege os direitos autorais, mas também promove a inovação e a diversidade no mundo das histórias e da literatura, em um selo editorial que dá voz à mulher, registrando suas histórias na literatura.

Agradecemos a compreensão de todas e todos, no compromisso de manter a ética e a integridade em nossa indústria criativa. Fiquem atentas.

Atenciosamente,

Adriana Nascimento e toda a Equipe da Editora Leader
Coordenação Jurídica do Selo Editorial Série Mulheres

ANDRÉIA ROMA
CEO DA EDITORA LEADER

REGISTRE seu legado

A Editora Leader é a única editora comportamental do meio editorial e nasceu com o propósito de inovar nesse ramo de atividade. Durante anos pesquisamos o mercado e diversos segmentos e nos decidimos pela área comportamental através desses estudos. Acreditamos que com nossa experiência podemos fazer da leitura algo relevante com uma linguagem simples e prática, de forma que nossos leitores possam ter um salto de desenvolvimento por meio dos ensinamentos práticos e teóricos que uma obra pode oferecer.

Atuando com muito sucesso no mercado editorial, estamos nos consolidando cada vez mais graças ao foco em ser a editora que mais favorece a publicação de novos escritores, sendo reconhecida também como referência na elaboração de projetos Educacionais e Corporativos. A Leader foi agraciada mais de três vezes em menos de três anos pelo RankBrasil – Recordes Brasileiros, com prêmios literários. Já realizamos o sonho de numerosos escritores de todo o Brasil, dando todo o suporte para publicação de suas obras. Mas não nos limitamos às fronteiras brasileiras e por isso também contamos com autores em Portugal, Canadá, Estados Unidos e divulgações de livros em mais de 60 países.

Publicamos todos os gêneros literários. O nosso compromisso é apoiar todos os novos escritores, sem distinção, a realizar o sonho de publicar seu livro, dando-lhes o apoio necessário para se destacarem não somente como grandes escritores, mas para que seus livros se tornem um dia verdadeiros *best-sellers*.

A Editora Leader abre as portas para autores que queiram divulgar a sua marca e conteúdo por meio de livros...

EMPODERE-SE
Escolha a categoria que deseja

- **Autor de sua obra**

Para quem deseja publicar a sua obra, buscando uma colocação no mercado editorial, desde que tenha expertise sobre o assunto abordado e que seja aprovado pela equipe editorial da Editora Leader.

- **Autor Acadêmico**

Ótima opção para quem deseja publicar seu trabalho acadêmico. A Editora Leader faz toda a estruturação do texto, adequando o material ao livro, visando sempre seu público e objetivos.

- **Coautor Convidado**

Você pode ser um coautor em uma de nossas obras, nos mais variados segmentos do mercado profissional, e ter o reconhecimento na sua área de atuação, fazendo parte de uma equipe de profissionais que escrevem sobre suas experiências e eternizam suas histórias. A Leader convida-o a compartilhar seu conhecimento com um público-alvo direcionado, além de lançá-lo como coautor em uma obra de circulação nacional.

- **Transforme sua apostila em livro**

Se você tem uma apostila que utiliza para cursos, palestras ou aulas, tem em suas mãos praticamente o original de um livro. A equipe da Editora Leader faz toda a preparação de texto, adequando o que já é um sucesso para o mercado editorial, com uma linguagem prática e acessível. Seu público será multiplicado.

■ Biografia Empresarial

Sua empresa faz história e a Editora Leader publica.

A Biografia Empresarial é um diferencial importante para fortalecer o relacionamento com o mercado. Oferecer ao cliente/leitor a história da empresa é uma maneira ímpar de evidenciar os valores da companhia e divulgar a marca.

■ Grupo de Coautores

Já pensou em reunir um grupo de coautores dentro do seu segmento e convidá-los a dividir suas experiências e deixar seu legado em um livro? A Editora Leader oferece todo o suporte e direciona o trabalho para que o livro seja lançado e alcance o público certo, tornando-se sucesso no mercado editorial. Você pode ser o organizador da obra. Apresente sua ideia.

A Editora Leader transforma seu conteúdo e sua autoridade em livros.

OPORTUNIDADE
Seu legado começa aqui!

A Editora Leader, decidida a mudar o mercado e quebrar crenças no meio editorial, abre suas portas para os novos autores brasileiros, em concordância com sua missão, que é a descoberta de talentos no mercado.

NOSSA MISSÃO

Comprometimento com o resultado, excelência na prestação de serviços, ética, respeito e a busca constante da melhoria das relações humanas com o mundo corporativo e educacional. Oferecemos aos nossos autores a garantia de serviços com qualidade, compromisso e confiabilidade.

Publique com a Leader

- **PLANEJAMENTO** e estruturação de cada projeto, criando uma **ESTRATÉGIA** de **MARKETING** para cada segmento;

- **MENTORIA EDITORIAL** para todos os autores, com dicas e estratégias para construir seu livro do Zero. Pesquisamos o propósito e a resposta que o autor quer levar ao leitor final, estruturando essa comunicação na escrita e orientando sobre os melhores caminhos para isso. Somente na **LEADER** a **MENTORIA EDITORIAL** é realizada diretamente com a editora chefe, pois o foco é ser acessível e dirimir todas as dúvidas do autor com quem faz na prática!

- **SUPORTE PARA O AUTOR** em sessões de videoconferência com **METODOLOGIA DIFERENCIADA** da **EDITORA LEADER**;

- **DISTRIBUIÇÃO** em todo o Brasil — parceria com as melhores livrarias;

- **PROFISSIONAIS QUALIFICADOS** e comprometidos com o autor;

- **SEGMENTOS:** Coaching | Constelação | Liderança | Gestão de Pessoas | Empreendedorismo | Direito | Psicologia Positiva | Marketing | Biografia | Psicologia | entre outros.

www.editoraleader.com.br

Entre em contato e vamos conversar

Nossos canais:

Site: www.editoraleader.com.br

E-mail: contato@editoraleader.com.br

@editoraleader

O seu projeto pode ser o próximo.

EDITORA LEADER